AF357477

ARCHÉOLOGIE

FRANÇAISE.

TOME PREMIER.

DE L'IMPRIMERIE DE FIRMIN DIDOT,

IMPRIMEUR DU ROI ET DE L'INSTITUT, RUE JACOB, N° 24.

ARCHÉOLOGIE

FRANÇAISE,

ou

VOCABULAIRE DE MOTS ANCIENS TOMBÉS EN
DÉSUÉTUDE, ET PROPRES A ÊTRE RESTITUÉS
AU LANGAGE MODERNE.

PAR CHARLES POUGENS,

DE L'ACADÉMIE ROYALE DES INSCRIPTIONS ET BELLES-LETTRES, ETC., ETC.

TOME PREMIER.

A PARIS,

CHEZ TH. DESOER, LIBRAIRE,

RUE CHRISTINE, Nº 2.

M DCCC XXI.

MÉMOIRE

SUR LA NÉCESSITÉ DE RESTITUER AU LANGAGE MODERNE PLUSIEURS MOTS ANCIENS TOMBÉS EN DÉSUÉTUDE, ET QUI SE RETROUVENT DANS LES MEILLEURS ÉCRIVAINS DES XIIe, XIIIe, XIVe, XVe ET XVIe SIÈCLES.

> Obscurata diù populo bonus eruet, atque
> Proferet in lucem speciosa vocabula rerum,
> Quæ priscis memorata Catonibus atque Cethegis,
> Nunc situs informis premit ac deserta vetustas.
>
> HORAT. l. II, *Epist.* 2, v. 115 et seqq.

DE grands écrivains, même des hommes de génie, ont cherché à réintégrer dans le langage moderne plusieurs mots sonores et nécessaires qui, proscrits par un capricieux usage, sont tombés en désuétude. Ce sentiment de nos propres richesses a été en même temps pour eux une raison de plus de s'élever avec force contre les invasions du néologisme, et de frapper d'anathème certaines créations illégitimes qui, loin d'étendre la signification primitive des mots, ne servent qu'à l'altérer, et qui sont les signes les moins équivoques d'une imagination stérile ou d'un défaut absolu d'originalité dans les idées. En effet, sans cette sage surveillance, la langue française, qui a en quelque sorte fait la conquête des nations policées de l'Europe, dégénérerait bientôt en un jargon obscur, inintelligible. Or, le premier devoir de l'écrivain est d'être clair, et de n'employer que des expressions qui ne présentent jamais à l'esprit des sens mixtes ou indécis. Celui qui s'écartera de ce principe n'aura ni pureté ni élégance : jamais il ne sera classique. Disons même que l'intérêt de la vérité l'exige ainsi. On ne saurait le nier : le choix des expressions, et une attention sévère à ne se servir que du mot propre, influent plus qu'on ne le pense sur les progrès de la raison ; car enfin les mots font aussi les choses, et, comme je crois l'avoir dit dans quelques-uns de mes ouvrages, lorsque les erreurs des hommes ne sont pas des erreurs de physique, elles sont presque toujours des erreurs de grammaire.

Qu'on ne croie pas néanmoins que je m'élève sans réserve contre l'introduction de certains mots nouveaux qui deviennent nécessaires à mesure que s'étend le cercle de nos idées et celui des sciences exactes et naturelles; car c'est mal connaître une vérité que de n'en pas connaître les bornes, et une sévérité aveugle deviendrait aussi un vandalisme.

J'ai donc pensé qu'il serait utile de placer à la suite de mon Archéologie Française un choix de divers mots qui ne se trouvent point dans le Dictionnaire de l'Académie, quoiqu'ils aient été employés avec succès par les grands écrivains qui ont illustré la langue, et préparé son universalité. Cette vie occulte, cette tendance des langues vers leur perfectionnement, doit être entretenue avec soin; mais, comme en toutes choses, l'abus en serait le poison. Distinguons un destructeur néologisme d'une sage et vivifiante néologie.

Si Desportes, né dix ans avant Malherbe, et à qui Boileau n'a peut-être pas rendu assez de justice, si Malherbe lui-même, Amyot, Montaigne et tant d'autres, se fussent traînés en esclaves sur les pas de leurs devanciers, s'ils eussent craint d'enrichir par d'heureuses innovations notre langue alors indécise et entachée de son impureté primitive, elle serait encore ce qu'elle était du temps de Guyot de Provins, de Gautier de Coinsy, de Jehan de Meung, de Marie de France, d'Eustache Deschamps, etc.

C'est, comme personne ne l'ignore, à l'élégant et sensible Desportes que nous devons le mot *pudeur*, aussi cher à la poésie qu'à la prose. Avant Malherbe, on ne connaissait point les mots *insidieux*, *sécurité*, *gracieux*, *incendie*, *transfuge*, *ambitionner*, *insulter*, enfin une foule d'autres qu'il est impossible de rapporter ici, et qui tous sont postérieurs au siècle où vivait cet ancien législateur de la langue. Le verbe *ambitionner* eut beaucoup de peine à s'introduire, et les difficultés qu'il éprouva vérifièrent le mot si connu de Balzac (1).

J'insiste donc. Sans doute il est nécessaire, comme je viens de le dire, d'éviter ces audaces de langage, ces fausses hardiesses qui caractérisent nos Ronsard modernes, dont les tristes succès mérite-

____

(1) « S'il n'est pas françois cette année-ci, il le sera l'année « prochaine. »

raient, si j'ose m'exprimer ainsi, d'être inscrite par le bon goût dans les fastes du ridicule; car enfin ces informes créations ne peuvent jamais remplacer qu'illégitimement, et pour un temps fort court, les révélations subites du talent et du génie sur le choix du mot propre, et sur les nuances variées dont chaque expression de la langue est susceptible, caractère distinctif des écrivains véritablement classiques. Mais, je le répète, car on ne saurait trop insister sur ce principe, préservons-nous aussi de la pusillanime austérité de ceux qui voudraient nous persuader que la belle langue de Pascal et de Racine suffit seule à tous nos besoins. Ne repoussons point avec trop de rigorisme les innovations d'une sage néologie, mais sous la condition expresse que chaque mot proposé sera soumis à de lentes, à de sages épurations. La langue française, a-t-on dit, est une mendiante orgueilleuse à qui il faut faire la charité malgré elle; si orgueilleuse, devrait-on ajouter, qu'elle ne veut recevoir que des pièces d'or.

Toutefois, avant d'avoir recours à de nouvelles créations, pourquoi ne chercherions-nous pas, comme je l'ai dit plus haut, à rappeler d'un injuste exil une foule d'expressions nécessaires et sonores que nos écrivains modernes ont, par je ne sais quelle fausse délicatesse, laissé tomber en désuétude, et dont les étrangers ont eu le bon esprit de conserver un assez grand nombre?

J'ai employé plusieurs années à compulser avec soin pour mon Trésor des Origines et même pour mon Dictionnaire Grammatical raisonné de la Langue Française, dont j'ai publié récemment le *Specimen* (1), les écrivains du douzième siècle et des siècles suivans. Or j'ai trouvé que le nombre des mots considérés comme surannés, et mis pour ainsi dire hors de la loi sans motif valable, s'élève à près de deux mille.

J'ose avancer ici que plusieurs des mots que je cherche à racheter d'un injuste oubli, ne contribueront pas médiocrement, comme il sera facile de s'en convaincre, à multiplier ces nuances si précieuses pour l'éloquence et pour la poésie. Par exemple, le vieux mot *attoucher*, employé

---

(1) Imprimerie Royale. Paris, 1819, Treuttel et Wurtz, rue de Bourbon, n° 17. 1 vol. in-4° de 500 pages.

par Herbers, Rom. de Dolopatos, Ét. Pasquier, Sully, etc., etc., pour signifier opérer par attouchement, offre un autre sens que son verbe simple *toucher* (1). *Conflagration* et *embrasement* ne sont pas exactement la même chose. — *Désanimé* et *inanimé* sont loin d'être synonymes. *Désestimer* n'est pas *mépriser*. — *Désembellir* n'est point *enlaidir*. — *Équanimité* est plus rapide que *égalité d'ame*, etc., etc. Un grand nombre de ces mêmes mots si injustement proscrits en complètent aussi plusieurs autres. Par exemple, on se sert du composé *inadvertance*, et nous avons perdu son simple *advertance*. On ne dit plus *angoisser*, et nous avons le substantif *angoisse*. — *Assavourer* est plus rapide et plus expressif que *donner de la saveur*. — On connaît la *médisance*, et nous avons perdu le mot *biendisance*. — Nous avons *aguerrir*, *anoblir*, *asservir*, *captiver*, *favoriser*, et nous n'avons plus *désaguerrir*, *désa-*

---

(1) Je n'ai point cru devoir charger les mots suivans de citations et de noms d'auteurs, puisqu'on les trouvera nécessairement, avec les textes mêmes, dans chacun des articles qui font partie de mon Archéologie Française.

noblir, *décaptiver*, *défavoriser.* — *Désaimer* n'est point *haïr*, c'est cesser d'aimer ; *dévouloir*, cesser de vouloir. Les verbes *dévorer*, *engloutir*, *envahir*, ont perdu leurs substantifs *dévorateur*, *envahisseur*, *engloutisseur* : le substantif *fruit* n'a plus ses verbes *afruiter*, *enfruiter*, *effruiter* : enfin nous voyons des hommes *étranges*, des choses *étranges*, et l'on ne dit plus *étrangeté.* — Les adjectifs *aigu*, *uë*, *aqueux*, *euse*, ont perdu leurs substantifs *acuïté*, *aquosité*, etc., etc.

Je me résume. Il importe aux intérêts de la langue de revendiquer des mots essentiellement français, conservés le plus souvent par les écrivains classiques des nations étrangères, et qui, proscrits sans motifs légitimes (1), n'en sont pas moins, à raison de leur force et de leur harmonie, nécessaires aux orateurs et aux poëtes, dont la langue ne saurait être trop abondante.

----

(1) Vers la fin du seizième siècle, plusieurs écrivains, sous prétexte d'épurer notre langue, s'attachèrent à bannir un assez grand nombre de mots alors en usage. A la tête de ces sévères réformateurs se trouvait notre célèbre poëte Malherbe, comme on peut le voir par ses notes manuscrites sur les œuvres de Desportes. Ce précieux exemplaire, annoté de la

Je crois devoir aller ici au-devant d'une objection assez grave que ne manqueront pas sans
doute de me faire certains critiques. On dira
peut-être que cette réintégration d'un assez grand
nombre de mots anciens pourrait donner à la
langue française un caractère de vétusté nuisible
à la grace, à l'élégance qui la caractérisent. Sans
d'ailleurs examiner le degré d'importance qu'on
doit accorder à cette censure, un peu sévère en
elle-même, je me hâterai de répondre qu'en
cherchant à restituer à notre langue une partie
de ses richesses primitives, je suis le premier à
recommander à nos écrivains modernes d'être
avares des mots que j'ai, pour ainsi dire, rede-
mandés aux siècles antérieurs : j'appelle donc
formellement ici la sévérité des hommes de goût
sur ces réintégrations précieuses sans doute, mais
dont on ne doit faire usage qu'avec ménagement
et une sage économie.

---

main de Malherbe, avait appartenu au président Bouhier, et
passa ensuite entre les mains de M. de Bourbonne, président
à mortier au parlement de Dijon, dans la bibliothèque duquel
j'ai eu occasion de l'examiner en 1777. J'ignore ce qu'il est
devenu depuis.

J'ai eu soin de diviser mon Archéologie Française en deux parties. La première est consacrée aux mots qui m'ont paru susceptibles d'être réintégrés dans le vocabulaire de l'homme du monde et de l'homme de goût. Ces articles sont accompagnés de citations tirées de nos anciens écrivains, et autant qu'il m'a été possible, j'ai suivi pour la disposition de ces exemples l'ordre des siècles (1). La seconde renferme les mots qui, sans être aussi nécessaires, ou aussi sonores, ne m'ont cependant point paru indignes d'être restitués au langage moderne. J'en ai formé des appendices placés à la suite de chaque lettre, et je ne les ai point accompagnés de citations de textes; il suffisait d'indiquer le nom de l'auteur, le titre de l'ouvrage, le livre et le chapitre dans lequel le mot se trouve.

---

(1) On me reprochera peut-être d'avoir mis des accens à certains mots des textes que je rapporte. Si je publiais une édition de quelque auteur ancien, il est vraisemblable que je ne me permettrais pas cette liberté; mais ne citant que des phrases détachées, et obligé de déterminer d'une manière précise le vrai sens des mots, l'essentiel était d'être clair. Je puis d'ailleurs m'autoriser de l'exemple de feu M. Mouchet, de M. Méon, etc.

Un petit nombre des mots qui composent mon Archéologie se trouvent déja réintégrés dans le Dictionnaire de l'Académie Française, édition de 1798; mais je n'ai point cru néanmoins devoir me dispenser de les comprendre dans mon Vocabulaire, l'édition de 1762 étant considérée jusqu'à ce jour comme la seule authentique; je les ai seulement désignés par un astérisque.

A la suite des textes français, je place, lorsque cela est nécessaire, divers passages des auteurs italiens, espagnols, anglais, dans lesquels le mot oublié par nous, et le plus souvent d'origine française, se trouve conservé par les écrivains de ces trois langues, sauf les modifications et les désinences propres au génie de chaque idiome.

Je laisse aux moralistes, aux historiens, aux littérateurs, aux poëtes, à juger si mon travail leur offre quelque avantage. J'ai cherché à être utile, en tirant laborieusement de la carrière quelques blocs épars: c'est aux hommes de génie, aux hommes de goût qu'appartient le droit exclusif de les mettre en œuvre, de les mettre en place. Appelons-en aussi à l'usage, le tyran, mais en même temps le bienfaiteur des langues. N'oublions jamais que la nôtre est devenue, pour ainsi dire, l'idiome commun des gens de lettres et de la bonne compagnie chez les nations policées de l'Europe. Surtout ne prononçons qu'avec amour et respect le nom des grands hommes qui ont étendu ses victoires et ses conquêtes sur les points les plus opposés du globe.

Le troisième et dernier volume de mon Archéologie Française renfermera la notice bibliographique et littéraire des ouvrages imprimés ou manuscrits cités dans ce Vocabulaire, et j'ai même donné quelque étendue à ces analyses, afin qu'elles pussent servir d'appendices à un cours d'ancienne Littérature Française, ouvrage qui serait également utile à la philosophie et aux lettres, en nous faisant connaître l'esprit caractéristique de chaque siècle.

ARCHÉOLOGIE FRANÇAISE.

A

ABJECTER (S'), *v. réfl.* S'abaisser, s'humilier.

> Or en Jesus nul au vray ne se fie,
> Sinon celui qui sous son bras puissant
> En tous endroits s'*abjecte* et humilie.

Clém. Marot, Opusc. I ; OEuvr. t. I, p. 254.

Latin, *abjicere se.* Sic te ipse *abjicies* atque prosternes, ut nihil inter te atque inter quadrupedem aliquem putes interesse ?

Cicer., Paradox. I.

ABOMINER, *v. a.* Avoir en abomination.

> Quant aux meurtriers et décepteurs,
> Celui qui terre et ciel domine,
> Les *abomine.*

Cl. Marot, Ps. 5 ; OEuv. t. III, p. 253.

A la vue de l'homme bigarré, aulcuns se mocquèrent, aultres l'*abominèrent*, comme monstre infame créé par erreur de nature.

Rabel., l. III, Prolog.

Pour raison de quoi Isis les *abomina* par-dessus tous les autres poissons.

Amyot, Plut. OEuvr. Mor. tom. XVII, p. 246.

Si les princes sont touchez de voir le monde bénir la mémoire de Trajan, et *abominer* celle de Néron.

Montaig., Ess., l. ii, c. 16. Idem, l. iii, c. i. Ibid., c. 5.

1

Il faut *abominer* ces paroles tyranniques et barbares, qui dispensent les souverains de toutes lois, raison, équité, obligation.

CHARRON, *Sag.* l. III, c. 2.

Voyez aussi EUST. DESCHAMPS, *poés. mss.*, fol. 73, col. 3. — *Continuation* de GUILL. DE TYR. *Marten.*, tom. V, col. 734.

Latin, *abominari.* Quod igitur nos maxime *abominaremur*, vos ante omnia optaretis.

TIT-LIV., l. XXX, c. 3o.

Italien, *abbominare.* Iddio gli ebbe in odio, *abbominando*gli per la superbia loro.

GIAC. PASSAVANT., *Specchio di vera penitenza*, 239.

Espagnol, *abominar.* Yá por miséricordia de Dios, escarmentando en cabeza propia, los *abomino.*

CERVANT. *Quix.* t. II, c ult.

Anglais, *to abominate.* He professed both to *abominate* and despise all mystery, refinement and intrigue, either in a prince or minister.

SWIFT.

ABREUVEMENT, *s. m.* Action d'abreuver.

Xerxès assembla si grant bernaiges que par l'*abevrement* de ses chevaux s'asseichoient les fleuves.

AL. CHARTIER, *Espér.*, *OEuv.* p. 364.

ABSCONDRE, *v. a.* Cacher.

Bel-Accueil ne sceust que respondre,
Ainçois se fust allé *abscondre ?*

Rom. Rose, v. 3634.

As-tu le cuer endurcy plus que pierre,
De me laisser en cestui bois *absconse.*

CL. MAROT, *Epist. I; OEuvr.* t. I, p. 362.

Car en icelle bien aultre goust trouverez, et doctrine plus *absconse*, laquelle vous révèlera de très-haultz sacremens et mystères horrifiques.

RABEL., l. I, *Prol.*

Quand il est de tout poinct *absconsé*, nous n'aurons jamais équinoxe, c'est-à-dire égalité du jour et de la nuict.

AMYOT, *Plut. OEuvr. mélées*, t. XXI, p. 322.

On a dit aussi, mais moins heureusement, *escondre*, *esconser* :

Voyez *Vie des Pères*, en prose franç., T. II, fol. 56, v°. — *Fabel de Pyramus et de Tysbé.* — *Narcissus*, v. 799. — *Bat. de Karesme et Charnaige*, v. 526. — Hug. Piaucelle *Estourmi*, v. 234. — *Chastel. de Vergy*, v. 388. — *Vilain mire*, v. 99. — *Castoiement*, conte 21, v. 61. — *Rom. Rose*, v. 13474. — Beaumanoir, *Cout. de Beauvoisis*, ch. 11. — Nangis, *Ann.*, p. 273. — Froiss., *Chron.*, vol. III, c. 9. — *Perceforest*, vol. I, fol. 69., v°., col. 1. — *Vie de Duguesclin*, etc., etc.

Latin, *abscondere*. Quò studiosiùs *absconditur*, eò magis apparet.

Cic., pro Rosc. Amer., c. 41.

Italien, *nascondere*. Venuta la notte, il geloso con sue armi tacitamente si *nascose* in una camera terrena.

Boccac., Nov. 65, 10.

Espagnol, *esconder*. Con la excusa de ir à aquella aldea de su amigo, se partió, y volvió à *esconderse*.

Cerv. Quix., t. I, cap. 34.

Anglais, *to abscond*. The marmotte, or mus alpinus, which *absconds* all winter, lives on its own fat.

Ray, on the creation.

* ACCOINTER, *v. a.* Aborder, entrer en liaison ;

> Si vos proi ne voilliés *accointier*
> Fols losengiers dont vos aiés hontaige.

Mre Gilles de Viés-Maisons, *poet. ms.*, avant 1300, t. III, p. 1071.

> J'ai dit pour li *acointier*,
>   Douce bergerete,
>   Soiiez ma miete.

Anc. *poet. fr.*, ms. du Vatican, n° 1490, fol. 112, v°.

> Bon fet de li bon *acointier*.

Anc. *aut. fr.*, mss. de la Clayette, 4°, fol. 802, col. 2.

Il s'ingéroit tous les jours de l'*acointer*.

Martial d'Auvergne, Arest. amor. p. 174.

Personne ne les saluoit ni *accointoit*.

Montaig., Essais, l. 1:1, ch. 12.

Peu y en a qui considèrent les maulx en eux-mesmes, qui les goustent et *accointent*, comme feit Socrates la mort.

CHARRON, *Sagesse*, l. III, c. 29.

Voyez aussi *Roman de la Rose*, v. 3665. — *Art d'Amour*, — GUILL. MACHAUT, *Ms.*, fol. 205, v°, col. 3.

S'ACCOINTER, *v. réfl.*, s'approcher, se lier, faire connaissance.

Que jusqu'à pou s'acointeront
Là où li baron s'ajousteront.

R. d'*Athis*, Ms. fol. 94, r°. col. 1.

Souvent maudissoit l'heure et le jour que de la damoiselle *s'estoit acointé*.

Gérard de Nevers, part. I, p. 37.

Car je say bien que Vénus jeune et cointe,
Du vieil Saturne en nul temps ne *s'acointe*.

CL. MAROT, *Epist.* 19; *OEuv.* t. I, p. 428.

Il s'*accointa* de cette Larentia, et l'aima tellement, que depuis, venant à mourir, il la laissa son héritière.

AMYOT, *Plut. Romul.*, c. 6, *OEuv.* t. I, p. 73.

Voyez aussi *Castoiement*, cont. 13, v. 17. — FROISSART, *Chron.* vol. III, c. 75, *Chron. de S. Denis*, tome I, p. 265.

ACCOINTÉ, ÉE, *part. pass. pris substantivement;* allié, ami.

Car il estoit devant ses *accointés*, et si comme Dieu l'avoit ordonné, Rollo reçeut liement ce mandement, par le conseil de ses gens.

Chron. de S. Denis, t. I, fol. 262, r°.

Voyez aussi J. LEMAIRE, *Illust. des Gaules*, t. I, p. 112, 113. — JUVÉNAL-DES-URSINS, *Hist. de Charles VI*, p. 61.

Anglais, *to acquaint*.

There with thee, new welcome saint,
Like fortunes may her soul *acquaint*.

MILTON.

Before a man can speak on any subject, it is necessary to be *acquainted* with it.

LOCKE, *on Educat.*

Le verbe *accointer*, qu'on a cherché à renouveler de nos jours, puisqu'il se trouve dans le Dictionnaire de l'Académie, édit. de Smits, Paris 1798, avait autrefois plusieurs dérivés que je me borne à rapporter ici, sans toutefois les croire susceptibles d'être réintégrés dans le langage moderne.

ACCOINT, E, *adj.* et *subst.* Ami, familier.

> Carité je fui en Palerne
> Et o les mires de Salerne;
> Mais tu n'es pas à aus *acointe.*
>
> *Rom. de Charité*, str. 23.

> Le chevalier fu biax et cointe,
> Et pour sa valor fu *acointe*
> Au duc qui Bergoingne tenoit.
>
> *Chastelaine de Vergy*, v. 43.

> De la despense qu'il demaine
> Se merveillent tuit si *acointe.*
>
> *Fabl. mss.*, p. 325.

> Si n'ay-je Robin, ne Gautier,
> Ne home dont je soie *acointe.*
>
> EUST. DESCHAMPS, *poés. mss.*, fol. 517, col. 1.

Voyez aussi *Robe vermeille*, v. 7. — *Anciens auteurs fr.* ms. *de la Clayette*, 4°, fol. 427, col. 2. — GUILL. MACHAUT, ms., fol. 103, r°, col. 2. — *Chron. de St. Denis*, t. I, fol. 249.

ACCOINTEUR, *s. m.* Celui qui accointe, et par extension, galant, coquet, celui qui accointe toutes les femmes.

> Soies debonaires à tous, à nului losengieres, *accointeres* de pou de gens.
>
> *Proverbes de* SÉNÈQUE, *ms. de* GAIGNAT, fol. 320, v°, col. 2.

Car renommée avez d'estre le plus grant *accointeur* de tous les chevaliers errans; car nulle femme ne s'en va à faulte.

> *Perceforest*, vol. V, fol. 63, r°, col. 1.

ACCOINTABLE, *adj. des deux g.* Abordable, affable, susceptible d'être accointé.

> A luy se tint ung jouvencel
> *Accointable*, très gent et bel.
>
> *Rom. Rose*, v. 1242.

Car les gentils-hommes d'Angleterre sont peu courtois, traittables et *accointables*.

Froissart, *Chron.*, vol. IV, c. 61.

Si estoient les capitaines d'Othon plus *accointables*, et plus gracieux à traicter et parler aux villes et aux hommes privez et particuliers, que n'estoient pas ceulx de Vitellius.

Amyot, *Plutarque, Othon*, c. 10, *OEuvr.* t. IX, p. 335.

ACCOMPLISSEUR, *s. m.* Celui qui accomplit, qui exécute.

Ne soiés mie solement ensignieres de vertus, mes *accomplissières.*

Miroir du Chrétien.

ACCORTESSE, *s. f.* Gentillesse, humeur agréable, complaisante, accommodante; finesse, agrément.

> Si est-ce que vivre ainsi,
> Ce leur semble, c'est d'ici
> La vertu seule, l'honneur,
> L'*accortesse* et le bonheur.

Ét. Jodelle. *Voy.* Duverdier, *Bibl.*, p. 290.

Italien, *accortezza.* Con molta *accortezza*, e continua sollecitudine insegnando minutissime cose.

Petrarc., *Uom. illustr.*

M. de Voltaire s'est servi du mot *accortise.*

L'*accortise* italienne calma la vivacité française.

Siècle de Louis XIV, c. 37.

Voyez aussi *Dict. Acad.*, édit. de Smits, 1798, au mot Accortise. Je laisse aux gens de lettres à décider lequel vaut mieux d'*accortesse* ou d'*accortise*, et je m'abstiens d'émettre mon opinion à cet égard. Il me suffit de dire que ce substantif, quelle qu'en soit la désinence, a été employé par nos anciens écrivains français, et qu'il est bon de le réintégrer dans la langue, puisque nous possédons déja l'adjectif *accort, te.*

ACUITÉ, *s. f.* État de ce qui est aigu, piquant.

D'autant que l'*acuïté* du sel provoque l'appétit.

Amyot, Plut. OEuv. mesl., t. XIX, p. 227.

Le substantif *acuïté* a été employé au figuré.

Le grave accent du tien esprit, filiole carissime, gecté sur la balance d'affection paternelle par *acuïté* de vive impression, a sublevé ceste pesanteur et tardité d'escripre.

Guill. Cretin, OEuvr. p. 223.

Anglais, *acuteness*. Mot qui s'emploie de préférence au figuré.

They would not be so apt to think, that there could be nothing added to the *acuteness* and penetration of their understandings.

Locke.

Acuteness of sound.

Rob. Boyle.

ADJUTEUR, TRICE, *s.* Celui qui aide, qui donne du secours.

Il ne ount nul prince ne *adjutour*, por ceo combattons nous, et ostons des hommes leur mémoire.

Trad. anc. de la Bible, Macchab., l. I, c. 12, v. 54.

Latin, *adjutor, adjutrix*. Sperabam honoris potius L. Flacci me *adjutorem* futurum, quam miseriarum deprecatorem.

Cicer., pro Flacc., c. 1.

Matres omnes filiis
In peccato *adjutrices*, auxilio in paternâ injuriâ,
Solent esse.

Terent. Heautont., act. V, sc. 2, v. 39.

Italien, *aiutore, aiutrice*. Chi mi darà uno *aiutore*, acciocchè Dio onnipotente esaudisca il mio desiderio?

Mor. di S. Greg.

Dove le virtù, non essendo contrarie, anzi piuttosto *aiutrici* l'una dell'altra.

Gelli, Circe.

*** ADMONITEUR**, *s. m.* Celui qui avertit, qui donne des avis.

Dès le tens nostre père Adan,
Ne fureut *amonestéor*
Ne si fax, ne si traïtor.

Guiot-de-Provins, Bibl., v. 2325.

Ce mot a été employé par M. de Voltaire.

Bertrand..... fait à-la-fois le rôle de protecteur d'Henri, d'*admoniteur* de Don Pèdre, d'ambassadeur de France, et de général.

Corresp. génér. lett. 166, *OEuvr.* t. LXXIV, p. 407.

Latin, *admonitor.* Ut meâ diligentiâ mandatorum tuorum, te quoque, etsi *admonitore* non eges, ad memoriam nostrarum rerum excitarem.

Cicer., *Topic.*, c. 1, *in fin.*

Italien, *ammonitore.* Non avrá egli cura di confortatore, e d'*ammonitore* alle cose singulari.

Senec. *Pistol.*

Espagnol, *admonitor.* Será importante calidád del *admonitór* que ame à Dios por si mismo, y al Preládo por Dios, y para Dios.

Nunez, *empres.* 15.

Anglais, *admonisher.* Horace was a mild *admonisher*, a court satirist, fit for the gentle times of Augustus.

Dryden.

ADOLORER (S'), *v. réfl.* Éprouver de la douleur, être touché, affecté.

> La tourterelle au bois, en ceste sorte,
> Veufve gémit dessus la branche morte,
> S'*adoulourant* de son povre consort.

Tabureau, *poés.*, p. 221.

Saint-Augustin même, en lisant le quatrième livre de l'Énéide, où sont contenus les amours et la mort de Didon, ne s'en émut-il pas de compassion et ne s'en *adolora?*

Brant. *Dam. Gal.* t. II, p. 47.

Italien, *addolorare.* Lo'nvidioso sempre *addolora* delle cose graziose.

Brunetti, *Tesor.* 7, 23.

Espagnol, *adolorado*, touché, affecté. Yo me siento tan *adolorádo* de este suceso, cá no sé como no lo mostrar.

Ciud. Real, *Epist.* 103, fol. 162.

Voyez ENDOLORER.

ADULTÉRER, *v. a.* Corrompre, altérer, falsifier, frelater.

Les nouvelles qui viennent de si loingtain pays..... sont *adultérées* comme tout.

DESPERIERS, *Nouv. I*, p. 9.

Et soigneusement consideroient les fruicts, racines, feuilles, gommes, semences, axunges peregrines, ensemble aussi comment on les *adulteroit*.

RABEL., l. I, c. 24.

Ce mot a été employé par nos écrivains classiques modernes.

Le Philosophe, à force de méditer, découvre la vérité : elle n'est si difficile à découvrir que parce que tout conspire à la voiler à nos yeux ; perpétuellement *adultérée* par le mensonge, elle devient méconnaissable.

DUMARSAIS, *Ess. sur les préjugés*, ch. 3, *OEuvr.* t. VI, p. 84.

Latin, *adulterare*. Simulatio tollit judicium veri, idque *adulterat*.

CICER., *de amicit.*, c. 25.

Italien, *adulterare*. I tamarindi si *adulterano* colla polpa delle susine.

Ricett. Fiorent.

Espagnol, *adulterar*. Aquellos que *adulteran* y falséan monéda.

GRACIAN., *Trad. de* DION, fol. 136.

Anglais, *to adulterate*. The present war has so *adulterated* our tongue with strange words, that it would be impossible for one of our great-grand-fathers to know what his posterity have been doing.

Spectat.

Quelques anciens écrivains français ont employé le mot *adultérer* dans le sens de commettre un *adultère*. Sous cette acception il est neutre.

Pour ce que la femme du suppliant *adulleroit* communément avec un religieux de l'abbaye de Talemont.

Lett. de rémiss., ann. 1405 ; *Trés. des Chartr.*, reg. 159, ch. 315.

Adultérateur, *s. m.* Celui qui altère, qui falsifie, qui frelate les marchandises.

Il souppe très bien des marchands usuriers, apothécaires, faulsaires, billonneurs, *adultérateurs* de marchandises.

Rabel., l. IV, c. 46.

Latin, *adulterator. Adulteratores* monetæ.

Digest., l. XLVIII, tit. 19, leg. 16.

Espagnol, *adulterador.*

Diccion. Academ. Mad.

ADVERTANCE, *s. f.* Attention, sollicitude, précaution, prudence.

En ce ayez vostre *advertance*.

Eust. Deschamps, *poés. mss.*, fol. 403, col. 4.

Comme n'estans pas jusques à ces petites choses-là dépendantes de la fortune, ains ayant besoing d'*advertance* et de sollicitude.

Amyot, *Plut. OEuvr. Mor.*, t. II, p. 167.

Elles (les richesses) ne valent pas une *advertance* et sollicitude pénible.

Montaig., *Ess.*, l. iii, c. 9.

Faisant profession d'avoir en recommandation tout ce qui plaist à sa dame, avec une *advertance* qu'il a de tenir secret, non seulement toute chose qui importe, ains jusques aux petites faveurs qu'il reçoit de sa maistresse.

Pasquier, *Monoph.*, p. 221.

Italien, *avvertenza.* Se io, come da principio, con un poco d'*avvertenza* fossi andato così gentilmente, delle molte cose, che vi erano, togliendone dove una, e dove un'altra.

Firenzuola, *asin. d'or.* 299.

Espagnol, *advertencia.* Pero es menester gran *advertencia*, para que ni la fuerza pase à ser tyrannia, ni la disimulacion y astucia à engaño.

Saavedr. *Empr.* 43.

Anglais, *advertence, advertency.* Allow but a sober *advertence* to its proposals.

Decay of Piety.

Too much *advertency* is not your talent; or else you had
fled from that text, as from a rock.

Swift.

AFFAIREUX, EUSE, *adj.* Qui donne de l'embarras,
qui nécessite des affaires, qui est embarrassé par des
affaires.

Et me semble plus misérable un riche malaisé, nécessiteux,
affaireux, que celui qui est simplement pauvre.

Montaig., *Ess.*, l. i, c. 40.

Changer ceste sorte de vie à une autre moins brave et
moins *affaireuse*.

Id., l. iii, c. 9.

La multitude, l'abondance est bien plus *affaireuse* que la
solitude, la disette.

Charron, *Sag.*, l. I, c. 50.

Affaireusement, *adv.*

Ma principale profession en ceste vie, estoit de la vivre
mollement, et plus tost laschement qu'*affaireusement*.

Montaig., *Ess.*, l. iii, c. 9.

AFFANNER, *v. a.* Mettre hors d'haleine ; fatiguer,
tourmenter.

> Quant li goupiz s'est regardez,
> Moult se tint bien *affanoyé*
> Que li cox l'ot si engignié.

Fabl. mss. de S. Germain, fol. 19, r°, col. 2.

Italien, *affannare*. Sonando trombe e nacchere al conti-
nuo, molto gli *affannavano*.

Giov. Villan., *Stor.* 8, 78, 3.

Espagnol, *afanar*. Porque no *afanarán* tanto los canes y
los monteros.

Monter. del Rey Don Al., l. I, c. 22.

On a dit aussi :

S'affanner, *v. réfl.* Se mettre hors d'haleine ; se fatiguer, se tourmenter.

Ainsy que son mary s'efforçoit et s'*affanoit* de forcer sa for-
teresse, non sans se faire mal.

Brant. *Dam. gal.*, tom. II, p. 42.

Affan, *s. m.* fatigue, affliction, tourment, angoisse.

> Peyre Guillen, tot son *affan*
> Mist Deu in lei far per mon dam.
>
>   Sordel, *anc. poet. fr.* cité par Borel.

Italien, *affanno.* Perchè dove faticoso esser solea, ogni *affanno* togliendo via, dilettevole il sento esser rimaso.

>   Boccac., *Proem.* 4.

Espagnol, *afan, afaño.* Entre las otras gracias que facemos à nuestro señor Dios de los *afaños* y peligros que nos ha preservado.

>   Blanc., *Coment.*, fol. 379.

Affanneur, *s. m.* Ouvrier, homme de peine, de fatigue.

Et eust requis Lorens de Conteres, *affanour*, que il, pour compétent salaire, voulsist mener lesdites provisions.

>   *Lettres de rémiss.*, ann. 1389; *Trésor des Chart.*, reg. 137, ch. 14.

Je doute néanmoins que le substantif français *affan*, mot qui est vraisemblablement l'origine de l'italien *affanno*, si expressif dans la langue de Boccace, et son dérivé *affanneur* soient susceptibles d'être réintégrés dans la nôtre.

AFFRENÉ, ÉE, *adj.* Qui a un frein, de la retenue. — Par opposition au mot effréné.

Et les jouvenceaulx et les pucelles qui dessus estoient, chevauchoient si gayement et si bien comme si ce fust sur palefroys duitz et *affrenez.*

>   *Percefor.*, vol. II, fol. 117, v°, col. 1.

> Mais li bons cuers qui veult user du voir,
> Autruy amer, avoir langue *afrenée*,
> Fait en tous lieux son bon nom remanoir.
>
>   Eust. Deschamps, *poés. mss.*, fol. 368, col. 3.

Italien, *affrenato.*

> La bocca dei aver chiusa
> E la lingua *affrenata.*
>
>   Fra Giaccopone da Todi, *poés.* 4, 35, 6.

AGGRAVEMENT, *s. m.* L'action d'aggraver.

> Il li loist bien peine alegier,
> Mais n'a congié d'*agrevement*.
>
> Reclus de Moliens, Rom. de Charité.

Mais la longue attente est recompensée par *aggravement* de peine.

Al. Chartier, Quadril. invect., OEuvr. p. 405.

Anglais, *aggravation.* He, to the sins which he commits, hath the *aggravation* superadded of committing them against knowledge, against conscience, against sight of the contrary law.

Hammond.

AGITABLE, *adj. des deux g.* Susceptible d'être remué, agité.

Que leur ame pour estre plus crasse et obtuse, est moins pénétrable et *agitable*.

Montaig., Ess., l. iii, ch. 12.

Latin, *agitabilis.*

> *Agitabilis* aer.
>
> Ovid., Métam. I, v. 75.

AGRÊLIR, *v. n.* Devenir grêle.

> Que li cors li amenuisa
> E le col li *aggrellia*.
>
> Varlet aux douze femmes, v. 53.

> Mais pour ce que li solax est
> Plus grand que la terre n'en est,
> Va li ombre *agreslissant*,
> Si qu'à la fin vient à nient.
>
> Imag. du Monde.

AGUERRISSEMENT, *s. m.* État ou qualité de celui qui est aguerri.

L'*aguerrissement* universel auquel s'entretiennent toutes les nations de l'Europe.

Sully, Mém., t. III, p. 431.

AIGRISSEMENT, *s. m.* L'action d'aigrir.

Aimoin, vous dis-je, qui, dans son quatrième livre, chapitre premier, prit un singulier plaisir au récit et *aigrissement* de cette accusation.

> Ét. Pasquier, *Rech.*, l. V, c. 15.

***AIGUISEMENT,** *s. m.* L'action d'aiguiser.

Ce mesme chatouillement et *aiguisement* qui se rencontre en certains plaisirs, et semble nous enlever au-dessus de la santé simple et de l'indolence.

> Montaig., *Ess.*, l. II, c. 12.

Italien, *aguzzamento.* Nè il secco passerebbe, se non ricevesse sottilità dall' umido, e *aguzzamento* dal caldo.

> Crescenz., *Agricolt.* 6, 1, 3.

Espagnol, *aguzamiento.* La razón es *aguzamiento* del alma, para saber el bien ó el mal.

> Regim. de Princip., l. I, part. 2, c. 3.

AJUSTEUR, *s. m.* Celui qui ajuste, qui rend un poids, une mesure juste.

Se les mesures sont trop petites, et elles soient signées aux armes du Roy et de l'*adjusteur.*

> Thaumassiere, *Cout. de Berry*, p. 340.

ALIÈNE, *adj. des deux g.* Étranger, différent, incompatible.

Et si me semble que leur feste des sabbats n'est pas du tout *aliène* de Bacchus.

> Amyot, *Plut. propos de tab.*, l. IV, *Quest.* 5, tom. 18, p. 212.

Latin, *alienus.* Difficilis est cura rerum *alienarum.*

> Cicer., *de Offic. I*, c. 9.

Italien, *alieno.* Nessuno per prendere abito *alieno*, e modo, non potrà ad amanza savia piacere.

> *Libr. Amor.*

Anglais, *alien.* They encouraged persons and principles *alien* from our religion and government.

> Swift *s' miscell.*

ALLANGOURIR (S'), *v. réfl.* Tomber en langueur, devenir languissant.

Aussy s'affoiblissent et s'*allangourissent* au vent de sud, et

allant vers midy, comme les méridionaulx venants au nord
redoublent leurs forces.

CHARRON, Sagesse, l. I, c. 38.

> Tout mon esprit s'*alangoure*
> Du regard qu'il va mouvant.

LOYS LE CARON, poés., fol. 46, r°.

ALLANGOURI, IE, *part. pass.*

> De tel couleur *alangourée*
> Fut abstinence coulourée.

Rom. Rose, v. 12798.

Il estoit loisible à la femme choisir quelque personnage de
mise qui suppléast au deffault du povre *allangoury* mary.

MARTIAL D'AUVERGNE, Arest. amor., p. 491.

Voyez aussi TAHUREAU, *Dial.*, p. 195. — ÉT. PASQUIER,
Rech., l. VII, c. 4, etc.

On a dit aussi, mais moins heureusement, *élangouré*,
enlangouré. Rom. de la Rose, v. 9870; EUST. DESCHAMPS,
poés. mss., fol. 147, col. 1; AL. CHARTIER, *poés.*, p. 631;
CLÉM. MAROT, *opusc.* 8, *OEuvr.* tom. I, p. 233. AMYOT,
Plut. OEuvr. mor., tom. V, p. 341, etc.

ALLANGUIR, *v. a.* Rendre languissant.

Pour n'amortir, rassasier et *allanguir* par la jouyssance cette
ardeur inquiète de laquelle il se glorifioit et se paissoit.

MONTAIG., Ess., l. III, c. 5.

S'ALLANGUIR, *v. réfl.*

Il sent de l'altération, mais il la laisse passer, et tient que
c'est un appetit qui s'*alanguit* aisément de soy mesme.

Id., ib., l. III, c. 13.

Car elles s'*allanguissent* et se relaschent.

CHARRON, Sagesse, l. III, c. 2.

ALLANGUI, IE, *part. pass.*

Elle l'épousa non pour l'amour, mais pour ce qu'elle le
voyoit maladif, attenué, *allangui*, et mal disposé ordinairement, et que les médecins lui disoient qu'il ne vivroit pas
un an.

BRANT. Dam. Gal., t. I, p. 159.

On a dit aussi dans le même sens, mais moins heureusement, *élanguir*

> Jamais de te servir la fortune ou malheur
> *Élanguira* mon ame d'amours pleine.
>
> LOYS LE CARON, *poés.*, fol. 70, v°.

J. J. Rousseau s'est servi du substantif *allanguissement*.

Un tiède *allanguissement* énerve toutes mes facultés; l'esprit de vie s'éteint en moi par degrés.

> *Rêver. du promeneur solitaire*, 2ᵉ *Promenade*, *Mél.* tom. VII.

ALTITONANT, ANTE, *adj.* Qui tonne d'en haut.

> L'*altitonant* sa voix grosse hors mit,
> Et gresle et feu sur la terre transmit.
>
> CL. MAROT, Ps. XVIII, *OEuv.*, t. III, p. 274.

Latin, *altitonans*.

> Nam pater *altitonans* stellanti nixus Olympo.
>
> CICER. *de divin.*, l. I, c. 12.

AMADOUEMENT, *s. m.* Action d'amadouer.

L'aultre plus ordinaire est par flatterie et *amadouement*,
car il ne luy faut pas résister tout ouvertement.

> CHARRON, *Sag.*, l. III, c. 4.

AMALADIR, *v. n.* Tomber malade, devenir malade.

> Car la plaisante maladie
> Dont je suis *amaladis*.
>
> *Anc. poet. fr.*, *ms. du Vatican*, n° 1490, fol. 98, r°.
>
> Avint si qu'il *amaladi*,
> Morir quida trestot de fi.
>
> *Castoiement*, cont. *I*, v. 5.

Il ot si grant ire en soi contre son neveu, qu'il arsist ses
livres, et après ce, *amaladi*.

> *Rom. des sept sages de Rome.*

Voyez aussi *Aucassin et Nicolette*, *Fab. Méon*, tom. I,
p. 391. — *Lettres de Rémission*, ann. 1408, *Trés. des Chart.*,
Reg. 162, ch. 368.

On a dit dans le même sens *enmaladir*.

> Cil de Baudas *enmaladi*.
>
> *Castoiement*, cont. *II*, v. 35.

Aza decertes *enmaladi*, el trente et noefisme an de son règne, de très grant dolur de piez.

Anc. trad. de la Bible , *Paralip.* c. 16 , v. 16.

AMASSEUR, *s. m.* Celui qui amasse, qui thésaurise.

> Certes , fait-il , bians dous amis ,
> Si vous fussiez un tribouleres ,
> Uns useriers , uns *amassieres*.

G*autier de* C*oinsi*, *Mir. N. D.*, l. I, ch. 1.

AMATRICE, *s. f.* Celle qui a du goût, de la prédilection pour un art, une science, un objet quelconque.

Parce qu'ils ne se pouvoient persuader que la nature en telles choses fust dedans le corps humain, comme dedans une ville *amatrice* et inventrice de nouvelleté.

A*myot*, *Plut. Propos de tab.*, l. 8 , *quest.* 9 , t. XVIII, p. 416.

Elles sont si molles, c'est-à-dire, tant *amatrices* d'elles mesmes, et tant soucieuses de se délicater et se plaire seules en elles mesmes.

B*rant.*, *Dam. gal.* t. II, p. 203.

Latin, *amatrix*.

> Et quòd *amatrices* tam propè servat aquas.

M*artial.*, l. VII, *epigr.* 14.

Italien, *amatrice*. Ecco, dolce Gesù, che questa tua *amatrice* fedele, etc.

Omil. Orig.

On sait que J. J. Rousseau a employé le mot *amatrice*, proscrit de nos jours.

Cette capitale est pleine d'amateurs, et sur-tout d'*amatrices*, qui font leurs ouvrages comme M. Guillaume inventait ses couleurs.

Émil., l. III.— I*d.* *Lett. élém. sur la Botan.* VIII, etc.

AMBROSIEN, ENNE, *adj.* Qui est de la nature de l'ambrosie, qui a les qualités de l'ambrosie.

> Car toute odeur *ambrosienne* y fleurent.

C*l.* M*arot*, *compl.* 4ᵉ; *OEuvr.* t. II, p. 417.

Latin, *ambrosius*.

> *Ambrosiis* Arvisia pocula succis.
>
> SIL. ITAL. l. VII, v. 210.

Anglais, *ambrosial*.

> Thus while God spake, *ambrosial* fragrance fill'd
> All heaven.
>
> - MILTON, *Parad. lost.*

AMENDEUR, *s. m.* Celui qui amende, qui corrige.

> A toi mon défendeur,
> Sauveur et *amendeur*
> De ma vie mauvaise.
>
> CL. MAROT, *Ps.* 21 ; *OEuvr.* t. III, p. 280.

Latin, *emendator*. Corrector *emendator*que disciplinæ castrorum.

> PLIN., *Panegyr.*, c. 6.

Italien, *emendatore*. Ostinati nel peccato, fuggono l'incontro del caritativo *emendatore*.

> FR. GIORD., *Pred. R.*

Espagnol, *emendadór*. Dios es el maestro y *emendadór* de los sabios.

> FR. L. DE GRAN., *Escal. prolog.*

AMÈNE, *adj. des deux g.* Agréable, délicieux.

> .... Adonc Cretin le mène
> Par un sentier odorant et *amène.*
>
> CL. MAROT, *Compl.* 5 ; *OEuvr.* t. II, p. 492.

Latin, *amœnus.*

> ...... Ego laudo ruris *amœni*
> Rivos.
>
> HORAT., l. I, *epist.* 10, v. 6.

Italien, *ameno.*

> Fra Gelia, e Nisa nelle piaghe *amene.*
>
> BOCCAC., *Teseid.*

Espagnol, *améno*. Está situada la ciudád à vista de la mar, en sitio *améno* y delicioso.

> GABR. DE CORRAL, *Trad. de Argenis.*

AMÉNUISEMENT, *s. m.* L'action d'aménuiser, d'amoindrir.

> Li siecles, sachiez voirement,
> Faura par *aménuisement*.
>
> GUIOT DE PROVINS, *Bibl.*, v. 288.

AMIGNARDER (S'), *v. réfl.* Devenir mignard.

Pour oster toute occasion, et aux grands de s'anéantir par curiositez estrangères, et aux petits de *s'amignarder* dedans le sein de leurs mères.

> ÉT. PASQUIER, *Rech.*, l. I, c. 1.

AMISSION, *s. f.* Perte.

> Contre lui à pugnicion
> De corps, et toute *amission*
> De biens.
>
> EUST. DESCHAMPS, *poés. mss.*, fol. 414, col. 3.

Latin, *amissio*. Omnium rerum *amissio*, et desperatio recuperandi.

> CICER., 4 *famil. epist.* 3.

AMOITIR, *v. a.* Rendre moite, humide.

> Ung petit ruisselet passoit
> Qui le pays *amoitissoit*.
>
> AL. CHARTIER, *Poés.*, p. 595.

ANGARIER, *v. a.* Forcer à une corvée; vexer, tourmenter.

Angariant, ruinant, mal vexant et régissant avecq verges de fer.

> RABEL., l. III, c. 1.

Là où ceulx qui sont endebtez endurent et supportent que l'on les taille, que l'on les *angarie*, et que l'on les géhenne, comme des esclaves que l'on fait fouiller aux mines.

> AMYOT, *Plut. OEuvr. Mor.* t. II, p. 354.

Ce mot a été quelquefois employé par nos écrivains classiques modernes.

> L'*angariant*, le vexant, l'excédant
> En cent façons.
>
> J. B. ROUSSEAU, *epithal.*

2.

Grec, Ἀγγαρεύειν.

> Ὁ πλέων κατηνέχθη· κρίνεθ' οὗτος πολέμιος.
>
> Ἐὰν ἔχη τὶ μαλακὸν, ἀγγαρεύεται.
>
> MÉNANDER, *Sicyon. apud* SUID. *in voce* Ἄγγαροι.

Latin, *angariare*. Naves *angariare*.

> ULPIAN., *Digest. lib. pene ult.*, *leg. pene ult, titul. ult.*

Italien, *angariare*. Il facultoso era più crudamente *angariato*.

> DAVANZ., *Tacit. stor.* 1 , 252.

ANGOISSER, *v. a.* Causer de l'angoisse, de la douleur ; tourmenter, chagriner.

> Ne li pooit d'el souvenir
> Se de ce non qui l'*angoissoit*.
>
> HUON LE ROY , *vair palefroy*, v. 744.

> Il m'aprent tote sa nature
> Et si m'*angoisce* saus mesure.
>
> *Narcissus*, v. 787.

> Et quant le mal plus m'*angoissoit*,
> Tant plus ma voulenté croissoit.
>
> *Rom. Rose* , v. 1766.

Je vivrois de la seule assistance de personnes saines et gayes. La veue des angoisses d'autruy m'*angoisse* matériellement.

> MONTAIG., *Ess.*, l. 1 , c. 20.

Voyez aussi *Castoiement, cont.* 22, v. 43.—*Robe vermeille,* v. 100, etc.

ANGOISSER , *v. n.* Éprouver de l'angoisse, de la douleur.

De tant lui *angoissa* plus le cueur, de despit et d'orgueil de ce qu'il n'avoit pas apprins à recevoir telle honte.

> *Chron. de S. Denys,* t. I , fol. 226 , v°.

S'ANGOISSER , *v. réfl.* Se tourmenter, s'efforcer.

> La dame et li prestres s'*angoissent*
> De verser vin à grant foison.
>
> *Le Prêtre et la dame,* v. 98.

Bel-acueil ne vous congnoissoit,
Qui de vous servir s'*angoissoit*.

> *Rom. Rose*, v. 2979.

ANGOISSÉ, ÉE, *part. pass.*

Moult fort fut d'armes *engoissé*
Le villain fel et aoursé.

> *Rom. Rose*, v. 16178

Kar par sa superfluité,
L'estomac est mult *anguissé*,
Et si en ert le cors blessé.

> *Enseignemens d'Aristote.*

Tourmenté par le présent, ennuyé du passé, *angoissé* pour l'advenir.

> CHARRON, *Sag.*, l. I, c. 6.

Italien, *angosciare*. Chi è *angosciato* dall' avarizia, e chi è infiammato dal caldo della lussuria.

> *Moral. S. Greg.*

Anglais, *to anguish*.

Feel no touch
Of conscience, but of fame, and be
Anguish'd not that 'twas sin, but that 'twas she.

> J. DONNE., *Post. works.*

ANGOISSEUX, EUSE, *adj.* Qui éprouve de l'angoisse, qui cause de l'angoisse.

Sont or plus engrant de rober
Que li autre, et plus *angoisseus*.

> BERZÉ (*Bibl. du seign. de*), v. 211

Moult en eut le cuer *angoissous*.

> G. OSMONT, *Bestiaire.*

La meschine en est moult honteuse,
Et en son cuer moult *angoisseuse*.

> *Rom. du Brut.*

Li cri de ceus qui cheoient estoient messagier de la mort *angoisseuse*.

> NANGIS, *Ann.*, p. 263.

Dirai qu'elle est de la France bannie,
Autant que moy
Qui suis icy en *angoisseux* esmoy.

> CL. MAROT, 21ᵉ *Chant Roy.*; *OEuvr.* t. II, p. 95.

L'accident est bien plus grief et plus *angoisseux*, quand il advient tout au rebours de l'espérance.

Amyot, Plut. OEuvr. Mor. t. I, p. 219.

Voyez aussi Guiot de Provins, *Bibl.*, v. 143. — *Rom. d'Alexandre.* — *Castoiement*, conte 2, v. 170. — *Narcissus*, v. 809. — *Rom. Rose*, v. 518. — Rob. de Blois, *Chast. des dames*, v. 601. — *Rom. des sept sages de Rome.* — Al. Chartier, *poés.*, p. 581. — Villon, *OEuvr.*, p. 14. — Straparole, *Nuits*, t. II, p. 151. — Montaigne, *Ess.*, l. I, c. 20. — Phil. Desportes, *poés.*, p. 175, etc., etc.

Italien, *angoscioso*. Oltremodo *angoscioso*, seco stesso maledicendo la sua fortuna.

Boccac. Nov. 49, 9.

ANGOISSEUSEMENT, *adv.*

> Li serpentz par l'eschauféure
> Est revenus à sa nature :
> Entor le prendome se çaint
> Et *angoisseusement* l'estraint.

Castoiement, cont. IV. v. 7.

> *Angousseusement* s'est pasmée.

Chastel. de Vergy, v. 837.

Feust tant *engoisseusement* malade.

Nangis, Chron. mss.

Et voit au chief dessoubz sa chapelle une tombe qui art si *angoisseusement*, que le feu en volle de toutes parts contre mont, aussi hault comme une lance.

Lancelot du Lac, t. II, fol. 7, r°, col. 2.

Italien, *angosciosamente*. Si dia il suo sugo, il quale purga, attraendo di sotto e di sopra *angosciosamente*.

Crescenz., Agric.

ANGUSTIE, *s. f.* Souffrance, gêne, détresse.

Ce me seroit certes une *angustie* pire que la mort.

Amant ressuscité, p. 501.

Ainsi pourray-je dire que l'excès de vostre paternelle affection me range en ceste *angustie* et nécessité, qu'il me conviendra vivre et mourir ingrat.

Rabel., l. IV, c. 4.

Tellement que, maintes fois, ils guerroyoient particulièrement le roy mesme, et le réduisoient en grandes *angusties*.

Ét. Pasquier, *Rech.* l. II, c. 2.

Latin, *angustia*. Qui hunc in summas *angustias* adductum
putaret.

Cicer., *pro Quint.*, c. 5.

Italien, *angustia*. Era tormentata di molta *angustia*.

Guid. Giudici.

Espagnol, *angústia*. Señor mio Jesus, de donde procedió
esta oración acompañada de tanta *angústia* y tristéza.

Fr. Luis de Gran. *Adicial. mem.* part. II, c. 14.

ANNONCIATEUR, TRICE, *s.* Celui, celle qui an-
nonce.

Et si fera au temps advenir repos et réfection des *annon-
ciateurs* qui apporteront en ce pays la loy du filz que la vierge
porta.

Perceforest, vol. VI, fol. 80, v°, col. 2.

Latin, *annuntiator*. Paulus, ex persecutore christianorum,
annuntiator factus est Christi.

S. Augustin, *serm.* 14 *de sanctitate.*

Italien, *annunziatore, trice*. E quelli fue *annunziator* di
Gesù Cristo.

Brunet. Lat. *Tesoro*, 2, 4.

> E quale *annunziatrice* degli albori
> L'aura di maggio muovesi, ed olezza
> Tutta impregnata dall'erba e da' fiori.

Dant. *Purgat.*, 24.

Espagnol, *anunciador, óra.*

> Del belicoso Dios la trompa viva
> Fue del cercano sol *anunciadora.*

Franc. Lop. de Zarate, *fiest. del santiss.*

On a dit aussi, mais moins heureusement, *annonceur*.

Certes *annoncières* del jor est cil qui dist, sobre soiez, si
veeillez.

S. Bernard, *serm. fr. mss.* fol. 38.

Jehan Salebrant *annonceur* de vin, demeurant en la ville d'Alos.

> Lett. de rémiss., ann. 1459 ; *Trés. des Chartr.*, reg. 189, ch. 406.

> Voit-on après qu'au celeste *annonceur* ,
> Elle est ingratte, et ingratte à sa sœur.
>> Cl. Marot, *Metam. l. II ; OEuvr.* t. III, p. 109.

* **ANNULLATION**, *s. f.* Action d'annuller.

Lequel a été à l'encontre du bien commun , l'honneur et la franchise de la noble cité de Rome, et *adnullation* des nobles hommes du pays.

> *Perceforest*, vol. V, fol. 15, r°, col. 1.

Italien, *annullazione.* In brevissimo spazio di tempo, risulterebbe la totale *annullazione* di quello imperio.

> Guicciard. *stor.* 8.

Espagnol, *anulacion.* Por el contrário los usurarios, previniendo la *anulacion* general de las obligaciones.

> Juan Marquez, *gobernad. cristian.*, l. II, c. 31.

On a dit aussi *annullement*, mot qui d'ailleurs ne me paraît point susceptible d'être réintégré dans le langage moderne.

Nous ne sommes pas tenus par si grand *annullement* de petit courage, que nous ne voullons combattre jusques à la mort.

> J. Lefevre de S. Remy, *Hist. de Charles VI*, p. 81.

Voyez aussi Monstrelet, v. I, c. 141, etc.

Italien, *annullamento.* Pruovano totale *annullamento* della potenza appetitiva.

> *Tratt. segr. cos. donn.*

ANONCHALIR (S'), *v. réfl.* Devenir nonchalant, insouciant.

Si le sçavoit bien avant qu'il fût marié, si l'a-il oublié, pour ce qu'il *s'anonchalist* et s'abestist de soy quant à ce.

> *Quinze joies du mariage*, p. 67.

Je n'ay rien cher que le soucy et la peine : et ne cherche qu'à m'*anonchalir* et avachir.

> Montaig. *Ess.* l. iii, c. 9.

Anonchali , ie , *part.*

Et d'un ton d'actions et de parolles , ravallé plus tost et *anonchally* que tendu et relevé par le poids d'une telle cogitation.

Montaig. , *Ess.* , l. ii , c. 13.

ANTÉNUPTIAL , ALE , *adj.* antérieur au mariage.

Et n'a telle veufve droict aux héritages cottiers acquis constant leur mariage , n'est que par convention *anténuptiale* , fust autrement disposé.

Cout. général. t. II , p. 907.

Latin , *antenuptialis. Antenuptialis* donatio.

Justinian. , *Novell. const.* 2 , c. 1.

ANTICHTONE , *adj. des deux g.* Qui est diamétralement opposé à notre latitude , antipode.

A ceste heure connois-je en vérité que sommes en terre *antichtone* et antipode.

Rabel. , l. V , c. 27.

Grec , ἀντίχθων. Racine , ἀντὶ contre , χθῶν terre , région , contrée.

Latin , *antichthon.* Tapobranem alterum orbem terrarum esse diù existimatum est , *antichthonum* appellatione.

Plin. , l. VI , c. 22.

Voyez *Dict. encyclopédique.*

APAPELARDIR (S') , *v. réfl.* Devenir papelard , faire le papelard.

> Li papelart le mont honnissent ,
> Papelart s'*apapelardissent* ,
> Por estre abbé , évesque ou pape.

Gautier de Coinsi , *Hist. de sainte Léocade* , v. 1543.

Voyez Papelardir.

APERCEVANCE , s. f. L'action , la faculté d'apercevoir. Il s'emploie plus volontiers au figuré.

> Mais tant forte est la décevance ,
> Que trop est grief l'*apparcevance.*

Rom. Rose , v. 11798.

Si en ont les hommes en appréhension et *appercevance.*

Amyot , *Plut. OEuvr. mél.* t. XXI , p. 127.

C'est le privilège des sens d'estre l'extrême borne de nostre *appercevance*. Il n'y a rien au delà d'eux qui nous puisse servir à les descouvrir.

Montaig. , *Ess.* , l. ii , c. 12.

Ce dont nous avons encore veu de nostre temps quelques restes et *appercevances*.

Ét. Pasquier , *Rech.* l. IX , c. 5.

On a dit aussi *percevance* , mot que d'ailleurs je suis loin de vouloir reproduire.

Car paour ont de *parçovance*.

Rutebeuf , *frère Denise.*

Quelques écrivains modernes ont employé dans un sens à-peu-près semblable le mot *aperception*.

J'ai beau regarder les monades avec leur perception et leur *aperception* comme une absurdité, je m'y accoutume.

Voltaire , *Corresp. génér.* lett. 53 , *OEuvr.* , t. LXX , p. 126.

Elle n'acquiert la conscience métaphysique ou l'*aperception* de son être, que par ce retour qu'elle fait sur elle-même lorsqu'elle éprouve quelque perception; et c'est ainsi qu'elle sait qu'elle existe.

Bonnet , *Paling.* 16ᵉ partie, ch. 3.

APOLTRONIR , *v. a.* Rendre lâche, poltron, mou, efféminé, paresseux.

La volupté mal prinse ramolit et relasche la vigueur de l'esprit et du corps, *apoltronit* et effémine les plus couraigeux.

Charron , *Sag.* l. III , c. 38.

S'apoltronir , *v. réfl.*

N'avoir femme est ne soy *appoltroner* autour d'elle.

Rabelais , l. III , c. 33.

Un jeune homme doit troubler ses règles, pour esveiller sa vigueur, la garder de moisir et s'*apoltronir*.

Montaig. , *Ess.* , l. iii , c. 13.

Apoltroni , **ie** , *part. pass.*

Où j'aime mieux oysif, me sauvant de l'envie,
Trainer *apoltroni* le reste de ma vie.

Baïf , *OEuvr.* , *Épist. au Roy* , p. 11.

ıl n'est rien qui puisse si justement desgouster un subject de se mettre en peine et en hazard pour le service de son prince, que de le voir *appoltrony* cependant luy mesme à des occupations lasches et vaines.

Montaig. Ess., l. ıı, c. 2ı.

On a dit aussi, mais moins heureusement, *apoltroniser.*

Si cela se pratiquoit, ce seroit le moyen de rendre le François vaillant, comme son naturel l'y porte assez, s'il n'avoit esté *apoltronisé* d'ailleurs.

Montbourcher, Gag. de bat., fol. 23, v°.

APOSTOLISER, *v. n.* Faire l'apôtre, exercer l'apostolat.

Il eust trouvé que ce n'estoit pas *apostoliser*, mais bien apostasier, que luy religieux voulust, comme les apostres, administrer les saints sacremens, mesme au milieu des villes, revestu d'un habillement qui n'a rien de commun avec les moines.

Ét. Pasquier, Rech. l. III, c. 43.

APPÉTITIF, IVE, *adj.* Qui a la faculté de désirer, d'appéter.

Des trois actions de l'ame, l'imaginative, l'*appétitive* et la consentante, ils en reçoivent les deux premières.

Montaig., Ess., l. ıı, c. 12.

Italien, *appetitivo.* Sappiate che in ciascuno corpo.... sono quattro virtudi.... formate per li quattro elementi, e per loro natura, cioè *appetitiva*, retentiva, digestiva, ed espulsiva.

Brunetto Lat. Tes. 2, 33.

Espagnol, *apetitivo.* La virtúd naturál es partida en quatro partes, la una es *apetitiva*, etc.

Fuente, Philos. fol. 139.

Anglais, *appetitive.* The will is not a bare *appetitive* power, as that of the sensual appetite, but is a rational appetite.

Hale, origin. of mankind.

Appétitive, *s. f.* Faculté d'appéter.

L'*appétitive* esmeut activement l'homme à ce qui est propre et convenable à sa nature, ne plus ne moins que quant en la ratiocinative, il se fait une propention et inclination.

Amyot, *Plut. OEuvr. Mor.* t. XX, p. 157.

APPOINTEUR, *s. m.* Celui qui appointe, qui accommode un différend.

Si se devoyent assembler ces *appoincteurs* en une chappelle séant emmy les champs nommez Esplotin.

Froissart, *Chron.*, vol. I, c. 64.

Ce mot a été employé par La Fontaine.

> Ces plaintes n'étoient rien au prix de l'embarras
> Où se trouva réduit l'*appointeur* de débats.

Liv. XII, fab. 27.

APPROCHABLE, *adj. des deux g.* Accessible, d'où l'on peut approcher.

De là est que le temple et le parc et verger de cest Eunostus est depuis demouré inaccessible et non *approchable* aux femmes.

Amyot, *Plut. Quest. grecq.* c. 40, *OEuv.* t. XXI, p. 387.

AQUOSITÉ, *s. f.* État de ce qui est aqueux.

Les roignons par les veines émulgentes en tirent l'*aiguosité* que vous nommez urine, et par les urètres la découllent en bas.

Rabel., l. III, c. 4.

Latin, *aquositas.* Si defectione fuerit stomachus affectus, fluor sequitur salivarum, et humecta *aquositas*, et nausea.

Coel. Aurel. *de Morb. acut.*, l. II, c. 35.

Italien, *acquositade, acquositate, acquosità.* Era necessario che l'acquavite fosse finissima e separata da ogni minima particella di *acquosità.*

Redi, *Esper. nat.* 31.

***ARABLE**, *adj. des deux g.* Propre au labourage.

> Coulombiers, prés, et mainte terre *arable.*

Eust. Deschamps, *poés. mss.* fol. 158, col. 3.

Et les champs *arables* ont leur vertu en la plaine de la terre, et peu en parfond, et sont chaulx et moystes par en hault.

Crescenz, *Prouffitz champ.*, l. II, c. 16, fol. 15, r°, col. 2.

Soit en cens, en rentes, en terres *aravles*.

Chart. de l'ann. 1317. Chartul de Corb., n° 21.

Et rendra deux bœufs ou plusieurs *arables*, trois boverées ou corvées de bœufs chacun an.

Ar. du parlem. de Toulouse, 10 juin 1453 mss. du roi, n° 9879. 6.

Voyez aussi Math. de Coucy, *Hist. de Charles VII*, p. 610.

Latin, *arabilis*. Campus nullis, cùm siccus est, *arabilis* tauris, post imbres, vili asello.

Plin., l. XVII, c. 5.

Italien, *arabile*. Cotali campi non si chiamano nè *arabili*, nè sativi.

Crescenz., *Agric.* 2. 16. 4.

Anglais, *arable*. Having but very little *arable* land, they are forced to fetch all their corn from foreign countries.

Addison.

On a dit anciennement *arer* pour labourer.

Puis s'en revint aux champs arer.

Vilain mire, v. 119.

Il me vendra mes bués requerre
Quant il voudra arer sa terre.

Courtois d'Arras, fab. de Boivin, v. 43.

Veulz tu du doi arer les champs,
Veulz tu planter bois de festus.

Eust. Deschamps, poés. mss. fol. 22, col. 3.

Quatre prouffitz sont de *arer*, fouyr, et labourer la terre.

Crescenz, Prouffitz champ. l. II, c. xi, fol. 14, v°, col. 1.

Voyez aussi *Rom. Rose*, v. 20645. — *Rom. du Rou*, fol. 51. — *Miracles de S. Louis*, c. 33, p. 457. — *Lett. de rémiss.* ann. 1400; *Trés. des chart.*, reg. 155, ch. 115. — Matthieu de Coucy, *Hist. de Ch. VII*, p. 671, etc., etc.

Aré, ée, *part. pass.*

Là fu-je et vous tesmoing que ce fu la mieux *arée* que je veisse onques.

Joinville, hist., p. 21.

Et va là où li hercéor herçoient les terres *arées*.

Rom. de Perceval, fol. 2, v°.

D'où par ellipse *arée*, s. f. terre labourée.

> Tout envers l'abati en une *arée*.
>
>> *Rom. d'Audigier, mss. de S. Germain*, fol. 68 , r°, col. 3.

> Ni a beuf, ne charue, ne villan en *arée*.
>
>> *Rom. du Rou. mss.*, p. 37.

Jehan Vidal d'une agullade, qui est la verge ou baston dont l'en poing et fait aler les buefs en l'*arée*.

> *Lett. de rémiss.*, année 1400 ; *Trés. des Chartr.*, reg. 155 , ch. 115.

AREUR, *s. m.* Laboureur.

Des pastouriaus et des *areors*.

> *Anciens écriv. fr. mss. De la Clayette*, 4°, fol. 8 , col. 2.

ARURE, *s. f.* Labourage.

Il doit payer les *arures*, labours, et semences.

> *Coutume de Normandie*, art. 119.

Mots que je suis d'ailleurs bien éloigné de vouloir réintégrer dans le langage moderne.

*ARATOIRE, *adj. des deux g*. Qui sert ou qui est propre à l'agriculture.

Bœufs *aratoires* et chevaux domptez n'ont point de carnalage.

> *Cout. génér.*, t. II, p. 687.

ARBREUX, EUSE, *adj.* Couvert d'arbres, abondant en arbres.

> Les cerfs vivront par les vagues salées,
> Et les daulphins aux *arbreuses* vallées.
>
>> BAÏF, *OEuvr.*, p. 52 , v°.

ARCHANGÉLIQUE, *adj. des deux g*. Qui appartient à l'archange, qui est propre à l'archange.

> Le pellican de la forêt célique,
> Entre ses faicts tant beaux et nouvelets,
> Après les cieux et l'ordre *archangélique*,
> Voulut créer ses petits oyselets.
>
>> CL. MAROT, *ballade* 15e. *OEuvr.*, t. II, p. 29.

Anglais, *archangelick*.

> He ceas'd, and *archangelick* pow'r prepar'd
> For swift descent ; with him the cohort bright
> Of watchful cherubim.
>
>> MILTON.

ARÉOPAGITE, *s. m.* Juge de l'aréopage.

Combien que je sçache nostre opinion commune estre d'en attribuer l'advenement et promotion à S. Denis l'*aréopagite*, que nous tenons y avoir esté martyrisé non loin de Paris.

Ét. Pasquier, Rech., l. III, c. 6.

Ce mot, qui appartient à l'histoire, n'a jamais été banni de notre langue, quoique l'académie ne l'ait point admis dans son dictionnaire. Il a été employé par nos auteurs classiques modernes.

On est étonné de la punition de cet *aréopagite*, qui avoit tué un moineau, qui, poursuivi par un épervier, s'étoit réfugié dans son sein.

Montesq., Esprit des Lois, l. V, c. 19.

N'avez-vous pas de honte, Athéniens, de vous livrer à de pareils excès en présence des *aréopagites?*

Barthél., Voyage d'Anacharsis, t. II, c. 17.

Grec, ἀρεοπαγίτης. Ἀρεοπαγίτης διφορεῖται. Καὶ παροιμία· ἀρεοπαγίτης. Ἐπὶ τῶν σκυθρωπῶν, καὶ ὑπερσέμνων, καὶ σιωπηλῶν.

Suidas.

Latin, *areopagita*, *areopagites*. Si Lysiades, citatus judex, non responderit, excuseturque *areopagites* esse.

Cicer., Philip. V, c. 5.

ARGU, UE, *adj.* Fin, subtil, rusé.

> Raison suis subtile et *argute*
> Qui du faux et du vrai dispute.

Menus propos de la mère sote.

Latin, *argutus*. Quis illo gravior in laudando? acerbior in vituperando? in sententiis *argutior?* in docendo edisserendoque subtilior?

Cicer. de clar. orat., c. 17.

Italien, *arguto*. Colle tue parole *argute* m'aresti sforzato ad intendere questa cosa.

Firenz., disc. an. 17.

***ARGUTIE**, *s. f.* Finesse, subtilité, ruse.

Si ces sottes *arguties* lui doivent persuader une mensonge, cela est dangereux.

Montaig., Ess., l. I, c. 25.

On a dit aussi, mais moins heureusement *argu*, *arguce*.

L'*argu* de ces trois nommez, avec ledit comte, fut grand et long sur ce différend.
Comines, Mém., l. II, c. 1.

Le jeune homme ne doit point prendre coustume de trouver telles inventions galantes ny de bon esprit; et de rire à telles subtilitez et telles *arguces* de dire.
Amyot, Plut. OEuvr. Mor. t. I, p. 116.

Ce mot a été employé de nos jours par J. J. Rousseau.

Tout cela ne sont que des *arguties* et des subtilités métaphysiques, qui ne sont d'aucun poids auprès des principes fondamentaux adoptés par ma raison.
Rêver. du promeneur solitaire, 3e Promenade.

Latin, *argutia*. Plurimæ præterea tales *argutiæ* facetissimi salis.
Plin., l. XXXV, c. 10.

Italien, *arguzia*. Con non minor verità chè *arguzia* fu detto da non so chi : che pochè corpi morti assediavano molti uomini vivi.
Varchi, stor. 6.

* ARISTOTÉLICIEN, *s. m.* Sectateur d'Aristote.

Je vis privément à Pise un honneste homme, mais si *aristotélicien*, que le plus général de ses dogmes est : que la touche et règle de toutes imaginations solides et de toute vérité, c'est la conformité à la doctrine d'Aristote.
Montaig., Ess., l. 1, c. 25.

Ce mot a été employé par plusieurs auteurs modernes.

La bile de l'auteur étoit encore animée par quelques contestations particulières avec des *aristotéliciens*.
Fontenelle, Eloge de Leibnitz, OEuvr., t. V.

Il faut même avouer que cette raison métaphysique que donnent les *aristotéliciens*, pour prouver que les femelles n'ont point de liqueur prolifique, peut devenir l'objection la plus

considérable qu'on puisse faire contre tous les systêmes de la
génération.

Buffon , Hist. des animaux , ch. 5 , OEuvr. , t. III , p. 120.

ARISTOTÉLIQUE , *adj. des deux g.*

Qui appartient à la doctrine d'Aristote.

Joint cette autre considération *aristotélique*, que celui qui
bien faict à quelcun l'aime mieux qu'il n'en est aimé.

Montaig. , Ess., l. ii, c. 8.

ARISTOTÉLISER , *v. n.*

Suivre la doctrine d'Aristote, raisonner à la manière
d'Aristote.

Icelle *aristotélisant* en sa caboche à tort et à travers, veut
que son advis soit reçu : ce qu'elle pense, elle veut que ce soit
évangile.

Merlin Coccaïe (Th. Folengo.), t. I , p. 156.

Dumarsais s'est servi du substantif *aristotélisme*, pour
désigner la doctrine d'Aristote.

Que de peines n'a-t-il pas fallu pour soustraire l'esprit
humain à l'autorité de l'*aristotélisme*, afin de le ramener à
l'expérience qu'il semblait avoir pour toujours abandonnée.

Ess. sur les préjugés , ch. II , OEuvr. t. VI , p. 252.

*ARRAISONNER , *v. a.* Adresser la parole.

> Folie est d'autrui ramposner,
> Ne gens de chose *araisonner*
> Dont ils ont anui et vergoigne.

Baudoin ou Jehan de Condé , Sentier batu, v. 1.

> Molt fu cortois li chevaliers ,
> Il la *artesona* premiers.

Dict. d'Yvonet.

> Li mestres si l'*aresona*.

Fabl. de S. Pierre et du jougleor.

> Dieu quelque oracle aux sages tousjours donne ;
> Mais peu ou mal les fols il n'*araisonne*.

Amyot , Plut. OEuvr. Mesl. t. XXII , p. 354.

Ce mot a signifié aussi quelquefois *mettre à la raison*.

Enfin tous hommes, hors des premiers mouvements, lesquels

ce néanmoins durent et tiennent aux uns plus, aux autres moins, se peuvent modérer et *arraisonner* plus aisément.

Montbourcher, Gag. de bat., fol. 22, r°.

Voyez aussi *Rom. de Robert le diable*, mss.—*Castoiem., male femme*, v. 24. — *Rom. Rose*, v. 2393. — *Perceforest*, vol. VI, fol. 42. r°, col. 1. — *Lett. de rémiss.*, ann. 1416; *Trés. des Chartr.*, reg. 169, ch. 396. — *Lancelot du Lac*, tom. III, fol. 128, r°, col. 1. — Martial d'Auvergne, *Arest. amor.*, p. 374. — Straparole, *Nuits*, t. II, p. 266. — Brant., *Dam. gal.*, t. II, p. 185.

ARRIÈRE-CHAMBRE, *s. f.* Chambre qui est derrière une autre.

Ma salle, anti-chambre et *arrière-chambre*.

Mém. de Bellièvre et Sillery. p. 433.

ARRIÈRE-FOSSÉ, *s. m.* Fossé qui est derrière un autre; double fossé.

Gnettier par nuit, de jour à la barrière,
Édifier tours et *arrière-fossez*.

Eust. Deschamps, poés. mss., fol. 237, col. 3.

Néanmoins elle vint avec grande puissance de gens d'armes, entre lesquels estoit le sire de Rais, maréchal de France, qui descendirent en l'*arrière-fossé*.

Hist. de Charles VII, attribuée à Alain Chartier, p. 36.

* ARRIÈRE-PENSÉE, *s. f.* Pensée cachée, ou dissimulée.

Depuis il leur garda tousjours une *arrière-pensée*.

La Noue, Disc. polit. et milit., p. 731.

Ce mot a été employé par nos auteurs modernes.

Les femmes ont toujours quelque *arrière-pensée*.

Destouches, Dissip., act. V, sc. 9.

* ARRIVAGE, *s. m.* Abord des navires dans un port, ou plutôt des bateaux dans une rivière.—Arrivée des marchandises par les voitures d'eau.

Les vicontes ou receveurs feront rabat sur ce que ils devront

pour leur marchié desdits cent molles.... sur les lieux de
l'*arrivage*.

> *Stat. de l'année* 1376 ; *ordonn. des rois de Fr.*, t. VI, p. 228, art. 11.

Ce mot a signifié aussi le droit que l'on paie pour
aborder à un port ou à un rivage.

> Et seront francs et quittes de rouage, de panage, de terrage,
> de pelage, de passage, d'*arrivage*, et de toutes autres cous-
> tumes.
>
> *Chart. de l'année* 1300 ; *chartul. du prieuré de S. Nicaise*, fol. 76.

Latin barb., *arrivagium*, *adripagium*. Hoc salvo et excepto,
quòd idem Lancelotus non possit, per se vel per alium, in dictis
terra et brotello facere aliquod *arrivagium*.

> *Act. mss. capit. eccles. Lugdun.* ann. 1342, fol. 79, 1°, col. 2.

* **ARTISONNÉ**, **ÉE**, *adj.* Piqué par les artisons,
vermoulu.

> Seront faits les vaisseaux à vin, comme pipes, traversiers et
> quarts, de bon bois sec, non punais, rongé, vergé et *artisonné*.
> *Cout. général.*, t. II, p. 5.

ASSAGIR, *v. a.* Rendre sage.

> Robe de vair, ne de gris n'ont puissance
> D'*assagir* nuls
> *Eust. Deschamps*, *poés. mss.* fol. 46, col. 4.

Je ne croi point qu'il y ait poing, ni point qui sceut *assagir*
une femme, si elle ne le met en sa teste.

> *Desperriers*, *contes*, t. I, p. 295.

Les conditions de la vieillesse ne m'advertissent que trop,
m'*assagissent* et me preschent.

> *Montaig.*, *Ess.*, l. III, c. 5.

Assagir, *v. n.* Devenir sage.

> Se beau parler faisoit homme *assagir*,
> Et beau maintien faisoit constance avoir.
> *Eust. Deschamps*. *poés. mss.*, fol. 382, col. 2.

Vieillir n'est pas *assagir*, ny quitter les vices, mais seulement les changer, et en pires.

Charron, *Sagesse*, l. I, c. 36.

Assagir (s'), *v. réfl.*   Devenir sage.

J'estudiay jeune pour l'ostentation, depuis un peu pour m'*assagir*.

Montaig., *Ess.*, l. iii, c. 3.

Il doibt faire son prouffit, l'appliquer à soy, en prendre advis et conseil, tant sur le passé pour ressentir les fautes qu'il a faict, que pour l'advenir, affin de se reigler et s'*assagir*.

Charron, *Sagesse*, l. III, ch. 14.

Assagi, **ie**, *part. pass.*

Mais je fais doute que je sois *assagi* d'un pouce.

Montaig., *Ess.*, l. iii, c. 9.

On a dit aussi, mais moins heureusement *ensagir*.

Ensagis es en asotant.
Gaut. de Coinsi, *Mir. de N. D.* l. I, c. 28.

Quelques manuscrits portent *assagis*.

On trouve également dans les anciens auteurs le substantif *assagissement*, action de rendre sage, de devenir sage; mot que je ne crois point d'ailleurs susceptible d'être réintégré dans notre langue.

Outre ce que l'affinement des esprits n'en est pas l'*assagissement*.

Montaig. *Ess.*, l. iii, c. 9.

L'*assagissement* ou amendement qui vient par le chagrin, le desgoût et foiblesse n'est pas vray ni conscientieux, mais lasche et catarreux.

Charron, *Sagesse*, l. II, c. 3.

ASSAVOURER, *v. a.* Donner de la saveur, assaisonner.

Que chascuns *asavort* son don;
De quel savor, par quel raison
Puet il son don *asavorer?*
La savor est de tout doner.
Eles de courtoisie, ms. *de S. Germain*, fol. 40, r°, col. 1.

Assavouré , ée , *part. pass.*

Il menjoit mout de foiz potage mal *assavouré* , duquel un autre ne menjoit pas volentiers.

Le confesseur , vie de S. Louis , ch. 14 , p. 367.

Se retenir me volés
D'un douc soulas à loisir
De fiu cuer *asavouré*
D'un douc souspir.

Willaume li Viniers , *Rec. de poët. fr. avant* 1300 , *ms.* t. III, p. 1256.

Voyez aussi *Perceforest* , vol. VI , fol. 99 , r°, col. 1.

* ASSENTIMENT , *s. m.* Consentement volontaire donné à une proposition, à un acte.

La chartre que li Marchisor de l'empereur Baudoin, qui fu fete par le commun *assentement* des hauts barons.

Villehardouin , *ms.*

Li roys , par la volenté et l'*asentiment* de la pucelle , la donna à fame par mariage à Charle son frère.

Guill. de Nangis , *Chron.* , p. 196.

Deux très-haulx , très-promptz et quasi inestimables conquestz obtenez premièrement par l'*assentiment* de l'immense et indivisible éternité.

J. Marot , *OEuvr.* , p. 7.

Ce mot a été employé par nos écrivains modernes.

Donner , sur le témoignage de mes propres yeux , mon *assentiment* aux observations fines et justes d'un auteur, me paraît une véritable jouissance.

J. J. Rousseau , *Lettres sur la botaniq.* 1re *lett. à M . M…*

Je regarde cet *assentiment* que je suis obligé de donner au témoignage d'autrui, comme une loi de mon être moral.

Bonnet , *OEuvr. mél.* , t. XVIII , p. 316.

Latin , *assensus.* Vulgi *assensu* et populari approbatione judicari solet.

Cicer. , *De claris orat.* , c. 40.

Assentio. Vitia in ipsorum esse potestate, nec peccare quemquam nisi *assentione.*

Id. , *Acad.* , 4 , c. 12.

Italien , *assentimento*. Mandarono di loro *assentimento* ambasciadori al gran Cane.

Matt. Villan. , *Stor.*, 3, 107.

Espagnol , *assenso*. Este facilmente se convenciéra à dar
assenso à las verdades de nuestra ley.

Oviedo , *Hist. Chil.* , fol. 334.

Anglais , *assent*.

> Without the king's *assent* or knowledge ,
> You wrought to be a legate.

Shakesp. , *Henri VIII*.

Assentment. Their arguments are but precarious , and subsist
upon the charity of our *assentments*.

Brown , *vulg. err.*

* **ASSENTIR** , *v. n.* Consentir , donner sou assentiment.

Une chose est *assenter* et une autre consenter ; *assenter* est
come ascun que n'a nul droit de présenter , dit après ceo que
il avera mys desturbaunce , jeo me *assente* à ce présentement ,
sauve men droit après.

Britton , *Lois d'Anglet.* , c. 92 , fol. 225 , v°.

Le verbe *assentir* a été quelquefois employé par nos
écrivains modernes ; mais moins fréquemment que son
substantif.

Nous avons reçu de notre nature le pouvoir de suspendre
nos jugemens sur tout ce qui est incertain , et nous ne pouvons jamais *assentir* qu'à des notions évidentes.

Dumarsais , *de la raison* , *OEuvr. compl.* , t. VI , p. 13.

S'**ASSENTIR** , *v. réfl.*

> Je morroie de fain selonc ,
> Je ne m'i porroie *assentir*.

Cortois d'Arras , v. 560.

> Mais pour ce qu'ert mort déconfez ,
> A leurs prières ne *s'assenti*.

Gautier de Coinsi , *Mir. N. D.* l. I , c. 15.

> Et ja soit ce que chascun de vous mente ,
> Pour faire amour de nos cuers départir
> Et pour cuider qu'à voz parlers *s'assente*.

Eustache Deschamps , *poés. mss.* , fol. 443 , col. 1.

Le conseil du roy s'*assentoit* bien à tout ce, et veoit claire-
ment que le roy d'Espaigne requeroit raison.

FROISSART, *Chron.*, vol. II, c. 186.

Assenti, ie, *part. pass.*

Auquel mariage le comte de Flandres nouvellement *assenti*
et accordé.

FROISSART, *Chron.*, vol. I, c. 228.

Latin, *assentire. Assentio* tibi, ut in Formiano potissimum
commorer.

CICER. *ad Attic.*, l. IX, *epist.* 9.

Italien, *assentire.* Lo 'mperadore *assentì*, per dispetto, e
mala volontà, che aveva co' tempieri.

GIOV. VILLANI, *Stor.* 6, 18, 3.

Espagnol, *assentir.* No es herége formál el que *assiente* à
una formál heregía, sino tuviere pertinácia.

MANER., *prefac.*, fol. 156.

Anglais, *to assent.* And the jews also *assented*, saying that
these things were so.

Bibl. act. apost.

*ASSERMENTER, *v. a.* Soumettre à la foi du serment, exiger le serment.

Des actions à divers membres, qui se passent en leur présence, ils refuscroient d'en rendre tesmoignage, *assermentez*
par un juge.

MONTAIG., *Ess.*, l. I, c. 20.

Il requist que sa femme fust *assermentée* scavoir si elle ne
le vouloit recoñoistre pour son vray mary.

ÉT. PASQUIER, *Rech.*, l. VI, c. 35.

ASSIMILATIF, IVE, *adj.* Qui a la faculté de rendre
une chose semblable à une autre.

Car la puissance végétative jamais ne repose avec ses filles
nutritive, formative, *assimilative* et unitive.

AL. CHARTIER, *Esper. OEuvr.*, p. 280.

M. Bonnet a employé ce mot pour caractériser l'action au moyen de laquelle les sucs nourriciers s'assi-

milent aux diverses parties des êtres organisés , soit animaux , soit végétaux , dans un rapport direct à leur organisation.

Cette glu mérite la plus grande attention : elle est sans doute le principal fond de la matière *assimilative* ou nutritive des plantes et des animaux.

Lett. div. , *OEuvr.* , t. XII , p. 44.

Espagnol, *assimilativo.* Y tras estas viene otra virtúd, que llamamos *assimilativa.*

Fuent. , *Philosoph.* , fol. 90.

ASSOMMEUR , *s. m.* Celui qui assomme.

Or me faict cest *assommeur* souvenir d'un voleur italien.

H. Étienne, *Apolog. d'Hérodot.* , t. I , 2ᵉ part. , c. 18.

* ASSOTER , *v. a.* Rendre fou , séduire.

> Quel drap est cecy ? vrayement
> Tant plus le voy , et plus m'*assote* ,
> Il m'en faut avoir une cotte.

Farce de Patelin , p. 15.

Enfin quand les Londriens veirent que celuy roy Édouard estoit fort *assoté* sur messire Hue le despensier, ils y pourveurent.

Froissart , *Chron.* , vol. IV, c. 104.

> Et se couche la larme à l'œil
> Pour plus son mari *assoter.*

Eust. Deschamps , *poés. mss.* fol. 514 , col. 4.

Fortune, laquelle l'avoit *assoty* par ses victoires et ne luy avoit laissé sens aucun pour se conduire en ses adversitez.

Tahureau , *dial.* , p. 11.

Voyez aussi Gautier de Coinsi , *Mir. de Sainte Léocade* , v. 293. — *Rom. Rose* , v. 4243. — Ét. Pasquier , *Rech.* l. I , c. 1.

Assoter , *v. n.* Devenir sot, devenir fou.

> Qant mieus prisiez le dormir et danser
> Qe vif déduit , vous alés *assotant.*

Anc. poët. franç. , *ms. du Vatic.* , n° 1490 , fol. 158 , r°.

Il *assotira* et s'abestira du tout par le droict du jeu.

Quinze joies du mariage , p. 102.

S'ASSOTER, *v. réfl.* Devenir sot, devenir fou.

Honnis soit le prodom, qui pour un jour s'*asote.*

Rom. d'Alex., *ms.*, part. 1.

ASSUÉFACTION, *s. f.* habitude.

Je pense que ce soit l'œuvre et la preuve : et l'exercitation et *assuéfaction* à l'abstinence, n'est-ce pas ce que vous-mesmes faites, etc?

AMYOT, *Plut.*, *OEuvr. mor.*, t. XX, p. 208.

L'*assuéfaction* endort la veüe de nostre jugement. Les barbares ne nous sont de rien plus merveilleux que nous ne sommes à eux.

MONTAIG., *Ess.*, l. 1, c. 21.

Italien, *assuefazione.* Come avviene per le lunghe e continuate *assuefazioni.*

Libr. similit.

Anglais, *assuefaction.* Right and left, as parts inservient unto the motive faculty, are differenced by degrees from use and *assuefaction,* or according whereto the one grows stronger.

BROWN, *vulgar errours.*

ASTROLOGIQUEMENT, *adv.* A la manière des astrologues.

Le vieillard nous parloit *astrologiquement.*

TH. CORNEILLE, *feint astrol.*, act. II, sc. 5.

ATAVERNER (S'), *v. réfl.* Entrer dans une taverne, s'établir dans une taverne.

Car eussions passé le pont
Et si fussions *ataverné.*

COURTEBARBE, *Trois aveugles de Compiegne.*

ATERMOYEUR, *s. m.* Celui qui s'atermoie.

Faulx monoyeurs, *attermoyeurs*,
Baillifs, bedeaulx, prevostz, mayeurs
Et procureurs et advocatz.

Rom. Rose., v. 12259.

ATTISEMENT, *s. m.* L'action d'attiser, d'exciter.

Escrit i sont li jugement
D'amors et li *atisement*
Des acolers et des baisers.

Blanchardin, *ms. de S. Germ.*, fol. 187, v°, col. 1.

Pour l'*attisement* de sa femme, le mary qui est de noble courage et haut se combat en camp.

Quinze joies du mariage, p. 172.

Fut donnée en mariage par l'*atisement* de la cour de Rome à Henry.

Chron. de S. Denis, t. I, fol. 270, v°.

*ATTISEUR, *s. m.* Celui qui attise, instigateur.

Mieux font à croire li loial conseiller, et plus ont de pour-véance que li fous *atiseor* losengier.

Anc. écriv. franç., ms. *de La Clayette*, 4°, fol. 63, col. 1.

Ce mot a signifié aussi instrument qui sert à attiser.

Jehannet le Maistre frappa icelluy Réveilly d'un fourgon ou *attiseur* de four qu'il tenoit.

Lettr. de rémiss., ann. 1470; *Trés. des Chartr.*, reg. 201, ch. 160.

Mais sous cette dernière acception, le substantif *attiseur*, ne me paraît point susceptible d'être réintégré.

ATTOUCHER, *v. a.* Toucher, opérer par attouchement.

Nu à nu le baise et *atoce*.

HERBERS, *Rom. de Dolopatos*.

S'estant par succession de temps tournées en nos fauxbourgs pour *atoucher* nos murailles.

ÉT. PASQUIER, *Rech.*, l. IX, ch. 2.

Toutes lesquelles choses ceux qui les *attouchoient* poursui-voient instamment.

SULLY, *Mém.*, t. I, ch. 64, p. 317.

AUTRICE, *s. f.* Celle qui est la première cause de quelque chose.

On l'a fort accusée du massacre de Paris; ce sont lettres closes, pour quant à cela, car alors j'estois en nostre embarquement de Brouage, mais j'ai bien ouy dire qu'elle n'en fut la première *autrice*.

BRANT., *Dam. ill.*, p. 68.

Latin, *auctrix*. Anima *auctrix* operum carnis.

TERTULL., de *anim.*, c. 57.

Italien, *autrice*. E di questo consiglio fu *autrice*, e princi-pale una ch' ebbe nome Polisso.

FRANC. DA BUTI, *Comment. su'l Dante.*

AUXILIATION, *s. f.* L'action de porter du secours.

Que par les diversions importantes, il ne peut estre diverty de l'exécution de ses hautes entreprises et contraint de con-vertir son *auxiliation* d'amis en une défensive pour luy mesme.

SULLY, *Mém.*, t. II, c. 37, p. 225.

Latin, *auxiliatio*. Quibus *auxiliatio* adversus consules esset.

TIT. LIV., l. II, c. 33.

AVAREMENT, *adv.* D'une manière avare, avec avarice.

Excusez donc mes yeux, si trop *avarement*
Fichez sur vos beautez, ils prennent aliment.

AMAD. JAMYN., *poés.*, p. 272.

Comme un dragon veillant de la voir m'empeschoit,
Et son riche trésor *avarement* cachoit.

PH. DESPORTES, *poés.*, p. 391.

Latin, *avarè, avariter*. Nihil *avarè*, nihil injustè esse fa-ciendum.

CICER., *Offic.* III, c. 8.

Ingurgitat impura in se merum *avariter*.

PLAUT., *Curcul.*, act. I, sc. 2, v. 35.

Italien, *avaramente*. Che nell' agricoltura *avaramente* aveva il suo cor messo.

Dittam. 6. 8.

Espagnol, *avaramente*. Y tan *avaramente* se huvo con ellos, que en lugar de estimación grangeó ódio.

COLMEN., *Histor. de Segob*, c. 25.

AVERTINEUX, EUSE, *adj.* Fantasque, qui a des avertins, des caprices.

Et un *avertineux* destruira plus que plusieurs bien rassis de cerveau ne sçauroient acoustrer.

S. JULIEN, *Mesl. hist.*, p. 625.

On a dit *avertiner, s'avertiner*, avoir des avertins, des caprices.

Voire lorsque plus penserons nous *avertiner* en nous mesmes, et demourer seuls et entiers en to· tes nos opinions.

PASQUIER, *OEuvr. Mesl.*, p. 263.

AVERTISSEUR, *s. m.* Celui qui avertit.

Si l'*advertisseur* n'y présente quant et quant le remède et son secours, c'est un advertissement injurieux, et qui mérite mieux un coup de poignard que ne fait un dementir.

MONTAIG., *Ess.*, l. III, c. 5.

AVITAILLEUR, *s. m.* Celui qui avitaille une place.

Je ne say si ce seroyent point *avictuailleurs* qui viensissent refreschir ce chastel de vivres.

FROISSART, *Chron.*, t. I, c. 245.

Mais aucunes fois quelques *advitailleurs* s'adventurant pour gaigner, quand on dormoit en l'ost, s'assembloient et se boutoient es bailles d'Oudenarde.

ID. *ibid.*, t. II, c. 43.

AVOISINEMENT, *s. m.* L'action d'approcher, d'avoisiner.

Le (palmier) masle convoitise l'*avoisinement* de sa compagne; que s'il advient que la femelle soit plantée loin du masle, il desseche peu-à-peu.

DUVERDIER, *Biblioth.*, p. 5.

Italien, *Avvicinamento.* Conobbe che quello si era lo *avvicinamento* alla morte.

FRA GIORD. *Pred. R.*

APPENDICE.

A

ABRADENT, ENTE, *adj.* Qui excorie, qui ronge. CHARRON, *Sag.*, l. I, c. 38. — Latin, *abradere*, ronger, racler, VARR. *de ling. lat.*, l. IV, c. 31. — Anglais, *to abrade*, HALE. — Les médecins anglais désignent par le mot *abrasion*, l'action au moyen de laquelle les humeurs corrosives enlèvent et détruisent le mucus naturel qui tapisse les membranes de l'estomac et des intestins. Voy. QUINCY.

ABUSION, *s. f.* L'acte d'abuser, tromperie, fraude. *Lett. de rémiss.*, ann. 1391 ; *Trés. des Chartr.*, reg. 141, ch. 67.

ABUTER, *v. a.* Mettre but à but, régler, arrêter un compte. *Lett. de rémiss.*, ann. 1450 ; *Trés. des Chartr.*, reg. 182, ch. 33.

ACCOMMUNER, *v. a.* Rendre commun en biens. *Cout. de Berry*, p. 289, 296, etc.

ACCOUARDIR, *v. a.* Rendre couard, lâche. G. OSMONT, *lapidaire.* — *Guillaume au faucon*, v. 244. — *Robe vermeille*, v. 139. — EUST. DESCHAMPS, *poés. mss.* fol. 561, col. 1. — AL. CHARTIER, *poés.*, p. 654. Voy. ENCOUARDIR. — On a dit autrefois COUARDER, *v. n.* Être lâche, poltron. *Rom. Rose*, v. 1526. — PHIL. MOUSKES, *mss.*, p. 314 ; PASQUIER, *Lett.*, tom. III, p. 589, etc. Mais ce vieux mot ne me paraît pas susceptible d'être restitué au langage moderne.

ACCOUDRE, *v. a.* Coudre une chose à une autre. *Lett. de rémiss.*, ann. 1389; *Trés. des Chartr.*, reg. 138, ch. 71.

ACHEVEUR, *s. m.* Celui qui achève, qui accomplit. *Perceforest*, vol. V, fol. 109, v°, col. 1. — Anglais, *achiever*, Shakespeare.

ADEXTRER, *v. a.* Accompagner, donner la main, la droite, placer à la droite, se mettre à la droite. *Fab. du jugement d'amors.* — Huon le Roy, *vair Palefroy*, v. 956. — Jacquemars Gielée, *Rom. du Renard.* — *Floire et Blancheflor*, v. 208. — *Rom. d'Anséis de Carthage*, *mss. du roi*, 7191. fol. 49, r°, col. 2. *Rom. d'Aubery*, *ms.* — Eust. Deschamps, *poés. mss.*, fol. 559, col. 1. — Froissart, *Chron.*, vol. IV, c. 2. — *Perceforest*, vol. VI, fol. 34, r°, col. 1. — Oliv. de la Marche, l. I, p. 170. — Math. de Coucy, *Hist. de Charles VII*, p. 665. — *Hist. de la Toison d'or*, tom. II, fol. 183, v°. — Montaigne, *Ess.*, l. I, ch. 48. — Menard, *Hist. de Bert. Duguesclin*, p. 341, etc. — Lat. barb. *addextrare*. Baldric, *Chron. Camerac.*, l. III, c. 38. — Italien, *addestrare*. Giov. Villani, *Stor.* X, 56, 2. — Le mot *adextrer* a signifié aussi rendre adroit, rendre habile, dresser, instruire. Merlin Coccaïe (*Theoph. Folengo*), tom. I, p. 3191. — Des Accords (*Et. Tabouret*), *Bigarrures*, l. IV, p. 5, v°. — Italien *addestrare*, id. Morell. *Cron.* — Espagnol, *adestrar*, id. Barbad. *Coron.* fol. 114.

ADHÉRITER, *v. a. Terme de jurisprudence.* Investir, mettre en possession d'un héritage. Jeh. de Condeit. — Boutillier, *Somme rurale* (1512), fol. 137, r°, col. 1. — *Chron. de Flandres*, ch. 86. — Lat. barb. *adhæredare*, *adhæreditare. Vita Lietberti*, *episc. Camerac.* c. 2.

ADOMBRER, *v. a.* Ombrager, donner de l'ombre,

couvrir, cacher, offusquer. *Castoiement cont.* 28 , *suite*, v. 53. — *Chevaliers, clers et villains,* v. 3 — *Pyrame et Tysbée, ms. de S. Germ.*, fol. 99, r°, col. 3. — *Bestiaire, ms.* — *Anc. poët. franç., ms. de la Clayette,* in-4°, fol. 314, col. 1. — Guil. de Nangis. *ann.* p. 260. — Eust. Deschamps, *poés. mss.,* fol. 46, v°, col. 2. — *Lancelot du Lac,* tom. II, fol. 3, v°, col. 2. — Brant. *Dam. illust.,* p. 179. — S'adombrer , Gautier de Coinsi, *Mir. de N. D.* — *Disputoison du Juif et du Chrest.*, *ms. de S. Germ.*, fol. 108, r°, col. 3. — *Histoire des trois Maries, ms.*, p. 209. — Eust. Deschamps, *poés. mss.,* fol. 110, col. 2. — Latin, *adumbrare,* Colum., l. V, c. 5. — Italien, *adombrare.* Petrarc. *canz.* 1. 2. — Anglais, *to adumbrate, Decay of piety.* — Le verbe adombrer a signifié aussi dessiner, peindre, représenter. Amyot, *Plut., Disc. prélim. Œuv.* tom. I, p. lv. — Montaig., *Ess.,* l. II, c. 12. Latin , *adumbrare,* Val. Max. , l. VII, c. 2. — Italien , *adombrare,* id. Petrarc. *Canz.* 30. 4. — Adombration, *s. f.* dessin, figure, représentation. *Am. ressuscit.*, p. 72. — Latin, *adumbratio,* Vitruv. l. I, c. 2. — Anglais, *adumbration,* Bacon.

ADVOLER, *v. n.* Voler vers un lieu, vers un objet quelconque. Rabel, l. V, c. 5. — Latin, *advolare,* Cicer. *pro Sext.*, c. 4.

AFFAITARDIR , *v. n.* S'affaitardir, *v. réfl.* Devenir lâche , paresseux, fainéant, montrer de la faitardise. *Anc. poët. fr. ms. de La Clayette,* in-4°, p. 819, col. 1. — Gautier de Coinsi, *Mir. de N. D.,* l. I. — *Le Jouvencel,* fol. 8, v°. — Al. Chartier, *poés.*, p. 664. Voyez Faitard.

AFFOISONNÉ, ÉE, *adj.* Qui possède en abondance, à foison. Froissart, *poés. mss.*, p. 209, col. 1.

AFFORER , *v. a. Terme de jurisprudence.* Estimer,

taxer, déterminer le prix. *Ordon. de Jean I, févr.* 1350, tit. VII, art. 66; *Ordonn. des rois de Fr.* tom. II, p. 356. *Coutume de Normandie,* c. 20. — *Nouveau cout. général,* tom. I, p. 110, col. 2. —Latin barb., *afforare, Chart. Petr. II, reg. Arrag.* ann. 1350, *apud Cangium.* — Espagnol, *afforar, Dicc. de la real acad. de Madrid.*

AFFRANCHISSEUR , *s. m.* Libérateur, celui qui affranchit, qui délivre. Amyot, *Plut. Vie de Flaminius,* c. 10. *OEuv.* tom. IV, p. 76.

AFFRUITER , *v. n.* S'affruiter, *v. réfl.* Profiter. Baude Fastoul d'Arras , *Cong.* v. 187. — *Chev. au barizel,* v. 401. — *Cortois d'Arras ,* v. 260. — *Act. de l'ann.* 1458. *Capit. de l'églis. de Cambray ,* reg. 0.

AGGRESSER , *v. a.* Attaquer, être aggresseur. Jean Molinet, *Dicts et faits notables,* p. 125. — Latin, *aggredi,* Cicer., *Philipp. II,* c. 10. —Anglais, *to aggress,* Prior.

AHONTER , *v. a.* Couvrir de honte, diffamer, déshonorer. *Assis. de Jérus.,* c. 62. — *Rom. Rose,* v. 3684. — *Ovid. Metamorph.* — Eust. Deschamps , *poés. mss.* fol. 387, col. 2. — *Perceforest,* vol. I, fol. 58, r°, col. 1. *Lett. de rémiss.,* ann. 1457; *Trés. des Chart.,* reg. 185, ch. 339.—On a dit aussi, mais moins heureusement, Ahontager. *Rom. Rose,* v. 9543.—Menard, *Hist. de Bert. Duguesclin,* p. 125, 126.

AIDABLE , *adj. des deux g.* Secourable, qui peut aider. Froissart, *Chron.,* vol. I, c. 136. — *Perceforest ,* vol. III, fol. 32, v°, col. 2. — Olivier de la Marche, *Gag. de Bat.,* fol. 26, r°. — *Danse des Aveugles.* — Italien, *aiutevole,* Boccac., *Amet.* 86.

AIDEUR, *s. m.* Celui qui aide, qui donne des secours. S. Greg. *Dial.,* l. II, c. 3.—*Anc. trad. de la Bible,*

Gen. c. 49.—Jean de Meung, *Codic.*, v. 1645. — Phil.
Mouskes , *ms.* , p. 219. — *Anc. Coutume d'Orléans.*
—Espagnol , *ayudador, Fuer. juzg.* l. III, tit. 3 , l. 4.
—Anglais , *aider*, Bacon.

AIGUAGE , *s. m.* Droit que l'on paie pour faire
venir de l'eau dans son jardin ou dans son pré. *Reg. des
cens de la ville de Chartr.*, fol. 12 et 18.

AJUSTAGE, *s. m.* Action et droit d'ajuster, d'éta-
lonner les mesures. *Estimation des terres de Soublaines
et de Beaufort*, ann. 1350; *Trés. des Chart.*, reg. 80,
ch. 17.

ALAMBIQUEMENT , *s. m.* Action d'alambiquer.
Brant. , *Dam. gal.* , t. II, p. 199.

ALIGÉ, ÉE , *part. pass. Terme du jurisp. féodale.*
Rendu lige. Will. li Viniers , *poët. franc. avant* 1300,
ms. , t. II , p. 810.

ALLEUTIER , *s. m.* Possesseur d'alleu. *Cout. de
Hainaut*, ch. 61 , 68 , 69 , 77 , etc. , etc.

ALLIGNAGÉ, ÉE , *adj.* Qui a une parenté, un li-
gnage. Ce mot s'employait rarement seul. *Bien allignagé,
mal allignagé. Perceforest*, vol. IV, fol. 18 , v°, col. 1.

ALLOUVI , IE , *adj.* Acharné, affamé comme un
loup. Merlin Coccaïe (*Theoph. Folengo*), t. II, p. 21.
— Rabel. l. IV, c. 4. — Ét. Pasquier, *Pourparler du
prince*, p. 876. — Allouviment , *adv.* Avec l'acharne-
ment d'un loup affamé. Pasquier, *Lett.*, t. III, p. 2.

AMENAGE , *s. m.* Action d'amener, de voiturer;
sorte de service qui était dû au seigneur par son vassal.
Lett. de rémiss., ann. 1397; *Trés. des Chart.*, reg. 153,
ch. 43.

AMÉNAGEMENT , *s. m. Terme de finance.* Opé-

ration de finance, d'économie, d'industrie. Sully, *Mém.*,
t. II, c. 5o.

AMIELLER, *v. a.* Attirer, allécher par des paroles
douces. Desperiers, *Cont.*, t. II, p. 114. — *Récréat. des
devis amour.*, c. 1.

AMPOULER, *v. a.* Faire venir des ampoules, ou de
petites enflures à la peau. Amad. Jamyn, *poés.*, p. 293.

ANCELLE, *s. f.* Servante, esclave. *Rec. de poët. franç.
avant* 1300, *ms.*, t. IV, p. 1375. — *Anc. poët. franç.*,
ms. de la Clayette, fol. 38, col. 1. — *Reclus de Moliens,
Miserere.* — *Modus et racio*, fol. 332, v°. — *Cheval. au
barizel*, v. 37. — *Cortois d'Arras*, v. 254. — *Rom. Rose*,
v. 20011. — Phil. Mouskes, *ms.*, p. 55. — Eust.
Deschamps, *poés. mss.*, fol. 3o5, col. 3. — Guil.
Cretin, *Oraison à N. Dame.* — J. Marot, *poés.*, p. 3o7.
— Cl. Marot, *epist.* 24. *OEuv.*, t. I, p. 441. — H.
Etienne, *Apol. d'Herod.*, t. II, p. 37. — Latin, *ancilla*,
Cicer., *pro Milone*, c. 10. — Italien, *ancella*, Petrarc.,
canzon. 5. 1. — Espagnol, *ancila*, Alv. Gom., *cant.* VI,
oct. 1.

ANCIS, *s. m.* Terme de jurisprudence. Meurtre d'une
femme grosse. *Etabliss. de S. Louis, ms. du Roi*, n° 9827,
c. 26. — *Anc. cout. d'Anjou*, etc.

ANCYLIGLOTTE, *s. m.* Rabelais, l. III, c. 33. —
Grec, Ἀγκυλόγλωσσον, Paul. Ægin., l. VI, c. 29.

ANGUILLETTE, *s. f.* Petite anguille. *Anc. stat. des
poissonniers d'eau douce*, art. 7; *Ordonn. des Rois de Fr.*,
t. II, p. 584. — Italien, *anguillina*, Redi, *osservaz.* 171.

ANHELER, *v. n.* Respirer avec peine, haleter.
S. Greg., *Dial.*, l. IV, c. 38. — *Mir. de S. Louis*, c. 1.
— Cl. Marot, *Métam. Ovid.* l. II. *OEuv.*, t. III, p. 78.
— Cholières, *Cont.*, fol. 242, r°. — Latin, *anhelare*,

Ovid., *Fast. II*, v. 295. — Italien, *anelare*, Tasso, *Gier.*, 7. 2. — Espagnol, *anhelar*, Pellicer, *Argen.* part. II, fol. 6.

ANORMAL, ALE, *adj.* Hors des règles, contraire aux règles. Cl. Marot, *Opusc.*, 7. *OEuv.*, t. I, p. 203. —Latin barb., *anormalis*, Alanus, *de planct. natur.*

ANTIDOTAIRE, *s. m.* Livre qui traite de la composition des remèdes et des antidotes. *Stat. des apoth. de Paris*, ann. 1353; *Ordonn. des Rois de France*, t. II, p. 533.

APÉDEUTE, *s. m.* Homme privé d'instruction; ignorant. Rabel., l. V, c. 16. — Grec, ἀπαίδευτος, Xenoph., *Cyropæd.* 3. Racine ά privatif, παίδευσις, instruction, éducation.

APERT, E, *adj.* Ouvert, évident, public, qui est au grand jour. Marie de France, *Lai de Graelent*, v. 302.—Hug. Piaucele, *Fab. d'Estourmy*, v. 593.— *Anc. poët. fr. ms. de la Clayette*, in-4°, fol. 25, col. 1. — *Rom. Rose*, v. 2101. — Cl. Marot, *eleg. I. OEuv.*, t. I, p. 283. — Amyot, *Plut.*, *OEuv. mor.*, t. III, p. 390.—Latin, *apertus*, Cicer., *pro lege Manil.*, in fin. — Italien, *aperto.* — **Apertement,** *adv.* Ouvertement, évidemment, publiquement. Guyot de Provins, *Bibl.*, v. 2402. — *Castoiement cont.* 3, v. 109. — *Rom. Rose*, v. 20. —Nangis, *ann.*, p. 165. — Cl. Marot, *epist.* 12. *OEuvr.*, t. I, p. 401. — Rabelais, l. IV, c. 27. — Straparole, *Nuits*, l. II, etc. — Latin, *apertè*, Cicer., *Orat.*, c. 12. — Italien, *apertamente*, Boccac., pr. 7.

APPAILLARDIR (S'), *v. réfl.* Devenir paillard, se livrer à la paillardise, à la débauche. *Lett. de rémiss.*, ann. 1467; *Trés. des Chart.*, reg. 200, p. 127.

S'APPENSER , *v. réfl.* Examiner, former le dessein, imaginer, penser, réfléchir. *Anc. poët. fr. avant* 1300, *ms.*, t. IV, p. 1368. — Huon le Roy, *vair palefroy*, v. 401. — *Le prévost à l'aumuche*, v. 70. — *Fabl. de Gautier d'Aupais.* — *Le Cuvier*, v. 107. — Brunet Latin, *Trésor*, l. IV. — Joinville, *Hist.*, p. 122. — *Rom. Rose*, v. 18322. — Guill. de Nangis, *ann.*, p. 268. — *Hist. de Charles VII*, p. 1. — Italien, *appensarsi, Ammaest. degli antich.* 12. 3. 2. — Appensé, ée, *part. pass.* Eust. d'Amiens, *le Bouchier d'Abbeville*, v. 219. — Joinville, *Hist.*, p. 60. — *Rom. Rose*, v. 4481. — Appensément, *adv.* Avec réflexion. *Anc. poët. fr. ms. du Vatican*, n° 1490, fol. 166, r°. — Beaumanoir, *Cout. de Beauv.*, l. I, c. 1. — *Chron. de S. Denis*, t. II, fol. 26, v°. — Fabry, *Art de rhétor.*, l. I, fol. 51, v°. — Italien, *appensatamente*, Brunett. Latin., *Tes.* 8. 2.

APPERT, ERTE, *adj.* Habile, leste, prompt, vif, expéditif. Guyot de Provins, *Bibl.*, v. 405. — Robert de Blois, *Chast. des Dames*, v. 491. — *Hist. des trois Maries*, *ms.*, p. 468. — *Lett. de rémiss.*, ann. 1380; *Trés. des Chart.*, reg. 116, c. 209. — Eust. Deschamps, *Poés. mss.*, fol. 100, col. 1. — Froissart, *Chron.*, vol. III, c. 6. — Lefebvre de S. Remy, *Hist. de Charles VI*, p. 138, etc. — Appertement, *adv.* Habilement, lestement, légèrement. Joinville, *Hist.*, p. 4. — *Perceforest*, vol. II, fol. 119, v°, col. 1. — Appertise, habileté, légèreté, prouesse. Froissart, *Chron.*, vol. I, c. 227. — Christ. de Pise, part. III, c. 20. — *Histoire de Charles VII*, p. 14. — Brantome, *Cap. fr.*, t. I, p. 272.

APPORTIONNER, *v. a.* Donner, assigner une portion. *Coust. general*, t. II, p. 673. — Et. Pasquier, *Rech.*, l. V, c. 6. — *Lett. de rémiss.*, ann. 1419; *Trés. des Chart.*, reg. 171, c. 164.

APPROFITER, *v. a.* Mettre à profit, rendre utile, profitable. Desperriers, *Cont.*, t. I, p. 151. — Amyot, *Plut. OEuv. mor.*, t. V, p. 185. — Montaig., *Ess.*, l. 1, c. 25.

APPROVENDÉ, ÉE, *part. pass.* Approvisionné, muni de provende. Gautier de Coinsi, *Sainte Léocade*, v. 558. — Froissart, *poés. mss.*, p. 41, col. 2. — Approvendement, provision, ce qui est donné à titre d'aliment ou de provende. *Coust. gener.*, t. I, p. 784.

AQUILANT, *adj. m.* De couleur fauve ou brune, à-peu-près semblable à celle de l'aigle. *Rom. d'Aubery, ms.*

ARBALÊTRÉE, *s. f.* Portée d'une arbalète. Joinville, *Hist.*, p. 120. — Villehardouin, *Conq. Constant.* p. 57. — *Aucassin et Nicolette*, Fabl. Méon., t. I, p. 397. — *Chron. de S. Denis*, t. II, fol. 197, v°. — Guill. Guiart, *Roy. lign. ad ann.* 1264.

ARCHÉE, *s. f.* Portée d'un arc. — Villehardouin, *ms.*, fol. 35, v°. — *Rom. Rose*, v. 8287. — *Le Prévost d'Aquilée.* — *Rom. de Giron le Courtois.* — *Lancelot du Lac*, t. II, fol. 16, r°, col. 1. — Italien, *arcata*, *Stor. di Rinald. Montalb.*

ARMURERIE, *s. f.* Lieu destiné à fabriquer les armes. Amyot, *Plut.*, *vie de Sylla*, c. 33. *OEuv.*, t. IV, p. 419.

ARONDILLER, *v. n.* Murmurer comme l'aronde ou hirondelle. *Bibl. Historiaux*, *ms. du Roi*, n° 7601. *Deut.* c. 1, v. 26.

ARRANÇONNEMENT, *s. m.* Action de rançonner. *Lett. de l'an* 1358; *Ordonn. des rois de Fr.*, t. III, p. 332.

ARRIVOIR, *s. m.* Port, rivage où l'on peut aborder.

Lett. de rémiss., ann. 1470 ; *Trés. des Chart.*, reg. 196, c. 293.

ARROUTER, *v. a.* Mettre en route, sur la route, acheminer. Gautier de Coinsi, *Mir. de N. D.*, l. I, c. 29. — *Rom. de Garin.* — *Castoiement*, cont. 13, v. 81. — *Anc. écriv. franç. ms. de la Clayette*, in-4°, fol. 30, col. 2. — Froissart, *Chron.*, vol. I, c. 98. — Cuvelier, *Vie de Duguesclin, en vers.* — Montaig., *Ess.*, l. i, c. 9. — S'arrouter, *v. réfl.* Se mettre en route, s'acheminer. Villehard, §. 62. — Guill. Guiart, *Roy. lign. ad ann.* 1267, etc.

ARTICULÉMENT, *adv.* D'une manière articulée, distincte, claire, précise, non équivoque. Ét. Pasquier, *Rech.*, l. VIII, c. 59. On a dit aussi *articulièrement*, *Lett. de rémiss.*, ann. 1372 ; *Trés. des Chart.*, reg. 103, c. 158 : mot qui, sous cette forme, ne me paraît point susceptible d'être réintégré dans le langage moderne. — Latin, *articulatè*, *articulatim*, Cicer., *de leg.*, l. I, c. 13. — Italien, *articolatamente*, Annibal Caro, *Letter.* 2. 209. — Anglais, *articulately*, *Decay of piety.*

ARTILLER, *v. a.* Equiper, munir, fortifier. Gilles Bouvier *dit* Berry, *Hist. de Charles VII*, de 1402 à 1461, p. 421. — Artillé, ée, *part. pass.* Chev. au barizel, v. 6. — *Hist. d'Arthur III, duc de Bret.*, p. 771. — Martial d'Auvergne, *Vig. de Charles VII.* — Jaligny, *Hist. de Charles VIII*, ann. 1487, p. 38. — Espagnol, *artillar*, Solis, *Hist. de Nuev. Espan.*, l. III, c. 1.

ASCENDRE, *v. n.* Monter, faire une ascension. *Anc. trad. de la Bible, Exode*, c. 8, v. 2. — *Bibl. historiaux, Exod.* c. 34, v. 4. — Latin, *ascendere*, Cicer., *de Orat.* II, c. 34. — Italien, *ascendere*, Dante, *Purg.*, 11. — Espagnol, *ascender*, Lop., *Circ.*, fol. 158. — Anglais, *to ascend*, Milton.

ASSAUVAGIR (S') , *v. réfl.* Devenir sauvage. Crescenz., *prouff. champ.*, l. II, fol. 1486. — Eust. Deschamps, *poés. mss.*, fol. 29, col. 4.

ASSOLER, *v. a.* Rendre égal au sol, de niveau avec le sol, raser, aplanir. *D. Florès de Grèce*, fol. xcix, r°. — Latin barb., *adsolare, assolare.* Jo. de Janua, *catholic.*

ASSOMPTIVEMENT , *adv. Terme de logique.* Par assomption. Fabry, *art de rhétor.*, l. I, fol. 46, v°. — Latin, *assumptivè*, Martian. Capella, l. V, p. 147.

ASTELLE, *s. f.* Éclat de bois, tronc de lance brisée, éclisse. *Anc. poët. fr. ms. du Vatican*, n° 1490, fol. 115, r°.—*Anc. écriv. franç. ms. de la Clayette*, in-4°, fol. 208, col. 1.—*Rom. du Rou, ms.*, p. 62. — *Rom. du Brut.*, fol. 98, r°, col. 2. — *Patenostre à l'usurier*, v. 73. — Andr. Favyn, *Théât. d'honneur*, t. I, p. 433. —D'où le verbe Asteller, mettre des éclisses, *Perceforest*, vol. I, fol. 156, r°, col. 1.

ASTIPULATEUR, *s. m.* Garant, caution; celui qui assure un traité stipulé par un autre, un témoignage rendu par un autre. Amyot, *Plut.*, *Prop. de table*, l. VII, quest. 1re, *OEuv.* t. XVIII, p. 311.—Latin, *astipulator*, Cicer., *pro Quint.*, c. 18.

ASTIPULATION, *s. f.* Caution, garantie. Rabel., l. IV, c. 32. — Latin, *astipulatio*, Plin., lib. xxix, c. 1.

ATÉNÉBRIR , *v. a.* Couvrir de ténèbres. Phil. Mouskes, *ms.*, p. 302. On a dit aussi, mais moins heureusement , *enténébrer. Vies des Saints, ms. de S. Victor de Paris*, n° 28, fol. 2, r°, col. 1.

ATERMINER , *v. a.* Fixer un terme, un délai, ajourner à terme fixe. Gautier de Coinsi, *Mir. de N. D.*, l. I, c. 13.—*Lancelot du Lac*, t. III, fol. 53, r°, col. 1. — On a dit aussi ATTERMER. *Lancelot du Lac*, t. III, fol. 139, r°, col. 2.

ATRUANDIR, *v. a.* Réduire à la mendicité. EUST. DESCHAMPS, *poës. mss.*, fol. 115, col. 2. — *Triomphe de la noble dame*, fol. 58.

ATTÉDIATION, *s. m.* Action d'ennuyer, qualité de ce qui est ennuyeux. RABEL., l. II c. 18. — On a dit aussi, ATTÉDIER, ennuyer. ÉT. PASQUIER, *Rech.*, l. II, c. 7.

AUMONIÈRE, *s. f.* Bourse, escarcelle. COLIN MUSET, *Rec. de poët. franç. avant* 1300, *ms.* t. II, p. 708. — GACES BRUSLEZ, c. 24. — *Rom. d'Aubery*, *ms.* — JACQUEMART GIELÉE, *Rom. du Renard.* — JOINVILLE, *Hist. de S. Louis*, p. 176. — GUILL. DE NANGIS, *Annal.*, p. 239. — *Rom. Rose*, v. 14333. — ROB. DE BLOIS, *Chastis. des dames*, v. 235. — *Establissement des mestiers de Paris*, p. 3, v°. — *Perceforest*, vol. VI, fol. 78, r°, col. 1. — Latin barb., *eleemosynaria, Chart. ann.* 1149, *in tabular. S. Euvert. Aurelian.* — *Almonaria, comput. Ballivorum Franc. pro termin. Candelos.* ann. 1268 apud *Cangium.*

AVANT-PIED, *s. m.* Partie antérieure de la chaussure. *Lett. de Philipp. de Valois*, en 1246, tit. XXXVI; *Ord. des Rois de Fr.*, t. II, p. 372. — *Lancelot du Lac*, t. I, fol. 137, v°, col. 2.

AVOCASSIE, *s. f.* Profession d'avocat, art de plaider. — *Lett. de rémiss.*, ann. 1410; *Trés. des Chart.*, reg. 164, c. 357. On a dit aussi, mais moins heureusement, *avocassage, Farce de Patelin*, p. 1.

AVOUERIE, *s. f.* Profession d'avoué; tutèle. *Servantois de l'église de Paris*, fol. 310. — *Cout. de Beauvoisis*, c. 65. — *Cout. de Troies* (Pithou), p. 437.

B

BAGUENAUDERIE, *s. f.* Futilités, discours frivoles.

Me suis trouvé avec des damoiselles qui se lavoient la gorge des *baguenauderies* que leur avoient ramagez leurs armez courtisans.

CHOLIÈRES, Contes, fol. 220, v°.

BALBUTIE, *s. f.* État de l'enfant qui balbutie.

Voilà un exemple de la *balbucie* de cette enfance.

MONTAIG., Ess., l. III, c. 6.

*BALÈVRE, *s. f.* Partie supérieure et inférieure des lèvres et de la bouche.

Avoit fait brusler et marcher (marquer) à fer chault le neis et la *baulicvre* à un bourgeois de Paris pour blasphême.

JOINVILLE, Hist., p. 120.

Lors getta au géant ung entre-deux si amèrement qu'il luy couppa le nez et toute la *baulevre*, en telle manière que les denz luy apparoissoyent de tous costez et dessus et dessoubz.

Lancelot du Lac, t. II, fol. 118, r°, col. 1.

Chargent de gros anneaux d'or le cartilage d'entre les nazeaux, pour le faire pendre jusqu'à la bouche, comme aussi la *balicvre* de gros cercles enrichis de pierreries.

MONTAIG., Ess., l. II, c. 12.

Mais sur-tout estoit admirable qu'il parloit quelques fois d'une voix qu'il tenoit tellement enclose dans son estomach, sans ouvrir que bien peu les *balevres*, à manière qu'estant près de vous, s'il vous appelloit, vous eussiez creu que c'eust esté une voix qui venoit de bien loing.

ÉT. PASQUIER, Rech. l. VI, c. 39.

A iceulx six il fist copper les nez et les *baulievres*, et à chacun d'eulx ung poing.

MENARD, Hist. de B. Duguesclin, p. 515.

Voyez aussi *Rom. Rose*, v. 10365. — *Perceforest*, vol. I, fol. 45, r°, col. 2. — AL. CHARTIER, *poés.*, p. 795. — RABELAIS, l. II, c. 2, etc.

BANNERETTE, *s. f.* Petite bannière.

Il y avoit aux fenestres, portes et autres lieux des maisons des *bannerettes*, ou escussons semez de fleurs de lys.

ANDR. DE LA VIGNE, *Voy. de Charles VIII à Naples*, p. 153.

Porteront le crucifix, ou *bannerettes* petites, où seront pourtraits nostre Seigneur, nostre Dame, etc.

JAC. BASNAGE, *Dissert. sur les duels*, p. 181.

Espagnol, *banderéta.* Delante del Virrey iban seis trompetas vestidos de colorado y amarillo, con *banderétas* de tafetán colorado.

SANDOV. *Hist. de Car. V*, l. XII, §. 25.

BARBELÉ, ÉE, *adj.* Garni de barbes semblables à celles des plumes.

Sagette tant feust barbelée.

Rec. de poët. fr. avant 1300, ms. t. IV, p. 1365.

Maintes sajettes barbelées
Tretes li a et entesées.

GAUTIER DE COINSI, *Mir. de N. D.*

Et font sagettes barbelées,
De grans promesses enpennées.

Rom. Rose.

Crocs, broches, poinsons, fers *barbelez.*

MONSTREL., vol. I, c. 19.

Voyez *Rom. du Rou*, ms., p. 327, etc.

On a dit aussi EMBARBELÉ, ÉE.

Les pointes furent appelées
Sagettes d'or embarbelées.

Rom. Rose, v. 948.

D'épics embarbelez ces champs sont hérissez.

AMAD. JAMYN, *poés.*, p. 154, v°.

BASANER, *v. a.* Donner au teint une couleur noirâtre, basanée.

Il ne faut qu'un hâle qui *basanera* ou noircira vostre femme comme une moresque.

CHOLIÈRES, Contes, fol. 159, v°.

BATELERESQUE, *adj. des deux g.* Qui appartient aux bateleurs, ou qui a les manières des bateleurs.

Tout ainsi qu'en nos bals, ces hommes de vile condition, qui en tiennent escole, pour ne pouvoir représenter le port et la décence de nostre noblesse, cherchent à se recommander par des sauts périlleux et autres mouvemens étranges et *bateleresques*.

MONTAIG., Ess., l. II, c. 10.

BAVOLER, *v. n.* Voler à rase terre, voltiger.

Les petits moucherons luisans qui volent sur le soir, ayant quitté les aveugles et ténébreuses cavernes, se récréoyent, *bavolans* par l'espaisseur de l'obscurité de la nuit.

STRAPAR., Nuits, t. II, p. 121.

Raze la mer, et d'un tour et retour,
Va *bavolant* des rives tout autour.

JOACH. DU BELLAY, OEuv., p. 131.

Ce petit archerot Amour,
Bavolant s'esgayoit un jour
Dedans les vergers de Cythère.

REM. BELLEAU, poés., t. I, p. 56.

Sous le souple jarret, la peinte banderolle
D'un jartier ondoyant sur la greve *bavole*.

BAÏF, OEuv., p. 184, r°.

BÊCHEMENT, *s. m.* L'action de bêcher.

Thrésor d'or ou d'argent trouvé en terre par *béchemens* ou ouverture, est au prince.

Cout. général, t. II, p. 758.

*** BÉGUINAGE**, *s. m.* Vie monastique, règle de religieux, dévotion affectée.

Amours tant cuidier fait remaindre,
Tant *beginaje* et veu enfraindre.

Anc. poët. fr. ms. du Vatican, n° 1490, fol. 128, r°.

> Tuit li preudome ce me semble.
> Haïr doivent trestuit ensemble
> Pappelardie et *beginage*.
>
> GAUTIER DE COINSI, *Sainte Léocade*, v. 1529.

Ce mot a signifié aussi couvent, maison religieuse.

> Et encor reteneis de mi
> K'a *beginage*
> Ont-il mult voleutiers visnage.
>
> JEHAN DE CONDEIT, *contre les dominic.*, ms.

> En ce lieu a mainte religieuse,
> *Béguinage* est que le roy y fonda.
>
> EUST. DESCHAMPS, *poés. mss.*, fol. 233, col. 2.

Les maisons des prestres séculiers et des *béguinages* ne sont pas plus franches, quant au fait des arrests ou d'autres choses, que les maisons des autres bourgeois et habitans de la ville.

> *Nouv. coust. general*, t. I, p. 1068, col. 1.

On a dit aussi *Béguiner*, *v. n.* faire le dévot, la dévote.

> En *béguinant* faire la précieuse,
> Pour empescher toute vie amoureuse.
>
> EUST. DESCHAMPS, *poés. mss.*, fol. 334, col. 1.

+BELLISSIME, *adj. des deux g.* Très-beau.

Tellement qu'il vous faudra prendre garde de dire plustost doctissime que très-docte ; plustost *bellissime* que très-beau.

> H. ETIENNE, *Lang. franç. italian.*, dial. I, p. 216.

Italien, *bellissimo*. Egli era in suo castello una donna vedova del corpo *bellissima*.

> BOCCAC., *Nov.* 12. 9.

BERGERETTE, *s. f.* Diminutif de *bergère*.

> Et trouvai lès son bregier,
> Une *bregerette*
> Qui moult ert doucette.
>
> *Anc. poët. fr. ms. du Vatican*, n° 1490, fol. 112, v°.

> Quant la très douce *bergierette*
> Tu refuses, c'est grans orgieus.
>
> FROISSART, *poés. mss.*, p. 279, col. 1.

Tant qu'il trouva ung berger et une *bergerette* qui se devisoient sur ung tertre.

> *Perceforest*, vol. VI, fol. 13, v°, col. 1.

Le mot *Bergerette* a servi aussi à désigner une sorte de pastorale.

Bergerette est toute semblable à l'espèce de rondeau, excepté que le couplet du milieu est tout entier et d'autre lysière.

> Fabry, *art de rhétor.*, l. II, fol. 34, v°.

Les petits enfans de chœur de la Sainte-Chapelle qui illecques disoient de beaux virelays, chançons et autres *bergerettes* moult mélodieusement.

> *Chron. scandal. de Louis XI*, p. 116.

* **BESOGNER**, *v. n.* Travailler, s'occuper.

Aucunes foiz estoit que les messages venoit à li, par quoy il nous convenoit *besoigner* à la matinée.

> Joinville, *Hist.*, p. 105.

> Faut *besongner*,
> Pour eslougner
> Oisiveté.
>> *Blason des faulses amours*, p. 282.

Le Roy dist : Saintré, Dieu vous doint bien aller, bien *be-sogner*, et à vostre honneur retourner.

> *Jehan de Saintré.*

Bien est-il vray que ceulx qui *besongnent* beaucoup de l'entendement, se servent bien peu de sentiment.

> Amyot, *Plut. OEuv. mor.*, t. I, p. 402.

Elle passoit fort son temps, les après disnées, à *besongner* après ses ouvrages de soye, où elle estoit tant parfaite qu'il estoit possible.

> Brant. *Dames illust.*, p. 49.

Voyez aussi Eust. Deschamps, *poés. mss.*, fol. 460, col. 3. — *Mystère de la Conception.* — *Histoire de Floridan*, p. 712. — *Histoire d'Arthur III*, p. 749. — Martial d'Auvergne, *Arest. amor.*, p. 372. — Commines, *Mem.*, l. II, c. 8. — Clém. Marot, *Epist.* 18. *OEuv.* t. I, p. 426. — Montaic., *Ess.* l. III, c. 1, etc.

Ce mot a été quelquefois employé par nos écrivains classiques modernes.

> Si cet enfant avoit plusieurs oreilles,
> Ce ne seroit à vous bien *besogné*.
>
> LA FONTAINE, *Cont. faiseur d'oreilles.*

BESOIGNEUX, EUSE, *adj.* Qui a besoin ; nécessiteux.

Dieu est si plains et si soffeisans à lui meismes qu'il de nul de nos biens n'est *besoigneux.*

> S. BERNARD, *Serm. fr. mss.*, fol. 12.

Il prist les douze besans si les départit as *besonious.*

> S. GRÉGOIRE, *Dial.*, l. I.

> Pour aaisier les *besoingneux,*
> Un hospital de haute affaire
> Fist estorer del sien et faire.
>
> GAUTIER DE COINSI, *Mir. N. D.*, l. I, c. 29.

Si devint si larges *besongneux* et sosfraiteus de plusieurs coses.

> *Rom. des sept sages de Rome.*

Voyez aussi *Prov. vulgaux, ms. de l'Eglise de Paris*, N. 2. — *Moralitez de N. D.* — *Rom. Rose*, v. 5357. — *Serm. des baillis*, reg. *Pater* de la Chambre des comptes, fol. 44, r°, etc.

Italien, *bisognoso.* Alla donna, siccome *bisognosa*, piacque la profferta.

> BOCCAC., *Nov.*, 29. 20.

BIENDISANCE, *s. f.* L'action de bien dire ; le talent de bien parler.

Le desir de plaire, de faire montre de leur *biendisance.*

> S. JULIEN, *Mesl. hist.*, fol. 11, v°.

BLANCHET, ETTE, *adj.* Diminutif de blanc.

> Et sa polie gorgete
> Qi plus est *blancete*
> Qe n'est flour de lis.
>
> *Anc. poët. fr. ms. du Vatican*, n° 1490, fol. 114, v°, col. 1.

Poitrines *blanchettes*,
Plus claires et nettes
Qu'en may les rosettes.

J. MAROT, *poes.*, p. 185.

Voyez aussi *Rom. de Charité*, str. 219, etc., etc.

On a dit également BLANCHELET, ETTE.

Ta main *blanchelette*.

LOYS LE CARON, *poés.*, fol. 64.

Italien, *bianchetto*. Rimarrà il liquor di dilettevol sapore, et di color *bianchetto*.

CRESCENZ., *Agricolt.*, 5, 20, 9.

Espagnol, *blanquecino*. Tiénese por mejór uña, la que se trahe del mas roxo, y es *blanquecina* y grassa.

LAGUN., *sobr. Dioscor.*, l. I, c. 8.

BLANDICE, *s. f.* Caresses, paroles obligeantes, discours obligeans, flatterie.

Par son parler, par sa *blandice*,
Le trove si mol et si nice.

EUST. DESCHAMPS, *poés. mss.*, fol. 531, col. 1.

Platon les accouple et veut que ce soit pareillement l'office de la fortitude, combattre à l'encontre de la douleur, et à l'encontre des immodérées et charmeresses *blandices* de la volupté.

MONTAIC., *Ess.*, l. III, c. 13.

Recognoissans bien en premier lieu que toutes les *blandices* d'Espagne ne sont qu'autant de pièges à leur liberté.

SULLY, *Mém.*, t. II, c. 20.

Voyez aussi *Partonopex de Blois*, *ms. de S. Germain*, fol. 134, r°, col. 1. — COQUILLART, *plaidoyer.* — JAC. TAHUREAU, *poés.*, p. 268, etc., etc.

Latin, *blanditia*, *blandities*. Sic habendum est nullam in amicitiis pestem esse majorem, quàm adulationem, *blanditiam*, assentationem.

CICER., *de amicit.*, c. 25.

Espagnol, *blandicia*. No consiente la justicia cosa alguna

de *blandicia*, por donde haya de dexar algo de su constanza y gravedád.

Commend. sobr. las 3oo, fol. 81.

On a dit aussi *Blandir*, *v. a.* et *n.* Flatter, dire des paroles obligeantes.

S. Grégoire, *dial. III*, c. 7. — Gonthier ; *Rec. de poët. fr. avant* 13oo, *ms.*, t. III, p. 1018. — Adans du Suel, *trad. de Caton*, l. III, dist. 3. — J. Bodel d'Arras, *Cong.*, v. 19. — *Constant Duhamel*, v. 669. — *Rom. Rose*, v. 7705. — Froissart, *Chron.*, vol. IV, c. 75. — Eust. Deschamps, *poés. mss.*, fol. 253, col. 2. — *Rom. de Tristan*, ms. du Roi, 6956. — *Amant ressuscité*, p. 18. — Alain Chartier, *Espér. OEuv.*, p. 329, etc.

Latin, *blandiri*.

Italien, *blandire*.

Blandissant, ante, *adj.* Caressant.

Pénitence d'Adam, ms., c. 3. — Cl. Marot, *Ps.* 12. *OEuv.* t. III, p. 268.

Blandicieux, euse, *adj.* Flatteur, caressant.

Lett. de rémiss., ann. 1459; *Trés. des Chart.*, reg. 188. ch. 129.

Blandisseur, *s. m.* Flatteur, cajoleur.

Perceforest.

Blandissement, *s. m.* Action de flatter, de caresser.

Marie de France, *Purgat. de S. Patrice.* — Guillaume de Nangis, *Chron. fr. ms.*, ann. 13o6. — Eust. Deschamps, *poés. mss.*, fol. 352, col. 4. — *Amant ressuscité*, p. 80. — Amyot. *Plutarq. Annib.*, c. 59. *OEuv.*, t. IX, p. 433, etc., etc.

Mais ces mots ne me paraissent pas de nature à être réintégrés dans notre langue.

BLONDELET, ETTE, *adj.* Diminutif de *blond.*

Est-ce encor de Barthélemie,
La *blondelette ?*

Cl. Marot, *opusc.* 2ᵉ. *OEuv.*, t. I, p. 158.

> Une bien jeune et toute *blondelette*
> Conçeut ung fils éthiopien sans père.
>
>   RABELAIS, l. V, c. 13.

> Parmi la tresse gentille
> De ce beau chef *blondelet.*
>
>   JACQ. TAHUREAU, *poés.*, p. 266.

On a dit aussi, mais moins heureusement, *blondet, ette.*

> J'ai amiete, sadete, *blondete,*
> Tele come je voloie.
>
>   *Chastelaine de S. Gille,* v. 286.

> S'amor venist à plesir,
> Que me voussisse sesir
>   De la *blondette,*
> Savourousete.
>
>   *Compl. d'amour, ms. du Roi,* n° 7218, fol. 357.

Italien, *biondetto.* Capegli avea *biondetti* e ricciutelli.

>   GUID. CAVALC., c. 68.

BOCAGEUX, EUSE, *adj.* De la nature des bocages, qui appartient aux bocages.

Lieu *boscageux* et solitaire.

>   *Triomphe de la noble dame,* fol. 185.

> Et le paisible, frais ombrage
> D'un verd *bocageux* arbrisseau.
>
>   JAC. TAHUREAU, *poés. v.* 114.

BOUCHELETTE, *s. f.* Petite bouche.

> Douce et belle *bouchelette,*
> Plus fraîche et plus vermeillette
> Que le bouton aiglantin,
>   Au matin.
>
>   R. BELLEAU, *berger.*, t. I, p. 60.

On a dit aussi *bouchette.*

> Et la *bouchette* coulourée,
> L'alaine souef odourée.
>
>   *Rom. Rose,* v. 2688.

Voyez aussi *Anc. poët. franç. ms. du Vatican* n° 1490, fol. 112, v°. — JAC. TAHUREAU, *poés.*, p. 25, etc.

Italien, *bocchetta*, *bocchina*.

> Pelosa ha intorno quella sua *bocchina*,
> Che proprio al barbio l'assomiglieresti.
>> Luig. Pulci, *Bec.* 2.

Espagnol, *boquilla*, *boquita*. Y alli con las *boquillas* ván de si mesmos hilando la seda.
>> Sant. Teres. *Mor.* 5, c. 2.

* BOURDER, *v. n.* Dire des bourdes, faire des contes en l'air, exagérer, mentir.

Car se il demoroient fors de l'église, aucuns par aventures se recocheroit dormir, ou seroit touz oisouz, ou il entendroit à *border*.
>> *Anc. trad. fr. de la règle de S. Benoît, ms. de l'église de Paris,* fol. 136.

Et me semble que les barons d'Escosse leur dirent, et aucuns autres chevaliers, ainsi qu'on *bourde* et langage d'armes ensemble.
>> Froissart, *Chron.*, vol. II, c. 150.

> Chantons nous deux, truffant, *bourdant.*
>> *Blason des faulses amours.*

> Elles ne jurent, ne renient,
> Ne *bourdent* come nous *bourdons.*
>> Bouton, *miroir des dames.*

Voyez aussi *Lett. de rémiss.* ann. 1364; *Trés. des Chart.*, reg. 96, ch. 176. — Dutillet, *Rec. des Rois de Fr.*, p. 237.

* Bourdeur, eresse, *s.* Celui ou celle qui dit des bourdes.

> *Bordieres* n'a droit
> En amors, quels bons qu'il soit.
>> *Anc. poet. fr. ms. avant* 1300, t. IV, p. 1534.

> Ne soit mie cruex ne faintiz, ne mentanz,
> Dangereux en ostel, *borderes* ne jenglanz.
>> *Doctr. ms. de S. Germ.*, fol. 102, r°, col. 2.

Vous estes grandes *bourderesses*, et pou piteuses de ceux qui mercy quierent.
>> Chevalier de la Tour, *instr. à ses filles*, fol. 64, v°, col. 1.

Et Lynope, qui très-bonne *bourderesse* estoit, rioit si fort qu'elle s'assist à terre de ris.

> *Perceforest*, vol. I, fol. 122, v°, col. 2.

Voyez aussi *Lett. de rémiss.*, ann. 1419; *Trés. des Chart.*, reg. 171, c. 27. — BOUTILLIER, *Somm. rur.*, l. II, tit. 26, p. 214, etc.

BOURSETTE, *s. f.* Petite bourse.

Tousjours après la confession, recevoit discipline par la main de son confessor de cinq chaennes de fer qui estoient jointes ensemble, lesquelles il portoit en une petite *boursette* de yvoire, en une aulmoniere de soye qui pendoit à sa ceinture.

> NANGIS, *ann.*, p. 239.

> Recevez en gré la *boursette*
> Ouvrée de mainte couleur :
> Volontiers, en don de fillette,
> On ne regarde en la valeur.
>> CL. MAROT, *épig.* 55. *OEuv.*, t. II, p. 237.

Italien, *borsetta*. E donatale una *borsetta* di refe bianco.

> BOCCAC, *Novell.* 63. 14.

On a dit aussi *bourselet*, *bourselot*, *boursicaut*. Ce dernier mot est même encore en usage dans le langage vulgaire.

Un petit *bourselet* de rouge cuir.

> *Lett. de rémiss.*, ann. 1391; *Trés. des Chart.*, reg. 141, ch. 42.

> J'en mis l'autrier un (florin) à gehinne,
> Que je trouvai en un anglet
> D'un *bourselet*.
>> FROISSART, *poés. mss.*, p. 425, col. 1.

> Et croy pour vrai qu'il avoit de monnoye
> Plus que d'escuz dedans son *boursicault*.
>> *Chasse d'amours*, p. 33, col. 2.

Italien, *borsello*, *borsiglio*, *borsellino*.

> E si trasse una piastra d'un *borsello*.
>> BUONAROTT., *fier.*, 4. 3. 2.

La portano in un *borsiglio* attacato al collo.

> *Trattat. segr. cos. donn.*

5.

Messeli nel *borsellino*, e poi gli si mise in uno carniere.

FRANC. SACCH., *Nov.* 25.

BOUTONNET, *s. m.* Petit bouton.

> Car je vouloye tout chercher,
> Jusques au fond du *boutonnet*.

Rom. Rose, v. 22652.

On a dit aussi, mais moins heureusement, *boutonceau*.

Dont la seve montoit amont es vaines des arbres, jusques aux *boutonceaux*.

Perceforest, vol. II, fol. 39, v°, col. 2.

Italien , *bottoncello* , *bottoncellino* , *bottoncino*. Solevano portar le donne intorno al collo, e alle maniche, de' *bottoncelli* d'ariento indorato.

BUTI, *sul Dante.*

Si dilettano di que' minuti *bottoncellini* di avolio, che sembrano perle.

Tratt. segr. cos. donn.

> Io vidi un naso fatto a *bottoncini*,
> Che paion paternostri di corallo.

BURCHILL, *sonn.* 2, 58.

BRAVACHERIE, *s. f.* Rodomontade.

Les *bravacheries* du capitaine Spavente.

BEAUCHAMPS, *Rech. des Théâtr.*, t. II, p. 12.

BREBIETTE, *s. f.* Petite brebis.

> Si vous dis que les *brebiettes*
> Ne des herbes, ne des fleurettes
> Jamais tant brouter ne pourroient.

Rom. Rose, v. 20880.

> Et entre les pastours viz ceulx
> Qui s'aymèrent, et autour d'eulx,
> Leurs *brebiettes*.

AL. CHARTIER, *poés.*, p. 599.

Et fut aussi surnommé ovicula, qui vault autant à dire comme *brebiette*, pour la doulceur, tardité et pesanteur de ses façons de faire, dès qu'il estoit encore enfant.

AMYOT, *Plut. Fab. Max. OEuv.*, t. I, p. 240.

Chatemites, lequel dernier terme vaut quasi autant que
contrefaiseur de *brebiettes.*

H. Étienne, *Apolog. d'Hérod.*, p. 626.

On a dit aussi, mais moins heureusement, *brebisette.*

L'autre ier vi bregier et bregiere,
Qui bien avoient sis vins ans
Entre euls deus, garder à prangière
Leurs *brebisettes* sur les champs.

Froissart, *poés. mss.*, p. 289, col. 2.

Hélas! je suis ta pauvre créature,
Ta *berbisette*, un povret ver terrestre.

P^{re} Michaut, *compl. sur la mort de la comtesse de Charolois.*

Brebiole.

Si les comant au grant pastour,
S'il veut, si gart sa *brebiole.*

Recl. de Moliens. Rom. de Charité, str. 124.

BROUETTÉE, *s. f.* Charge d'une brouette, ce que peut contenir une brouette.

Item le dymanche, une *broutée* de poissons doit pour estalage iiij den.

Reg. des fiefs du comté de Clermont, Chambre des comptes de Paris, fol. 11.

BRUYAMMENT, *adv.* Avec bruit, d'une manière bruyante.

Endormi des eaux roulantes,
Bruyantement doux-coulantes.

J. Tahureau, *poés.* p. 244.

BUISSONNAIE, *s. f.* Lieu couvert de buissons.

Passans un *buissonnaye* entrouyrent le froissis d'un hallier, comme d'une beste qui brossoit les hayes.

D. *Florès de Grèce*, fol. cxix, v°.

BUISSONNET, *s. m.* Petit buisson.

Tout ainsi comme l'oyseleur
Prent l'oysel, comme cauteleur,
Et l'appelle par doulx sonnetz,
Mussé dedans les *buissonnetz.*

Rom. Rose, v. 22418.

> Ou pas à pas, le long des *buissonnetz*,
> Allois cherchant les nids des chardonnetz.
>
> CL. MAROT, *opusc.* 3. *OEuv.* t. I, p. 176.

Là rencontra une guaye bergière laquelle, à l'ombre d'un *buissonnet*, ses brebiettes guardoit.

> RABEL., l. V, c. 7.

On a dit aussi, mais moins heureusement, *buissoncel.*

> Et me mis dans un *buissoncel*
> Qui séoit dalès un moncel.
>
> FROISSART, *poés. mss.*, p. 384, col. 1.

*BUISSONNEUX, EUSE, *adj.* Couvert de buissons.

Et encores de malheur traversant un long boys *buissonneux* et mal aysé à suivre les sentiers.

> D. *Florès de Grèce*, fol. cxlv, r°.

BUQUER, *v. a.* et *n.* Heurter, frapper.

Allèrent secretement par nuict *buquer* à l'huis de la fenestre.

> MONSTRELET, *Chron.*, vol. I, c. 202.

Quant il ouyt ainsi *bucquer* à l'huys, si pensa bien que c'estoient les ennemis.

> *Perceforest*, vol. I, fol. 83, r°, col. 1.

Arrivent sur les dix heures du matin à la maison du flameng : là ils *buquent.* La femme se met aux fenestres pour sçavoir qui c'estoit.

> ÉT. PASQUIER, *Rech.*, l. VI, c. 36.

APPENDICE.

B

BACHELERIE, *s. f.* Ordre des bacheliers, réunion de bacheliers, de jeunes gens. *Rom. de Garin.* —CUVELIER, *Hist. de Bertr. Duguesclin*, en vers. — *Lett. de rémiss.*, ann. 1392; *Trés. des Chartr.*, reg. 142, ch. 284.

BANALEMENT, *adv.* D'une manière banale, par droit de ban. *Libert. de la ville de Perruss.*, ann. 1347. *Ordonn. des rois de Fr.* tom. VII, p. 33, art. 17.

BARATTER, *v. a.* Tromper. GUIOT DE PROVINS, *Bibl. ms.* — KIEVRE DE RAINS, *Rec. de poët. franç.*, avant 1300, *ms.*, t. III, p. 1160. — GAUTIER DE COINSI, *Mir. de Sainte Léocade*, *ms.*, fol. 31, v°, col. 3. —*Castoiem. cont.* 4, v. 4.—*Chastie-Musart*, *ms. de S. Germ.*, fol. 105, v°, col. 3. — *Rom. Rose*, v. 1198. —JEHAN DE MEUNG, *Testam.*, etc. — Italien, *barattare*. BOCCAC., *lett.* 974. — BARATEUR, BARATEUSE, BARATERESSE, *adj.* et *subst.* Trompeur. GAUTIER DE COINSI, *Sainte Léocade*, v. 836. — *Rom. Rose*, v. 21046. — *Ibid.*, v. 22386. — FROISSART, *Chron.*, v. I, c. 221. — *Cout. de Beauvoisis*, c. 63. —ROB. GAGUIN, *passe-temps.* — AL. CHARTIER, *poés.*, p. 709, etc.

BARBOIER, *v. a.* Faire la barbe, raser. *Lett. de rémiss.*, ann. 1394; *Trés. des Chartr.*, reg. 146, c. 355. —On dit dans le style familier *barbifier*, mot qui, au reste, ne se trouve point dans le Dictionnaire de l'Académie, édition de 1762 , mais seulement dans celle de Smits , Paris , 1798.

BARISEL, *s. m.* Petit baril. *Chev. au barisel*, v. 676.

BARYTONER, *v. n.* et *a.* Chanter sur le ton qui est entre la taille et la basse. J. Le Maire, *Descript. de Vénus.* — *Alector, Rom.* p. 118, r°. — Rabelais, l. I, c. 7. — On a dit aussi Barytoniser. Fabry , *Art de Rhétor.*

BASANIER, *s. m.* Marchand de cuir, de souliers de cuir. *Reg. de Jehan Sarrazin*, ann. 1270, cité par Brussel , *Traité des Fiefs*, t. II, p. 746. — *Statuts de l'ann.* 1278; *Ordonn. des rois de France*, t. V, p. 106.

BASSEUR, *s. f.* État de ce qui est bas. Cl. Fauchet, *Antiq. Franç.*, l. X, c. 19. *OEuv.*, fol. 400, v°. — Brantome , *Dames illust.* , p. 309.

BASTILLER, *v. a.* Munir, fortifier. *Rom. Rose*, v. 135. — *Cheval. au barisel*, v. 5. — Juvénal des Ursins, *Hist. de Charles VI*, p. 402. — *Hist. d'Arth. III, connétable de Fr., duc de Bret.*, p. 759.

BATAILLEUR, ERESSE, *adj.* Guerrier, valeureux. *Chart. de l'ann.* 1395; *Trés. des Chart.*, reg. 147, c. 298. — *Gestes des Bret.;* Marten., *Anecd.*, t. III, col. 1459. — Al. Chartier, *Quadril. Invect. OEuv.*, p. 104. — *Hist. de Jean Boucicaut*, in-4°, 1620, l. I, p. 14. — Italien , *battagliatore. Vit. di Plutarch. volgarizz.* — Espagnol , *batallador.* Cervant. , *novell.* 4, fol. 135. — Batailleur , *s. m.* Soldat, guerrier, celui qui combat. *Louang. des Dames, Bibl. de Bourgogne.* — Al. Chartier, *l'Espérance; OEuv.*, p. 383, etc.

BATELER, *v. n.* Faire le bateleur. Amyot, *Plut., OEuv. Mor.*, t. XX, p. 263. — Montaig., *Ess.*, l. III, c. 11.

BATTABLE , *adj. des deux g.* Susceptible d'être battu. Monstrelet , *Chron.*, vol. III , p. 52 , r°. — Charron , *Sag.*, p. 574, etc.

BECHEVET , *adv.* Pieds contre tête. Rem. Belleau, *Berger.* — Beroalde de Verville , *Moy. de parvenir*, p. 189, etc. D'où le verbe Bécheveter.

BEHOURD , *s. m.* Combat, joûte, tournois. *Rom. Rose*, v. 19833. — Phil. Mouskes, *ms.*, p. 755. — *Rom. des sept sages de Rome.* — *Hist. des trois Maries, ms.*, p. 466. — *Lancelot du Lac*, t. I, fol. 126, v°, col. 1. — Monstrelet, vol. III, p. 101, r°, etc. — Latin barb., *bohordicum.* Lambert. Ardensis. — Béhourder, *v. n.* Combattre, joûter. *Dict. du sougretain, fabl. ms.*, p. 93. — *Rom. d'Aubery, ms.* — *Rom. de Garin, ms.* — Baude Fastoul d'Arras, *Congié*, v. 595. — *Rom. du Brut*, fol. 80, v°, col. 1. — *Lett. de rémiss.*, ann. 1375; *Trés. des Chart.*, reg. 107, ch. 50. — Cl. Fauchet, *Orig.*, l. I, c. 1. *OEuv.* fol. 509, v°. — Ménard, *Hist. de Bertr. Duguesclin*, p. 11, etc. — Latin barbare, *burdeare, biordare.* Rymer, *act.*, tom. V, p. 223. — Italien, *bagordare.* Brunett., Lat. , *Tesor.*, 8. 49.

BERCELET, *s. m.* Petit berceau. *Chron. de S. Denis.* — *Rec. des Hist. de France*, tom. VII, p. 151. — *Lett. de rémiss.*, ann. 1457; *Trés. des Chart.*, reg. 185, ch. 327.

BESTELETTE , *s. f.* Petite bête. — *Dialog. du Mondain.* — *Rom. d'Athys et Profilias.* — Al. Chartier, *Quadrilog. invectif.; OEuv.*, p. 453.

BIGOTER , *v. n.* Faire le bigot, la bigote. Roger de Colerye, *OEuv.*, p. 189.

BILINGUE , *adj. des deux g.* Qui a une double langue ; fourbe. *Dial. du Mondain.*

BIPARTI, IE, *adj.* Composé de deux parties distinctes. *Danse aux Aveugles.*

BISANTE, *s. f.* Grand'tante. D'ARGENTRÉ, *Cout. de Bretagne*, p. 1980.

BISONCLE, *s. m.* Grand-oncle. D'ARGENTRÉ, *Cout. de Bretagne*, p. 1927.

BLANCHOIER, *v. n.* Devenir blanc, tirer sur le blanc. *Fabl. d'Estula.* — *Pyrame et Tisbé*, v. 663. — ROB. DE BLOIS, *Chast. des Dames*, v. 86.

BLASONNEMENT, *s. m.* Action de blasonner, de diffamer, de tourner en ridicule. *Lett. de rémiss.*, ann. 1387; *Trés. des Chart.*, reg. 130, ch. 268.

BLASONNEUR, *s. m.* Médisant, celui qui blâme, qui blasonne. CL. MAROT, *Eleg.* 19; *OEuv.*, tom. I, p. 334. — AMYOT, *Plut. OEuv. Mor.*, tom. II, p. 190.

BLONDEUR, *s. f.* Couleur blonde. AMAD. JAMYN, *Poés.*, p. 74. — Italien, *biondezza*, BOCCAC., *Amet.*

BLONDOYER, *v. n.* Tirer sur le blond, devenir blond. *Rom. Rose*, v. 22055. — Italien, *biondeggiare.* GUID. GIUDIC.

BOSSOYER, *v. n.* Produire une bosse, s'élever en forme de bosse. *Fabl. mss.*, p. 308.

BOUFFONESQUE, *adj. des deux g.* Propre à un bouffon, qui appartient à un bouffon. BRANT., *Dam. Gal.*, tom. II, p. 121. — ÉT. PASQUIER, *Rech.*, l. VIII, ch. 39. — Italien, *Buffonesco.* BUONAROTTI, *fier.*

BOUTILLERIE, *s. f.* Charge, office de boutillier, lieu où l'on conserve le vin dans les communautés religieuses. *Reg. de Jean de S. Just, Chamb. des comptes de Paris.* — *Lett. de rémiss.*, ann. 1453; *Trés. des Chart.*, reg. 182, ch. 46, etc.

BOVIN, INE, *adj*. Qui est relatif au bœuf. *Lett. de rémiss.*, ann. 1470; *Trés. des Chart.*, reg. 195, ch. 493. — Rabelais, l. I, ch. 17. — Latin, *bovinus*. Theod. Priscian. *de diæta*, c. 15.

BRASSU, UE, *adj*. Qui a des bras, de longs bras, de gros bras. J. Baïf, *OEuv.*, p. 99, v°.

BRICON, *s. m*. Homme de mauvaises mœurs, fripon. Gautier de Coinsi, *Mir. de N. D.*, l. II. — Thiebaut de Navarre, *Chans.; poët. franç.*, avant 1300, ms., tom. I, p. 362. — *Anciens écrivains franç.*, ms. de la Clayette, in-4°, fol. 273, col. 1. — *Rom. du Rou, ms.*, p. 109. — *Bérenger au long cul*, v. 220. — *Castoiement*, cont. 3, v. 347. — *S. Pierre et le Jougleor*, v. 245. — *Rom. Rose*, v. 546. — *Vie de J. C.*, ms. — *Floire et Blanche-flor*, ms. de S. Germain, fol. 202, r°. — *Chron. ms. de Bertr. Duguesclin.* — Italien, *Briccone*, Gio. Villani, *stor.* 7, 60, 3. — Briconner, Abriconner, tromper. Gautier de Coinsi, *Varlet marié à N. D.*, v. 26. — *Ovide, ms.*, etc. Voyez Embriconner.

BRUNEUR, *s. f*. Couleur brune. *Lancelot du Lac*, tom. I, fol. 10, r°, col. 2. — Italien, *brunezza, Teolog. Mistic.*

BUBETTE, *s. f*. Petit bubon. Guerin, *Treces*, v. 328. — *Rom. Rose*, v. 14093. — *Miracl. de S. Louis*, c. 6. — Amyot, *Plut.*, Denys, c. 58; *OEuv.*, tom. XII, p. 218. — On a dit aussi Bubelette, Rabel., l. II, c. 1.

BUCCINE, *s. f*. Trompette. *Rom. Rose*, v. 11426. — Jehan de Meung, *Testam.*, v. 1383. — Villehar-douin, *Conq. de Constantinople*, n° 82, p. 59. — Nangis, *Ann.*, p. 256. — Froissart, *Chron.*, vol. I, c. 37. — Clém. Marot, *opusc.* 1, *OEuv.*, tom. I, p. 143. — Latin, *buccina, bucina*. Cicer., *pro Muræna*, c. 9. — Italien, *buccina*, Giamb. Gell. — Espagnol, *bucina*. Marmol., *Descripc. de Afric.*, tom. I, fol. 198. — Bucciner, *v. n.* Sonner de la buccine, de la trompette. *Rom. Rose*, v. 11428. — *Mir. de S. Louis*, c. 15. — Latin, *buccinare*, *bucinare*. Apulei., *Metam.*, l. IV. — Italien, *buccinare*. Tit. Liv., *Dec. prim. ms.*

BUCHER, *v. n.* Abattre du bois et le débiter en bûches. *Lett. de rémiss.*, ann. 1449; *Trés. des Chart.*, reg. 186, ch. 78. — Latin barbare, *boscare*, *Chart. Raym. Bereng.*, ann. 1270, citée par Pitton, *Hist. d'Aix*, p. 117.

BUER, *v. a.* et *n.* Faire la lessive, laver. Gaut. de Coinsi, *Mir. de N. D.*, l. III. — *Fab. d'une femme pour cent hommes.* — Eust. Deschamps, *poés. mss.*, fol. 554, col. 1. — *Rom. des sept sages*, fol. 21. — *Rebours de Matheolus.*

C

CACHINNATION, *s. f.* Action de rire aux éclats, ris immodérés.

> Que vos ris ne soient puériles, c'est-à-dire à pleines gorges, et qu'il n'i ait en eus aucune *cachinnation* ni moquerie.
>
> *Triomphe de la noble dame*, fol. 53.

Latin, *cachinnatio.* Ut si ridere concessum sit, vituperetur tamen *cachinnatio.*

> Cic., *Tuscul.*, IV, c. 31.

CACHINNATEUR, *s. m.* Celui qui rit aux éclats.

> Jeunes gens sont prompts à parler et à mentir, lascivieus en paroles, injurieurs, *cachinnateurs* et détracteurs.
>
> *Triomphe de la noble dame*, fol. 16.

*CAFARDERIE, *s. f.* Caractère du cafard, hypocrisie, bigoterie.

> Et pourrez eslire ou chercher
> Homme qui sache bien prescher
> Jésus-Christ sans *capharderie.*
>
> Cl. Marot, *Colloq. d'Erasme; OEuvr.* t. III, p. 214.

CAMPANELLE, *s. f.* Clochette.

> Icil vont partout préeschant
> Et leurs *campenelles* sonant.
>
> Guiot-de-Provins, *Bibl.*, v. 2034, 2035.

> Si tost comme les *campenelles* sonoient, il aloient là et ocioient ou prenoient ceaus et ce que il portoient.
>
> *Contin. de Guill. de Tyr*, fol 387.

> Le portier l'ayant introduict courtoisement, sonnera la *campanelle.*
>
> Rabel., l. IV, c. 12.

Latin barbare, *campanella.* Fieri curavit tres *campanellas* in choro dictæ ecclesiæ.

> *Hist. d'Harcourt*, t. III, p. 327.

Italien, *campanella.* Quando udirete sonar le *campanelle*, verrete qui.

Boccac., Nov. 60, 5.

Espagnol, *campanilla.* El tocó una *campanilla* y acudieron dos ó tres.

Math. Aleman, Vida de Guzm. de Alfar., fol. 346.

CANETER, *v. n.* Marcher à la manière des canes, faire la cane, baisser la tête.

Et ainsi gaulchissans et *canetans* vindrent finablement à mercy qui leur fut accordé.

Don Florès de Grèce, fol. xxxi, v°.

D'autant qu'ils marchent en *canetant*, alongeant plus un muscle et nerf que l'autre.

Bouchet, serées, l. II, p. 146.

CANONISABLE, *adj. des deux g.* Digne d'être canonisé.

Louable, méritoire et *canonizable*.

Charron, Sag., l. I, c. 5.

CANTILÈNE, *s. f.* Chant, motif de chant.

> Là du gracule, et plaisant Philomène
> Te resjouit la doulce *cantilène*.

Rabel., Epist. vieilles, t. VI, p. 32.

Latin, *cantilena.* Et sicut in voluptatibus cultûs atque victûs, ita in *cantilenarum* quoque multis anteiretis.

Aul. Gell., l. XIX, c. 9.

Italien, *cantilena.*

> Rispose alla divina *cantilena*
> Da tutte parti la beata corte.

Dant., Parad., 32.

Espagnol, *cantiléna.*

> Y que con una dulce *cantiléna*,
> En el arte mayor de Juan de Mena,
> Enamoraba el viento.

Thom. de Bursuillos, Gatomach. sylv. I.

CASCARET, *s. m.* Homme d'apparence mesquine,

sans consistance. Ce mot est encore en usage dans le style familier.

> Ce vieux cynique estoit un vrai falot,
> Cousin germain de sa dive lanterne,
> Un *cascaret* ou bien un sibilot.
>
> GARASSE, *Rech. des rech.*, *épist. au lect.*, p. ix.

CASÉIFORME, *adj. des deux g.* Qui a la forme, l'apparence du fromage ; qui est d'une nature analogue à celle du fromage.

Ayez en révérence le cerveau *caséiforme.*

> RABEL., l. I, *Prolog.*, p. xlvj.

CAUTIONNAIRE, *adj. des deux g.* Donné à titre de caution, qui sert de caution.

Ville *cautionnaire.*

> JEANNIN, *Négociat.*, t. I, p. 162.

Anglais, *cautionary.* Is there no security for the Island of Britain ? Has the ennemy no *cautionary* towns and sea-ports to give us for securing trade ?

> SWIFT.

CAVILLEUX, EUSE, *adj.* Artificieux, fourbe, rusé, subtil.

Moult estoit belle femme la royne Fredegonde, en conseil sage et *cavilleuse*, en tricherie et malice n'avoit pareille, fors Brunehaut tant seulement.

> *Chron. de S. Denis*, t. I, fol. 54, v°.

> Or sont-ils si très *cavilleux*,
> Que là où ils voient doux regard,
> Certes, ces deux gentils filleux
> Sont incontinent celle part.
>
> *Confession de la belle fille.*

Estre lascivieux, mensonger, *cavilleux*, ambicieus, arrogant.

> *Triomphe de la noble dame*, fol. 218.

Latin, *cavillosus.* Astuti, callidi, *cavillosi* et insidiarum pleni.

> JUL. FIRMICUS, l. V, c. 8.

Italien, *cavilloso*. Persuase gli altri più forti, con quella clausula *cavillosa*, a giurare.

DAVANZ., *Scism.* 39.

Espagnol, *cavilóso*. Finalmente, mi amo era tan *cavilóso*, que en ninguna manéra me atreví à que luego se desembolsasse el dinéro.

CERVANT. *Quix.* t. I, c. 40.

Anglais, *cavillous*. Those persons are said to be *cavillous* and unfaithful advocates, by whose fraud and iniquity justice is destroyed.

AYLIFFE.

CEINTURETTE, *s. f.* Petite ceinture.

> Sire, par cheste *chainturette*
> Est entendu que vo car nete,
> Vos rains, vos cors entirement
> Devez tenir tout fermement.

HUE DE TABARIE, *orden. de chevalerie.*

> Si j'aime bien les blanches *ceinturettes*,
> J'aime bien mieux dames qui sont brunettes.

CL. MAROT, *Epist.* 6; *OEuv.* t. I, p. 388.

Italien, *cinturetta*. Ella gli cinse una bella e leggiadra *cinturetta* d'argento.

BOCCAC., *Novell.* 80, 14.

Espagnol, *cinturilla*. El oro poco ha le teníades en vuestras casas, hecho anillos y *cinturillas* de vuestras mugeres.

D. PEDR. DE ONA, *postrim. del hombre*, l. I, c. 10, *disc.* 1.

CÉRULÉE, *adj. des deux g.* Azuré, bleu de ciel.

J'apperceu d'advantaige deux tables d'aimant Indique, amples et espoisses en demie paulme, à couleur *cérulée*, bien licées et bien polies.

RABEL., l. V, c. 37.

Latin, *cæruleus*. M. Agrippam in Siciliâ, post navalem victoriam, *cæruleo* vexillo donavit.

SUETON., *August.*, c. 25.

Italien, *ceruleo*.

> Purpurea vesta d'un *ceruleo* lembo
> Sparso di rose i begli omeri vela.

PETRARC., *Sonnet.* 152.

Espagnol, *ceruleo*. Quando está turbado, el mar tiene un color *ceruleo*, verde y negro.

Fr. Pedr. de Ona, *postrim.*, l. I, c. 5, *disc.* 3.

Anglais, *ceruleous*, *cerulean*. It afforded a solution, with now and then a light touch of sky colour, but nothing near so high as the *ceruleous* tincture of silver.

Boyle.

From thee the saphire solid ether takes
Its hue *cerulean*.

Thomson.

CHAMBELLANIE, *s. f.* Service, office, fonction de chambellan.

Aussi je lui promets une *chambellanie*.

Thom. Corneille, *Geôlier de soi-même*, act. IV, sc. 4.

On a dit aussi *chambellage*.

Voyez P. Pithou, *Cout. de Troies*, tit. III, art. 44, p. 145.

Latin barbare, *cambellanatus*, *cambellaniatus*. Quæ antea comes percipiebat et percipere consueverat, ratione officiorum suorum ad *cambellanatum* et constabulatum Normanniæ spectantium.

Chart. Joann. reg. franc., ann. 1351; *Hist. d'Harc.*, t. IV, p. 1469.

CHAMOISER, *v. a.* Apprêter les peaux à la manière de celle du chamois.

Que nulz ne puist *camoisser* basane.

Stat. de l'an 1390, *ordonn. des Rois de France*, t. VII, p. 565, art. 10.

Italien, *camosciare*, *scamosciare*. *Vocab. della Crusca*.

CHÉTIVETÉ, *s. f.* État de ce qui est chétif, chose chétive et de peu de valeur.

Ha ! biaus oncles, je vous dirai
Une bone *chetiveté*.

Hug. Piaucele, *Estourmi*, v. 566.

Nus ne se doit courechier
A sa dame, pour tais *caitivetés*.

Anc. poet. fr., ms. du Vatican, n° 1490, fol. 150, r°.

Plus tu seras chétif, plus ta *chétiveté*
Gaigne de mal talent sur ta méchanceté.

J. Baïf, *OEuv.*, p. 68, r°.

Aucunes qui pensans estre bien traitées de leurs hommes qu'elles avoient tirés de la justice, et du gibet, de la pauvreté, de la *chétiveté*.

BRANT. *Dam. gal.*, t. II, p. 209.

Voyez aussi *Lett. de rémiss.*, ann. 1369; *Trés. des Chart.*, reg. 100, c. 315.

CHEVAUCHEUR, *s. m.* Celui qui chevauche, cavalier, courrier.

Chantons, et rendons loenge à nostre seignour, car son noum est magnifiez gloriousement, li chival, et li *chivalcheour* que sist sur li chival, jetta il en la mer.

Trad. de la Bible, Exod., c. 15, v. 21.

Car bien savoit par ses *chevaucheurs* quel chemin nous prendrions et que nous logerions à Jahiroth.

FROISSART, *Chron.*, vol. III, c. 28.

Le *chevaucheur* qni à couvert s'est mis,
Laissant passer ou la gresle, ou la pluye.

CL. MAROT, *Epist.* 53; *OEuvr.* t. I, p. 541.

Il arriva devers eulx un *chevaucheur* party de Syracuse, qui leur apporta ceste nouvelle que l'Achradine estoit prise.

AMYOT, *Plut.*, *Timoléon; OEuvr.*, t. III, p. 119.

Voyez aussi EUST. DESCHAMPS, *poés. mss.*, fol. 356, col. 4. — *Le Jouvencel*, fol. 53, r°. — COMINES, *Mém.*, l. I, c. 11. — MENARD, *Hist. de Bertr. Duguesclin*, p. 334, etc., etc.

Ce mot a servi aussi à désigner des domestiques attachés à la maison du roi, et dont l'office était de monter à cheval pour porter les lettres ou faire d'autres commissions.

Item vallez d'estables et *chevaucheurs* viij, qui mengeront à court..... et les quatre seront toujours à court, pour faire l'office de l'escuierie, et les autres quatre seront pour aller hors, porter lettres.

Ordonn. de la maison du Roi, ann. 1317; reg. *de la chamb. des comptes de Paris*, sign. *croix*, fol. 78, v°.

Enfin on a nommé *chevaucheurs de balais*, les sorciers, qui, selon l'opinion vulgaire, allaient au sabbat, à cheval sur un balai.

Voyez *Lett. de rémiss.*, ann. 1478 ; *Trés. des Chart.*, reg. 206, c. 72.

Italien, *cavalcatore*. E quando il *cavalcatore* sarà sopr' esso salito, etc.

Crescenz., *Agricolt.*, l. IX, c. 6.

Espagnol, *cabalgador*. E eran diez menos que los de la otra parte, e de otros *cabalgadores* fasta mil.

Chronic. gener., part. III, fol. 69.

CHICHETÉ, *s. f.* Avarice, parcimonie, caractère et qualité de celui qui est chiche.

Assez mauvais drap portoit aucunes fois; et un mauvais chapeau différant des autres et une image de plomb dessus. Les courtisans s'en moquoient, et disoient que c'estoit par *chicheté*.

Comines, *Mém.*, l. II, c. 8.

Chicheté est la lysse
Qui l'ame tue et rend le corps mal sain.

J. Marot, *Poés.*, p. 212.

Cependant qu'il se contente de l'espargue et *chicheté* de sa table, tout est en desbauche en divers réduits de sa maison.

Montaig., *Ess.*, l. ii, c. 8.

Ceste couleur noirastre et salle c'est proprement la taincture d'avarice et de *chicheté*.

Amyot, *Plut. OEuvr. Mor.* t. IV, p. 452.

CHIROGRAPHE, *s. m.* terme de jurisprudence. Acte, obligation sous seing privé, attestation.

Et une chascune partie de cestuy *cirograiphe* avons nous garnis de nostre seel avec la suscription des témoignages.

Chart. de 1182.

Le proufit et émolument que souloient avoir les eschevins, pour la recepte des *cirographes*, testamens et autres escriptures.

Lett. de Charles V, févr. 1370. *Ordonn. des Rois de Fr.*, t. V, p. 375, art. 6.

6.

Et en auroit son obligation et le *cirographe* devers lui.
> *Hist. de la Toison d'or*, t. II, fol. 86.

Auquel lieu y a innumérables vœux de cire, et *cirographes* attestans les glorieux miracles que, tant durant sa vie qu'après son décès, nostre Seigneur a voulu faire pour lui.
> J. DE BOURDIGNÉ, *Hist. aggreg. des ann. et chron. d'Angers*, ann. 1440.

Voyez aussi *Chart. de l'an* 1259, *Chartul. de Champagne*, fol. 226. — *Lett. de Henri VI, roi d'Angleterre*, ann. 1424. *Trés. des chart.*, reg. 173, c. 28, etc., etc.

Grec, χειρόγραφον. JUL. POLLUX, *Onomastic.*

Latin, *chirographum.*
> Vana supervacui dicunt *chirographa* ligni.
>> JUVEN., *sat.* 13, v. 135.

Italien, *chirografo.* Gesù Cristo non ha stracciato quel *chirografo*, per cui ci vendemmo all' inferno.
> SEGN., *crist. instr.* 2, 2, 9.

Espagnol, *chirógrapho. Chirógrapho* es la obligacion que tiene el acreedór con la firma del deudór.
> FONSEC., *Vid. de Christ.*, t. I, l. 2, c. 12.

CHOISISSABLE, *adj. des deux g.* Digne d'être choisi.

Et quelle contrariété peult estre plus grande que celle-cy, quant aux choses *choisissables* ou refusables.
> AMYOT, *Plut. OEuv. mor.*, t. XX, p. 287.

CICÉRONIEN, ENNE, *adj.* Propre à Cicéron, en parlant du style.

Ce n'est (dist le moyne) que pour orner mon languaige. Ce sont couleurs de rhétorique *cicéroniane.*
> RABEL., l. I, c. 39.

Latin, *ciceronianus.* Non *ciceroniana* simplicitate, qui in libris de republicâ, Platonis se comitem protitetur.
> PLIN., *Hist. nat. præfat.*

Espagnol, *ciceroniano.* Algúnos hombres libres y atrevidos, por parecer *ciceronianos*, han hecho risa de ello.
> RIBAD., *Fl. sanct. vid. de san Gerönymo.*

CIRCONVOLER, *v. a.* et *n.* Voler autour.

> *Circonvolant* ce monde spacieux.
>> CL. MAROT, *Compl.* 3 ; *OEuv.* t. II , p. 463.

Latin , *circumvolare.*

> Sed nox atra caput tristi *circumvolat* umbrâ.
>> VIRG. , *Æneid.* 6 , v. 867.

CITADINAGE, *s. m.* Droit de cité.

Aultrement ne sera creu et réputé pour citoyen, nonobstant son acte et lettres de *citadinage.*

>> *Stat. de la ville d'Arles, trad. fr. de l'an* 1616.

Italien , *cittadinanza.* Cittadini di leggiere intendimento, e di novella *cittadinanza.*

>> MAT. VILL. , *stor.* II , 2.

CLAQUETER, *v. a.* Fréquentatif et diminutif de *claquer.*

Les *claquetoit* et fouettoit sur les fesses, selon le sujet qu'elles lui donnoient.

>> BRANT. *Dam. Gal.*, t. I, p. 319.

COACQUÉREUR, **ÉRERESSE**, *s.* Celui ou celle avec l'on acquiert en commun.

La femme de l'acquéreur est entendue *coacquéreresse.*

>> *Nouv. cout. gener.* , t. I, p. 514 , col. 2.

CODÉPUTÉ , *s. m.* Qui est député avec , collègue dans une députation.

Monsieur de Bourges, après avoir ouï ce discours, demanda de communiquer avec messieurs les *condéputez.*

>> VILLEROY , *Mém.*, t. VI, p. 362.

COERCER , *v. a.* Contenir , réprimer.

Nature, pour *cohercer* la pétulance de la langue, nous a donné les dents et les gencives comme pour rempars.

>> *Amant ressuscité*, p. 146.

Latin , *coercere.* Vitem serpentem multiplici lapsu amputans *coercet* ars agricolarum.

>> CICER. , *de Senect.*, c. 15

Anglais, *to coerce.* Punishments are manifold, that they may *coerce* this profligate sort.

Ayliffe, *parergon.*

COINTISE, *s. f.* 1° Gentillesse ; grace, formes élégantes.

> Vestue fut la dame par *cointise.*
>
> *Poet. fr. avant* 1300; *ms.*, t. II, p. 852.

> En *cointise* a souvent mésaise;
> En cauchier large est piés à aise.
>
> *Rom. de Charité,* str. 138.

> D'une robe moult desguisée,
> Qui fut en maint lieu incisée
> Et découpée par *cointise.*
>
> *Rom. Rose,* v. 838.

2° Parure, ajustemens, ornemens.

> Là ot tant enseigne orfrésée
> Du lonc des rencs en l'air assise,
> Taut hiaume brun, tante *cointise*
> De soie parfaite et tissue.
>
> Guill. Guiart, *roy. lign. ann.* 1195.

Et vous parleray comment nul saige femme ne doit pas estre trop hastive de prendre les estats et habits nouveaulx, ni les premières *cointises.*

Chevalier de la Tour, *Instruct. à ses filles,* fol. 25, 1°, col. 2.

Homme ni femme ne porteroit or, argent ne perles, ne vair, ne gris, robes, ne chaperons découpez, ne autres *cointises* quelconques.

Chron. de S. Denis, t. II, fol. 233.

Voyez aussi Froissart, *poés. mss.*, p. 360, col. 1. — Cl. Fauchet, *orig.*, l. II, c. 1. *OEuv.*, fol. 523, v°, etc., etc.

3° Prudence, sagesse, bonne conduite.

Cointise est une vertus qui fait conoistre les bonnes choses des mauvaises, et enseigne de partir les unes des autres.

Moralitez de N. D.

Cointise a quatre vertuz desoz soi, ce est pourvéance, esgarz, enseingnemenz et eschivemenz.

Anc. aut. fr., ms. de la Clayette, in-4°, fol. 62, col. 2.

On a dit aussi, mais moins heureusement, *cointerie* dans le sens de parure.

> Si se honissent et ahontent
> Par oultrageuse *cointerie*,
> Qui est signe de puterie.
>
> *Ovid. ms.*

> Certes, je n'ai pas le pouvoir
> De telle *cointerie* veoir.
>
> *Rom. Rose*, v. 8905.

> Et si me le met en chantel,
> Par manière de *cointerie*.
>
> FROISSART, *poes. mss.*, p. 355, col. 1.

Les mots suivans se retrouvent fréquemment dans nos anciens écrivains français; mais, quoiqu'ils appartiennent à la même famille que le substantif *cointise*, je ne les crois point susceptibles d'être restitués au langage moderne.

COINT, E, *adj.* 1° Agréable, joli, élégant, paré, ajusté.

> Je le fis bel et *cointe* et net
> Et plain de flor.
>
> *Poet. fr. avant* 1300; *ms.*, t. II, p. 709.

> Une dame mignote et *cointe*.
>
> *Robe vermeille*, v. 8.

> En une couche grant et lée,
> Qui moult fu riche, et moult fu *cointe*.
>
> *Anc. aut. fr. ms. de la Clayette*, fol. 417, c. 5.

> Monstrant en face avoir cueur assez triste,
> Ce néantmoins en habits *cointe* et miste.
>
> CL. MAROT, *chant* 9, *OEuv.*, t. III, p. 55.

La sobriété sert à nous rendre plus *coints*, plus damerets pour l'exercice de l'amour.

MONTAIG., *Ess.*, l. II, c. 2.

Voyez aussi BAUDOUIN OU JEHAN DE CONDÉ, *le Sentier battu*, v. 22. — CORTE-BARBE, *les Trois Aveugles de Compiègne*. — *Court de Paradis.* — *Rom. Rose*, v. 603. — *Perceforest*, vol. 1, fol. 148, v°, col. 1.

2° Prudent, sage, réservé, habile, instruit.

> Contre l'estoile va la pointe ;
> Por ce sont li marinier *cointe*
> De la droite voie tenir.
>
> GUIOT DE PROVINS, *Bibl.*, v. 65o.

> Et le werpis s'ala respondre,
> Lès la sale s'estoit muciez ;
> Car *cointe* ert et vesiez.
>
> MARIE DE FRANCE, *Fab.*, *Lion malade.*

> Tant sont *cointes* qu'ils ne se croient.
>
> GAUT. DE COINSI, *Sainte Léocade*, v. 944.

> Soiez *cointe* en prospérité,
> Et seür en adversité.
>
> *Castoiement*, cont. 19 *suite*, v. 13.

> Car qui est *coint* n'a pas d'orgueil.
>
> *Rom. Rose.*

Voyez aussi *Ballad. de Beauveau.* — *Perceforest*, vol. I, fol. 136, v°, col. 1.

COINTEMENT, *adv.* 1° Joliment, agréablement, élégamment.

> Amors se veut detenir
> Par chascuns bien *cointement.*
>
> *Poet. fr. avant* 13oo; *ms.*, t. II, p. 645.

> Au beau semblant, au *cointement* rire.
>
> THIEBAUT, *Chans. mss.*, p. 149.

> Li clers qui moult ert bien apris,
> Et bien vestuz et *cointement.*
>
> CORTE-BARBE, *Trois aveugles de Compiègne*, v. 108.

> Car n'avoit soucy ne esmay
> De nulle riens, fors seulement
> De soi atorner *cointement.*
>
> *Rom. Rose*, v. 585.

2° Sagement, finement, habilement.

> Un jor vint molt privéement
> Au chamberlan, et *cointement*
> Sire, dist-il, por Diex vos pri,
> D'une chose soyez garni.
>
> *Castoiement, Cont. XVIII.*

Cᴏɪɴᴛᴇᴛ, ᴇᴛᴛᴇ ; Cᴏɪɴᴛᴇʟᴇᴛ, ᴇᴛᴛᴇ, *adj.* diminutif de *coint.*

> Molt ert la vieillotte *cointete*
> Norri avoit une licette.
>> *Fabl. mss.*, p. 28.

> La demoiselle au chef blondet
> Me tient tout gay et *cointelet.*
>> *Poët. fr. mss. avant* 1300 ; t. I, p. 202.

Cᴏɪɴᴛᴇʀ, ᴄᴏɪɴᴛɪʀ, ᴄᴏɪɴᴛᴏʏᴇʀ, parer, ajuster.

Robe à *cointir.*

Establiss. de France, l. I, c. 60, *éd. de Laurière et du Cange.—Id.*, *ms. du Roi*, n° 9827, c. 62.

> Moult parset bien son cors *cointir.*
> *Anc. poët. fr.*, *ms. du Vatican*, n° 1490, fol. 30, v°.

> Mais faus est qui se *cointoie*
> De biau joiel emprunté.
>> *Ibid.*, fol. 87, v°.

> Et volentiers se *cointissoient*
> A lor pooir et s'acesmoient.
>> *Trois meschines*, v. 7.

> Si s'en affuble et s'en appreste
> De soy *cointir* et faire feste.
>> *Rom. Rose*, v. 18892.

> Car il n'est ne flours ne fœillette
> Qui ne se *cointoie* et œillette.
>> Fʀᴏɪssᴀʀᴛ, *poés. mss.*, p. 192, col. 2.

> Propre et requis pour bien se *cointoyer*,
> Et pour l'esprit de taches nettoyer.
>> Mᴀʀɢ. ᴅᴇ Vᴀʟᴏɪs, *Marg. de la Marguerite*, fol. 3, v°.

Fist *cointir* et parer toutes ces folles filles.

> Cʜᴇᴠᴀʟɪᴇʀ ᴅᴇ ʟᴀ Tᴏᴜʀ, *Instruct. à ses filles*, fol. 31, v°, col. 1.

COLLATÉRALEMENT, *adv.* Terme de jurisprudence, en ligne collatérale.

Par droit de succession de ses père ou mère, ou *collatéralement* d'autres siens parens.

> *Nouv. cout. général*, t. II, p. 855.

COLLOCUTION, *s. f.* Conversation.

> Bon est que nos le bien dions,

Car male *collocutions*
Despiece et corront bones meurs.

GAUTIER DE COINSI, *Mir. N. D. qui garit un moine*, v. 1.

Latin, *collocutio*. Secutæ sunt *collocutiones* familiarissimæ cum Trebonio.

CICER., *Philipp. II*, c. 2.

Italien, *collocuzione*. Orazione è una dolce afflizion d'anima, che s'accosta a Dio, e una familiare e dolce *collocuzione*.

CAVALC., *Frutt. ling.*

COLOMBELLE, *s. f.* Diminutif de colombe.

Toute belle
Colombelle,
Passerelle,
Tourterelle.

JACQ. TAHUREAU, *poés.*, p. 270.

On a dit aussi, mais moins heureusement, au masculin, *colombeau.*

Mais les aperceussiez tous deux
Baiser comme deux *colombeaux.*

Rom. Rose, v. 1273.

On sçait que le serpent prudence senefie
Et li *colombiau* blans douçour et courtoisie.

Rom. de Beauvais.

Italien, *colombella.*

Dicemi l'amore, o amica bella,
Gli occhi tuo' e il core
Come di *colombella.*

FR. JACOPONE, *Poes.*, t. **VI**, 1, 14.

COMESTION, *s. f.* L'action de manger.

Pappelart vuelent adès noces
Comestions et pappastines.

GAUTIER DE COINSI, *Sainte Léocade*, v. 1443.

Vous le sçavez si bien faire qu'il est friant et de bonne *comestion.*

H. ÉTIENNE, *apolog. d'Hérod.*, t. II, c. 37.

*COMMENSALITÉ, *s. f.* Qualité de commensal.

Est avisé que partie n'y sera point receue s'elle ne dit qu'il est son conseiller , advocat , procureur ou solliciteur de sa *commensalité*.

Ordonn. des ducs de Bret. , col. 194 , r°.

Anglais, *commensality*. They being enjoined and prohibited certain foods, thereby to avoid community with the gentiles, upon promiscuous *commensality*.

BROWN.

COMMINATION , *s. f.* Menace , inhibition.

Avec *commination* que si, dedans un an après , ledit tuteur ne fait labourer lesdites terres, le seigneur les prendra en sa main, comme dessus est dit.

Cout. général , t. II , p. 324.

Et comme Jean huictième ne s'en voulut taire, ains eust escrit lettres pleines de *commination* aux églises et au clergé de France.

ET. PASQUIER , *Rech.* , l. III , c. 11.

Latin , *comminatio*. Reges *comminationibus* magis , quam vi repressit.

SUETON. , *Tiber.* , c. 37.

Espagnol , *comminación*. Si estas *comminaciónes* eran solo ad terrorem , no hay que culparlas.

PALAF. , *Conq. de la Chin.* , fol. 482.

Anglais , *commination*. Some parts of knowledge God has thought fit to seclude from us ; to fence them not only by precept and *commination*, but with difficulty and impossibilities.

Decay of Piety.

COMPARTIR , *v. a.* Arranger , distribuer par compartimens.

Et leur sembla qu'il valoit mieulx ainsi *compartir* le temps de sorte qu'il y en eust autant de l'un que de l'autre, tant pour le regard d'eulx mesmes , comme aussi pour le regard du peuple.

AMYOT, *Plat.* , *Numa Pompil.* , *OEuv.* , t. I , p. 221.

Italien , *compartire.*

> La providenza , che quivi *comparte*
> Vice , e ufficio.
>
> DANT., *Paradis* , 27.

Espagnol , *compartir.*

> Uniforme *comparte* formaciones
> Por la circunferencia el paralèlo.
>
> VILLAMEDIAN., *Fab. de Phaeton* , oct. 46.

Anglais , *to compart.* I make haste to the casting and *comparting* of the whole work.

> WOTTON , *Architecture.*

COMPENSEUR, ou mieux COMPENSATEUR, *s. m.* Celui qui compense, qui dispense.

Et le *compenseur* en ce le doit amender à la discrétion du juge.

> BOUTILLER , *Somm. rur.* , l. II , tit. 40 , p. 864.

Italien, *compensatore, compensatrice.* Dio si è *compensatore* con mano celeste.

> ZIBALD. , *Andr.*

La Vergine santissima madre Maria sarà *compensatrice.*

> FR. GIORD , *Pred. R.*

COMPÉTITRICE , *s. f.* Concurrente.

Mais craignez-vous point que les dames et damoiselles ne soyent *compétitrices* quant à cest honneur ?

> H. ÉTIENNE, *Lang. franç. ital. dial. I* , p. 292.

Latin , *competitrix.* Nos quoque habuimus scenam *competitricem.*

> CICER. , *pro Muren.* , c. 19.

Espagnol , *Competidóra.* El cabo que llaman de Carthágo , donde fué la ciudad *competidóra* de Roma.

> MEND. , *Guerra de Gran.* , l. II , num. 34.

COMPLAINDRE (SE) , *v. réfl.* Se plaindre, faire des complaintes.

Il s'en vint à Paris *complaindre* au roi Philippe son oncle.

> FROISSART, *Chron.* , vol. I , c. 70.

Pour faire leurs remontrances au sénat, se *complaignants* de la trève rompue.

Amyot, Plut. Annib., c. 7; OEuv. t. IX.

Quand quelque rossignol, se complaignant d'amour,
Anime de ses chants les forests d'alentour.

Ph. Desportes, Poés., p. 309.

Italien, *compiagnersi, compiangersi.*

Donna è gentil nel ciel, che si compiange.

Dant., Inf. 2.

Compiagnendoci insieme amaramente.

Giov. Villan., stor. 11, 134, 1.

Anglais, *to complain.*

In midst of water, I complain of thirst.

Dryden.

COMPULSION, *s. f.* Contrainte, impulsion.

Et que les contraintes et *compulsions* de payer ladicte aide soient faites par les justiciers des liex.

Ordonn. de Jean I ou Jean II, juillet 1355. Ordonn. des Rois de Fr.,
t. III, p. 686.

Latin, *compulsio.* Cessat *compulsio*, tametsi indemnitatis eautio offeratur.

Digest., l. XXXVI, tit. I, leg. 14.

Espagnol, *compulsion.* Por el qual delito del hijo, pagò el padre la pena, por *compulsion* de la ordenanza de la tierra.

Navar., Man., cap. 17.

Anglais, *compulsion.*

Such sweet compulsion doth in musick lie
To lull the daughters of necessity.

Milton.

CONDEMNATOIRE, *adj. des deux g.* Qui sert à condamner.

Ceste boule de son, ainsi applatie, valoit autant comme la febve percée, laquelle estoit ès jugemens le sigue de sentence *condemnatoire.*

Amyot, Plut. Lycurg. OEuv., t. I, p. 169.

Anglais, *condemnatory.* He that passes the first *condemna-*

tory sentence, is like the incendiary in a popular tumult, who is chargeable with all those disorders to which he gave rise.

Government of the tongue.

CONDIMENT, *s. m.* Assaisonnement.

Por un jor quant Nonosus li honorable homme pensevet ke cil meismes lius poist estre convenable por norrir les *condimens* des iotes, se la pesantume de ceste pierre ne tenist.

S. Greg., *Dial.*, l. I.

Condimens au sel et au vinaigre dont on se sert l'hiver pour salade.

Des Accords, (Tabourot) *Escr. dijonn.*, p. 54.

Si disoit Evenus que le meilleur *condiment* de la vie estoit le feu.

Montaig., *Ess.*, l. iii, c. 13.

Latin, *condimentum.* Socratem audio dicentem cibi *condimentum* esse famem, potionis sitim.

Cicer., *de Finib.* 2, c. 28.

Italien, *condimento.* La lagrima della femmina è *condimento* della sua malizia.

Ammaestram. degl' ant. G. 110.

Espagnol, *condimento.* Sirve à los Egypcios de *condimento* y adobo para guisar las viandas.

Lagun., *sobr. Dioscor.*, l. I, c. 33.

Anglais, *condiment.* As for radish and the like, they are for *condiments*, and not for nourishment.

Bacon.

*** CONFLAGRATION**, *s. f.* Incendie général, ou qui s'étend sur un grand espace.

Les géants voyans que tout leur camp estoit noyé emportarent leur Roy Anarche à leur col, le mieulx qu'ils peurent, hors du fort, comme feit Æneas son père Anchises, de la *conflagration* de Troye.

Rabel., l. II, c. 29.

Latin, *conflagratio.* Id affirmat, ut *conflagrationi* atque diluvio tempus assignet.

Sen., *Quæst. nat.* 3, c. 29.

Espagnol, *conflagración*. No tomaron los Pyrinéos nombre de las fábulas, ni de la *conflagración* y abrasiamento, como sueñan muchos; sino de los fuegos que encieden los pastores.

Fr. Herrer., *sobr. la Eglog.* 2 *de Garcilass.*

Anglais, *conflagration*. Mankind hath had a gradual increase, notwithstanding what floods and *conflagrations*, and the religious profession of celibacy may have interrupted.

Bentley, *Serm.*

CONFLUER, *v. n.* Couler ensemble; joindre ses eaux; arriver en foule.

Comme plusieurs torrents qui *confluent* ensemble tout-à-coup sur une même place.

Amyot, *Plut. OEuv. mor.*, t. II, p. 434.

Latin, *confluere*. Fibrenus divisus æqualiter in duas partes, latera hæc alluit, rapidèque dilapsus, citò in unum *confluit*.

Cic., *de Legib.*, II, c. 3.

Espagnol, *confluir*.

> Assi razonando la puerta passámos,
> Por dó *confluia* tan grande gentio.

Juan de Mena, *copl.* 29.

CONSUÉTUDE, *s. f.* Habitude, commerce, société.

J'aimerois mieux qu'un sçavant, qu'un pédant, qu'un de ces doctes me fichast une cheville en l'œil que me copuler amoureusement; tant leur *consuétude* est fade.

Beroalde de Berville, *Moyen de parvenir*, p. 156.

Latin, *consuetudo*. Multâ et jucundâ *consuetudine* conjuncti inter nos sumus.

Cic. *ad Attic.*

Italien, *consuetudine*. Acciocchè per troppo lunga *consuetudine* alcuna cosa, che in fastidio non si convertisse, nascer non ne potesse.

Boccac., *Nov.* 10, 3.

CONTADIN, *s. m.* Habitant de la campagne.

La plus délicate partie de nous est celle qui se tient tousjours descouverte : les yeux, la bouche, le nez, les oreilles : à nos *contadins* comme à nos ayeulx, la partie pectorale et le ventre.

MONTAIG., *Ess.*, l. 1, c. 35.

Italien, *contadino*. Tornarono i prigioni in Firenze a dì 29 di maggio, e furono 28 tra cittadini, e *contadini* nobili, e buoni popolani, senza più altra minuta gente.

G. VILLANI, *Stor.* 9, 80, 2.

CONTOURNABLE, *adj. des deux g.* Qui peut se contourner, flexible.

Chacun à qui mieux mieux va plastrant et confortant cette créance receue, de tout ce que peut sa raison, qui est un outil soupple, *contournable* et accommodable à toute figure.

MONTAIG., *Ess.*, l. II, c. 12.

CONTRAVENTEUR, TRICE, *s.* Celui ou celle qui est en contravention.

Les partages ainsi faits sans l'entrevention des partageurs jurez sont déclarez nuls, et les *contraventeurs* chargez de la peine y comprise.

Cout. de Bruxelles. Nouv. Coust. général, t. I, p. 1266.

Espagnol, *Contraventor*, el que falta, ò no cumple, el que quebranta lo que esta ordenado, prevenido, convenido, ò mandado.

Dicc. de la real acad. de Madrid.

*CONTREMURER, *v. a.* Garnir d'un contremur.

Une tousche de bois de haute futaye et taillis joignans les dittes maisons et jardins, et renfermez de fossez et limittes anciens et *contremurez*.

Nouv. Coust. général, t. IV, p. 596, col. 2.

CONTRE-PROMESSE, *s. f.* Contre-lettre, écrit qui annulle une promesse.

M'ayant fait prier de lui donner une promesse de mariage pour appaiser sa mère, elle m'offrit toutes les *contre-promesses* que je desirerois d'elle.

BASSOMPIERRE, *Mém.*, Amst. 1721, t. I, p. 318.

CONTRE-VIRER, *v. a.* Tourner en sens contraire.

Devers la mer la proue on *contrevire.*

JOACH. DU BELLAY, *OEuv.*, p. 257.

CONTUMÉLIE, *s. f.* Affront, outrage.

Convoitise qui les cuers lie,
Esmouvera contemp et guerre,
Baras couvers, *contumélie.*

EUST. DESCHAMPS, *poés. mss.*, fol. 385, col. 1.

Noble et magnanime couraige seuffre et tollere bien injure, mais il ne peult comme dit Seneque porter *contumélie.*

Hist. de la Toison d'or, t. I, fol. 54.

Lesquels ne pouvoient plus souffrir les injures et *contumélies* qu'on leur faisoit.

AMYOT, *Plut. Antoin.* c. 76.

Et au devant d'elle un tableau plein d'injures et *contumélies;* ne se pouvans assouvir de sa seule mort, ores qu'elle fust très-cruelle.

ÉT. PASQUIER, *Rech.*, l. VI, c. 5.

Voyez aussi *Amant ressuscité*, p. 136. — JAC. TAHUREAU, *Dial.*, fol. 152, v°. — SULLY, *Mém.*, t. II, c. 50, etc.

Latin, *contumelia.* Facilè ærumnam ferre possum, si inde abest injuria, etiamque injuriam, nisi contra stat *contumelia.*

CÆCIL. *apud* NONIUM, c. 5, n° 32.

Italien, *contumelia.* Il regno si trasporta di gente in gente, per le ingiustizie, ingiurie e *contumelie*, e diversi inganni.

GIOV. VILLAN. *stor.* 12. 113. 4.

Espagnol, *contumélia.* La afrenta ò *contumélia* es una palabra que se dice para deshonrar al próximo.

NIEREMB., *Catec. Rom.*, part. 1, lec. 17.

Anglais, *contumely.* It was undervalued and depressed with some bitterness and *contumely.*

CLARENDON.

CONTUMÉLIEUX, EUSE, *adj.* Outrageux, insultant.

Le chargeant de felonnes paroles et *contumélieuses.*

MONTAIG., *Ess.*, l. 1, c. 1.

Ne s'étendissent en accusations *contumélieuses*, blasme, reproches et injures, et en tout cas ne plaidassent en audience publique.

Sully, *Mém.*, t. I, c. 51.

Latin, *contumeliosus*. Quàm *contumeliosus* in edictis! quàm barbarus! quàm rudis!

Cicer., *Philipp. III*.

Italien, *contumelioso*. D'innumerabili parole, ed injuriose, e *contumeliose*, continuamente li nostri prossimi provochiamo, e affliggiamo.

S. Crisostom.

Espagnol, *contumelioso*. Padeciendo (Christo) tan acerbos tormentos, y sufriendo tan *contumeliósas* injurias.

Nieremb., *Apric.*, l. I, c. 16.

Anglais, *contumelious*. In all the quarrels and tumults at Rome, though the people frequently proceeded to rude *contumelious* language, yet no blood was ever drawn in any popular commotions, till the time of the Gracchi.

Swift.

Contumélieusement, *adv.* Outrageusement, d'une manière insultante.

Autres le blasmans de ce qu'il avoit refuzé les honestes offres et raisonnables conditions de paix que César luy avoit offertes, en le laissant *contumélieusement* injurier par Lentulus.

Amyot, *Plut. Jules Cés.* c. 44.

Latin, *contumeliosè*. Cùm de absentibus detrahendi causâ, maledicè *contumeliosé*que dicitur.

Cicer., *de Offic. I*, c. 37.

Italien, *contumeliosamente*. Si doleva d'esser trattato sempre *contumeliosamente*.

Francesc. Giord., *Predic. R.*

Espagnol, *contumeliosamente*. Por lo qual no destruya tan inhumana y cruelmente à la imagen de Dios, porque provocarà à ira à su artífice, pues trata à su imagen *contumeliosamente*.

Nieremb., *obr. y dias*, c. 16.

Anglais, *contumeliously*.

> Fie! lords, that you, being supreme magistrates,
> Thus *contumeliously* should break the peace!
>
> Shakesp.

CORBEILLÉE, *s. f.* Ce que peut contenir une corbeille.

Et d'autre part de sept pains sooler quatre mille hommes, sans les femmes et les enfans, et remanoir sept *corbeillies* de relief, qui est bien signe de divine puissance.

> *Quinze joies de Nostre Dame.*

Fust composé à huit *corbeilliers* de pain.

> S. Remy, *Hist. de Charles VI*, p. 86.

Latin barbare, *corbellata*.

> *Stat. Taurin.*, ann. 1360, *ms. du Roi* 4622. c. 46.

CORPULENT, ENTE, *adj.* Qui a de la corpulence, de l'embonpoint.

Quant elle le vit si hault et *corpulant*.

> *Jehan de Saintré*, p. 331.

L'ame a esté faite la première, et après elle ce qui est *corpulent*.

> Amyot, *Plut. OEuvr. mélées*, t. XXI, p. 153.

Latin, *corpulentus*.

> *Corpulentior* videre atque habitior.
>
> Plaut., *Epid.*, act. I, sc. 1, v. 8.

Italien, *corpulento*.

> L'ozio da un canto *corpulento* e grasso.
>
> Ariost., *Orl. Fur.* 14. 93.

Espagnol, *corpulento*. Llevaron en una silla portatil à este *corpulento* jayan.

> Nieremb., *Vid. del P. Joseph Scammaca.*

Anglais, *corpulent*. Excess of nourishment is hurtful; for it maketh the child *corpulent*, and growing in breadth rather than in height.

> Bacon.

7.

* COTUTEUR, *s. m.* Terme de Jurisprudence. Celui qui est tuteur avec un autre.

Celuy de plusieurs tuteurs et curateurs, qui voudra bailler caution suffisante de rendre compte aux mineurs venus en âge, et en acquitter et indemniser leurs *cotuteurs*, administrera seul.

Coutum. général, t. II, p. 1020.

COUPEROSER, *v. a.* Rendre couperosé, bourgeonner, occasioner des taches, des rougeurs.

Il ne faut qu'un hâle qui basanera ou noircira votre femme comme une Moresque, qu'un vent qui vous la gersira, qu'une jaunisse qui vous la pâlira, qu'une chaleur maligne qui vous la *couperosera*.

CHOLIÈRES, *Cont.*, fol. 159, v°.

COUTUMIÈREMENT, *adv.* Habituellement, ordinairement.

Il semble que les mères, entre leurs enfans, aiment plus *coustumièrement* les fils que les filles, comme ceulx de qui elles espèrent plus de secours.

AMYOT, *Plut. OEuvr. Mor.* t. XV, p. 21.

Je fav *coustumièrement* entier ce que je fav, et marche tout d'une pièce.

MONTAIG., *Essais*, l. III, ch. 2.

Anglais, *customarily*. In common discourse, *customarily*, without consideration.

RAY.

* CRIQUE, *s. m.* Petit port, baie ou anse dans laquelle de petits bâtimens peuvent se mettre à l'abri.

Nous volons et leur ottroions, ordennens et mandans par ces présentes à ceulz à qui il appartient, que il soit fait en la *crique* de Leure et devant la ville de Harefleu, port et hable.

CHARL. V. *Privil. des march. castill. avril* 1364. *Ordonn. des Rois de Fr.*, t. IV, p. 427, art. 5.

Latin barbare, *creca*. Si per terram vel portus, et ipsorum *crecas* ac villas et villagia, etc.

RYMER, *act.*, t. XII, p. 796, col. 2.

Anglais, *creek*. A law was made here to stop their passage in every port and *creek*.

DAVIES, *on Ireland*.

CUISEUR, *s. m.* Celui qui fait cuire.

Et se li forniers fesoit dommage aux *cuiséeurs* de lor pain mal cuire, li sires leur devroit fere amender, ou il ne seroient pas tenu de cuire à son for, jusques à tant qu'il leur eust fet amender le dommage.

Establiss. de Fr. ann. 1270, c. 109. *Ordonn. des Rois de Fr.* t. I, p. 199.

Latin, *coctor. Coctores* insulariique.

PETRON., cap. 95.

CUISSETTE, *s. f.* Petite cuisse.

Leur nombril estraindre et cerchier,
Et leur *cuissette* reverchier.

EUST. DESCHAMPS, *poés. mss.*, fol. 509, col. 4.

Cuisses ne sont plus ; mais *cuissettes*,
Grivelées comme saulcisses.

VILLON, *OEuv.*, p. 31.

CUIVRÉ, ÉE, *adj.* Garni de cuivre.

Et cheval monte maintenant,
Il a le bon espié *cuivré*.

Floire et Blancheflor, ms. de S. Germain, fol. 205, r°, col. 1.

Quoique le mot *cuivré, ée*, adjectif, soit fréquemment employé, sur-tout par nos voyageurs, pour désigner un objet qui est de la couleur du cuivre, j'observerai qu'il ne se trouve point dans le Dictionnaire de l'Académie, édit. de 1762, ni dans celle de Smits 1798. Buffon a dit dans ce dernier sens *cuivreux, euse*. Oiseaux, t. XIV, p. 265 ; Minéraux, t. V, p. 72, etc.

CUNCTATION, *s. f.* Délai, remise, action de temporiser.

Mais comme un Fabius Maximus, par sa *cunctation* et son temporisement, il fit aller nos feux en vapeurs et fumées.

BRANT. *Capit. estrang.* t. I, p. 87.

Latin , *cunctatio.* Abjectâ omni *cunctatione* , adipiscendi magistratus sunt.

Cicer. , Offic. c. 21.

Anglais , *cunctation.* The swiftest animal conjoined with a heavy body, implies that common moral, festina lentè; and that celerity should always be contempered with *cunctation.*

Brown.

* CUPIDE , *adj. des deux g.* Desireux , avide , qui a de la cupidité , de la convoitise.

Plus encores infiniment estoit *cupide* et insatiable de richesses.

Amant ressuscité, p. 106.

Latin , *cupidus.* Græculi homines contentionis *cupidiores* , quam veritatis.

Cicer. , I de Orat., c. 11.

Italien , *cupido.*

Poser silenzio al mio cupido ingegno.
Dant. , Parad. 5.

* CUVEAU , *s. m.* Petit cuvier.

Pour chacun arpent vendengage,
Cuves , cuviaux , queux , reliage.
Eust. Deschamps, poés. mss., fol. 363 , col. 4.

APPENDICE.

C.

CAGETTE, *s. f.* Petite cage. *Invent. de Gui de Kaours*, ann. 1321; *Chambre des comptes de Paris*, reg. A, 2, fol. 12, v°.

CALICULE, *s. m. Terme de bot.* Petit calice. RABEL. l. III, c. 8. — Latin, *caliculus*, CATO, *de R. Rust.*, c. 108. — PLIN., l. XX, c. 19. — Italien, *calicetto*, FIR. *Asin.*, 91. Voy. *Dict. de* BULIARD, *par Richard*, 1799. — *Dict. de Botanique*, par PHILIBERT, 1804.

CAMUSERIE, *s. f.* État de celui qui est camus. BOUCHET, *Sérées*, l. III, p. 130.

CAMUSET, ETTE, *adj.* Diminutif de camus. *Anc. poët. franç.*, *ms. du Vatican*, n° 1490, fol. 123, v°.

CAROLE, *s. f.* Danse en rond, accompagnée de chants; ronde, branle. JOINVILLE, *Hist.*, p. 25. — *Aucassin et Nicolette*, fab. Méon., tom. I, p. 411. — *Rom. d'Audigier*, v. 209. — *Chastel. de Vergy*, v. 914. — *Fabel d'Aloul*, v. 644. — *Rom. Rose*, v. 792. — FROISSART, *Chron.*, vol. IV, c. 51. — *Perceforest*, vol. III, fol. 66, r°, col. 2. — MONTAIG., *Ess.*, l. I, c. 22. — *Mem. de Fleuranges*, p. 138. — Latin barb., *carolla*. *Hist. S. Martini de campis*, p. 552. — Italien, *carola*, BOCCAC., *giorn.*, 2, 6. — Anglais, *carol*, SPENSER, *Epithalam.* — CAROLER, *v. n.* Danser en rond. *Anc. poët. franç.*, *ms. de la Clayette*, in-4°, fol. 793, col. 1. —

Rom. Rose, v. 340. — *Lett. de rémiss.*, ann. 1378 ; *Trés. des Chart.*, reg. 112, c. 266. — Latin barb., *charolare*, Math. Westminster., ann. 1305. — Italien, *carolare*, Boccac., *nov.*, 77, 14. — Anglais , *to carol*, Spenser. — Caroleur , *s. m.* Danseur, celui qui carole. *Rom. Rose*, v. 21287.

CARROUSSER, *v. n.* Boire avec excès, faire carrousse. Brantome, *Cap. estrang.*, t. I, p. 317. — Anglais, *to carouse*, Shakesp.

CATONIEN , ENNE , *adj.* Sévère comme Caton, sage comme Caton. Rabelais , l. IV, *Epist. prelim.* — Latin, *Catonianus*, Martial., l. IX , *Epigr.* 28.

CAUTELER, *v. n.* Agir avec cautèle, avec ruse, finesse. Froissart, *Chron.*, vol. II, c. 38.

CENSABLE, *adj. des deux g.* Sujet au cens. *Chart. de l'an* 1292 ; *Chart. de Corbie*, 21 , fol. 298, v°.

CENSIVEMENT , *adv. Terme de jurisprudence.* A cens. Laurière, *Gloss. du droit franç.*

CERNOIR , *s. m.* Couteau ou autre instrument propre à cerner les noix. *Chart. de l'an* 1391; *Trés. des Chart.*, reg. 141 , c. 122.

CERVOISIER , *s. m.* Brasseur, fabricant de cervoise. *Dit du Lendit*, v. 3. — *Réglem. de Charles V, pour les brasseurs de Paris, septembre* 1369 ; *Ordonn. des Rois de Fr.*, tom. V, p. 222. — *Chart. de l'ann.* 1410; *Chart. de Corbie*, 21 , fol. 261 , v°, etc.

CHACUNIÈRE, *s. f.* Demeure, habitation de chacun. Desperriers, *Cont.*, t. I, p. 97. — Rabel., l. III, c. 36. — Montaig., *Ess.*, l. 1, c. 34. — Ce mot a été employé par les écrivains modernes. Scarr. , *Typh.*, ch. 2. — Sévigné, *Edit. de Blaise*, *lett.* 328, tom. III, p.172.

CHALEUREUSEMENT, *adv.* Avec chaleur. *Chart. de l'an* 1389; *Trés. des Chart.*, reg. 137, ch. 30.

CHANDELETTE, *s. f.* Petite chandelle. *Anc. écriv. franç. ms. de la Clayette*, in-4°, fol. 803, col. 1. — Italien, *candeletta*, ALLEGR. 130.—Espagnol, *candelilla*, ESPIN., *Art. ballest.* l. II, cap. 34.

CHAPERONNET, *s. m.* Petit chaperon. JOINVILLE, *Hist.*, p. 67.

CHARNALITÉ, *s. f.* Qualité de ce qui est charnel; passion charnelle. *Comment. sur le Psautier*, ps. 24, v. 22, fol. 54. — *Vie de J. C. ms.* — *Lett. de rémiss.*, ann. 1375; *Trés. des Chart.*, reg. 108, chart. 12. — *Id.* ann. 1478; *ibid.*, reg. 206, ch. 418. — Latin barb., *carnalitas*, BREYDENBACH, *Itiner. Hierosol.*, p. 163. — Italien, *carnalità, carnalitade*, G. VILL. *Vit. Maom.*— FR. GIORD., *predich.* — Espagnol, *carnalidad*, FR. LUIS DE GRAN., *Guia*, l. I, c. 21, etc.

CHARRIÈRE, *s. f.* Voie par laquelle peut passer un char, une charrette. *Cout. de Beauvoisis*, c. 25. — *Const. Duhamel*, v. 485. — *Bourse pleine de sens.* — *Rom. du Renard*, fol. 67, r°. — *Rom. Rose*, v. 21126. — *Partonop. de Blois, ms. de S. Germain*, fol. 126, v°, col. 1. — PHIL. MOUSKES, *ms.*, etc. — Latin barb., *carreria, Secunda curia gener. Barcin.*, ann. 1299. — Espagnol, *carrera, Chart. ann.* 1298 *apud* BIVARIUM.

CHATELAINE, *s. f.* Dame de château. GAUTIER DE COINSI, *Sainte Léocade, ms.*

CHEVALERESSE, *s. f.* Femme de chevalier, ou décorée d'un ordre de chevalerie. P. MENESTRIER, *de la chevalerie*, p. 62. — Italien, *cavaleressa*, BOCCAC., *nov.*, 15, 12.

CHEVALEREUX, EUSE, *adj.* Brave, courageux,

digne du titre de chevalier. *Rom. de Rob. le Diable*, *ms.* — Espagnol, *caballeroso*, *Monter. del Rey D. Al.*, l. I, prolog.

CHIENNET , *s. m.* Petit chien. Herbers, *Rom. de Dolopatos.*

CHIRURGIENNE, *s. f.* Femme qui exerce la chirurgie. Gautier de Coinsi , *Mir. de N. D. qui garit un moine*, v. 244. — *Perceforest*, vol. II, fol. 39, v°, col. 2. — Ét. Pasquier, *Rech.* , l. IX, c. 30.

CHOSETTE , *s. f.* Diminutif de chose. *Fab. de l'âne et du chien*, v. 91. — *Confession de la belle fille.* — Eust. Deschamps , *poés. mss.* , fol. 416 , col. 1. — Al. Chartier, *poés. OEuv.* , p. 599. — Bon. Desperriers, *cymbal. mundi*, p. 113. — Grat. Dupont , édit. de 1540, fol. 43. — Rabel. , l. III , c. 18. — Italien , *cosetta*, Boccac. , *nov.* 24. — *Cosellina*, D. Giov. Cell. , *lett.* 7. — *Coserella* , *V. SS. Pad.* — *Cosettina* , Zibald. , *Andr.* , etc.

CIMEAU , *s. m.* Branche détachée de l'extrémité, de la cime d'un arbre. *Lett. de rémiss.* , ann. 1481 ; *Trés. des Chart.* , reg. 207 , ch. 245.

CIRCUIR , *v. a.* Marcher autour, entourer. *Rom. de Perceforest* , vol. I, fol. 72 , v°, col. 1. — *Danse des Aveugles.* — J. d'Auton, *Ann. de Louis XII* , p. 312. — Cl. Marot , *Ps.* , 22 ; *OEuv.* , t. III , p. 282. — H. Estienne, *Apolog. d'Hérodote*, p. 462. — Sully, *Mém.*, t. I, c. 8. — Latin, *circuire*, Plaut. , *Asinar.* , act. III, sc. 3, v. 152. — Italien, *circuire*, Dante, *Parad.*, 12. — Espagnol, *circuir*, mot peu usité, Cervell. , *retr. part.*, 4, §. 4. — Anglais, *to circuit*, Philips. — Circuition, *s. f.* Détour, circonlocution. Amyot, *Plut.* , *OEuv. mor.* , t. XVII, p. 144. — Montaig. , *Ess.*, l. II, c. 12. — Latin.

circuitio, Tit. Liv., l. III, c. 6. — Italien, *circuizione*, Boccac., *nov.* 93, 10. — Espagnol, *circuicion*, *comend. sobr. las* 300, fol. 4.

CLERGIE, *s. f.* État ou condition de clerc, et par extension, science. *Assis. de Jérusalem*, c. 24. — *Enseignem. d'Aristote.* — *Anc. écriv. franç.*, ms. de la *Clayette*, fol. 61, col. 1. — Gautier de Coinsi, *Mir. de Sainte Léocade*, v. 694. — *Rom. du Brut*, fol. 29, v°, col. 2. — Phil. Mouskes, *ms.* p. 78. — *Im. du monde.* — *Castoiement*, cont. 3, v. 57. — *Le vilain mire*, v. 391. Jean de Meung, *codic.*, v. 1021. — Eust. Deschamps, *poés. mss.*, fol. 79, col. 3. — Froissart, *Chron.*, vol. I, c. 211. — Ét. Pasquier, *Rech.*, l. VIII, c. 13.

COCHELET, *s. m.* Petit coq. Eust. Deschamps, *Poés. mss.*, fol. 314, col. 2.

COGITATION, *s. f.* Pensée, réflexion. *Miserere du Reclus*, str. 60. — Eust. Deschamps, *poés. mss.*, fol. 505, col. 3. — Froissart, *Chron.*, vol. IV, c. 51. — Amyot, *Plut.*, *Prop. de table*, l. VIII, quest. 2, tom. XVIII, p. 376. — Montaig., *Ess.*, l. iii, c. 13. — Brantome, *Dam. gal.*, tom. II, p. 343. — Sully, *Mém.*, tom. II, c. 40. — Latin, *cogitatio*, Cicer., *pro Milone*, c. 29. — Italien, *cogitazione*, Brunett., *Tesor.* — Espagnol, *cogitacion*, Fr. Herrera, *sobre el sonet.* 2 *de Garcil.* — Anglais, *cogitation*, Ray, *on Creat.* — Cogiter, penser, réfléchir, *Vie de la Vierge*, *Luc*, c. 2, v. 51. — Latin, *cogitare*, Cicer., *ad Attic.*, l. IX, epist. 6. — Italien, *cogitare*, *tratt. gov. fam.* — D'où Excogiter, *v. a.* Inventer, imaginer. Des Accords (*Et. Tabourot*), *Bigarrures*, p. 50. — Amyot, *Plut.*, *prop. de tabl.*, l. III, quest. 7, tom. XVIII, p. 155. — H. Estienne, *Lang. franç. italian. dial.* 1, p. 184. — Brantome, *Dam. gal.*, tom. I, p. 156. — Ét. Pasquier, *Rech.*, l. VII, c. 9. —

Sully, *Mém.* tom. I, c. 98. — Latin, *excogitare*, Cicer., *Phil.* 8, c. 6. — Excogitateur, *s. m.* Inventeur, celui qui imagine. H. Estienne, *Lang. franç. ital. dial.* 1, p. 285. — Latin, *excogitator*, Quintil., *Declam.* 10, cap. 7.

COLLÉGIALEMENT, *adv.* En collège. *Nouv. Cout. général*, tom. II, p. 134, col. 2. — Espagnol, *colegialmente*, Mart. Navarr., *Manual de confess.*, c. 27.

COMMUNALEMENT, *adv.* En communauté. *Castoiement*, cont. 15, v. 99. — *Court de Paradis*, v. 110. — Italien, *comunalmente*, Brunet., *Tesor*, 5, 17. — Espagnol, *comunalmente*, *Chr. gen.*, part. I, fol. 60.

COMPÉDITEUR, *s. m.* Celui qui lie, qui enchaîne. Baron d'Opède, *Trad. des triomphes de Pétrarque*, fol. 15, r°. — Rog. de Collerye, *OEuv.*, p. 177.

COMPENDIEUX, EUSE, *adj.* Abrégé. *La salade*, fol. 32, v°, col. 2. — Rabelais, l. V, c. 28. — Latin, *compendiosus*, Apul., *Métam.*, l. XI. — Italien, *compendioso*, Crescenz., *agr.*, l. xii, *proem.* — Espagnol, *compendioso*, G. Gracian, fol. 231. — Anglais, *compendious*, Woodward.

CONCLAMITATION, *s. f.* Clameurs, cris tumultueux. *Lett. de Charles V*, mai 1367; *Ordonn. des Rois de France*, tom. V, p. 11.

CONCOCTEUR, TRICE, *adj.* Qui a la faculté de recuire, de mettre en digestion, Rabel., l. III, c. 14.

CONCOLORE, *adj. des deux g.* Qui est de couleur semblable. *Alector, Rom.*, f. 64, r°. — Latin, *concolor*, Virg., *Æneid.*, VIII, v. 82. — Italien, *concolore*, Dant., *Parad.*, 12. — Anglais, *concoulour*, Brown.

CONDIGNE, *adj. des deux g.* Digne, suffisant, convenable. *Chart. de Charles-Roger*, 1360; *Chart.* 23 *de*

Corbie.—CL. MAROT, *epist.* 3 ; *OEuv.*, tom. I, p. 375.
— AMYOT, *Plut.*, *Pyrrh.*, c. 44. — MONTAIG., *Ess.*,
l. III, c. 13.—BRANTOME, *Dames Gal.*, tom. I, p. 55.
—SULLY, *Mém.*, tom. I, c. 30.—Ce mot a été employé
assez plaisamment par M. de Voltaire, *Pucelle*, ch. V.
—Latin, *condignus*, AUL. GELL., l. III, c. 7.—Italien,
condegno, CAVALC., *Specch. crist.*—Espagnol, *condigno*,
CERV. *Persil.*, l. II, c. 13.—Anglais, *condign*, ARBUTNOT.
—CONDIGNEMENT, *adv.* BRANTOME, *cap. franç.*, tom. II,
p. 170.—Latin, *condignè*, PLAUT., *Asin.*, act. I, v. 42.
—Italien, *condegnamente*, SEGN., *Crist. inst.* 3, 2, 11.
— Espagnol, *condignamente*, PALOM., *Vid. de Pint.*,
fol. 279.

CONFÈS, ESSE, *adj.* Qui s'est confessé. S. BERNARD,
Serm. fr. mss., fol. 135.— *Assis. de Jérus.*, c. 275.—
VILLEHARD., n° 225, p. 178.—FOUQUES, *Credo à l'usu-
rier*, v. 47.— *Rom. Rose*, v. 4312.—FROISSART, *Chron.*,
vol. I, c. 28. — ÉT. PASQUIER, *Rech.*, l. III, c. 14.—
Italien, *confesso*, DANT., *Infern.*, 27.

CONNUBIAL , ALE , *adj.* Matrimonial , nuptial ,
conjugal, qui appartient au mariage. RABEL., l. III,
c. 46.—Latin , *connubialis*, OVID. *Heroid. epist.* 6. —
Espagnol, *conubial*, NAVARR., *conserv. disc.* 33. —
Anglais, *connubial*, POPE, *Odyssey.*

CONTEMNER , *v. a.* mépriser. *Blason des faulses
amours*, p. 364. — *Am. ressusc.*, p. 93. — *Danse des
aveugles.*— MARTIAL D'AUVERGNE, p. 134.—CL. MAROT,
3e *chant royal*, *OEuv.*, t. II, p. 36.—AMYOT , *Plut.*,
Marc. Cato.—Latin, *contemnere*, CICER., *de Orat.*, III,
c. 14.—Italien , *contennere*, FR. GIORDANO, *pred.*—
Anglais, *to contemn*, DRYD., *Eneid.* — CONTEMNEMENT ,
CONTEMPT, *s. m.* Mépris. *Chron. de S. Denis*, tom. II,
fol. 226, v°. — AMYOT, *Plut.*, *OEuv. mor.*, tom. XIII,

p. 111. — Ét. Pasquier, *Rech.*, l. I, c. 7. — Latin, *contemptus*, Cæs., *Bell. Gall.*, II, c. 30. — Italien, *contento*, Math. Vill. — Anglais, *contempt*, South.

CONTRECREUSER, *v. a.* et *n.* Creuser à l'opposite. *Nouv. cout. génér.*, t. II, p. 1090, col. 3.

CONTREPLÈGE, *s. m.* Caution qui répond de la caution. *Cout. de S. Sever*, tit. I, art. 9, 14, 15, 18, etc.

CONTREVAL, *adv.* En descendant. *Anc. poët. franç. avant* 1300, *ms.*, t. II, p. 724. — Marie de France, *Lai de Graelent*, v. 677. — Guillot, *Rues de Paris*, v. 437. — Joinville, *Hist.*, p. 27. — Froissart, *Chron.* vol. II, c. 41. — *Lancelot du Lac*, tom. II, fol. 4, r°, col. 2. — Pasquier, *Lett.*, tom. III, p. 219.

COPULER, *v. a.* Assembler, accoupler. Beroalde de Verville, *Moy. de parvenir*, p. 156 ; id., *ibid.*, p. 339. — Latin, *copulare*, Cicer., *Acad.*, IV, c. 45. — Italien, *copulare*, Fr. Jac., tom. V, 23, 25. — Anglais, *to copulate*, Wiseman.

COURSIER, ÈRE, *adj.* Propre à la course. Froiss., *Chron.*, vol. II, c. 159. — Amyot, *Plut.*, *OEuv. mor.*, tom. XIV, p. 385. — Coursière, *s. f.* Brant., *Dam. gal.*, tom. I. p. 383.

CRAILLER, *v. n.* Crier comme le corbeau ou la corneille. Amyot, *Plut.*, *prop. de table*, l. V, quest. 1re, *OEuv.* t. XVIII, p. 221. — On a dit aussi Grailler, Duverdier, *Bibl.*, p. 115. — Craillement, *s. m.* Cri du corbeau ou de la corneille. Amyot, *Plut. OEuv. mor.*, t. XVI, p. 375. — On connaît en français le substantif *graillement*, son cassé ou enroué de la voix, et le verbe *grailler*, terme de chasse, sonner du cor sur un ton qui sert à rappeler les chiens. Voy. *Dict. Acad.*, *édit. de* 1762 et *édit. de Smith*, 1798.

CRÉDITEUR, *s. m.* Créancier. *Chart.* de 1292. *Tabul.* de *S. Jean de Laon.*

CRENU, UE, *adj.* Qui a des crins, chevelu. *Rom. Rose*, v. 18679. — Latin, *crinitus*, ENNIUS *ap.* CICER., *Acad.* 4, c. 28. —Italien, *crinito*, *crinuto*, BERN., *Orland.* 2, 15, 67. — Espagnol, *crinito*, QUEVED., *alguac.*

CROISETTE, *s. f.* Petite croix. BRANTOME, *Cap. fr.* tom. I, p. 10. — Italien, *crocetta*, BERN., *Orland.*

D.

DÉBATIMENT, *s. m.* L'action de débâtir, de détruire.

Le bastiment et le *desbastiment* des conditions de la divinité se forgent par l'homme selon la relation à soy.

MONTAIG., Ess., l. II, c. 12.

DÉBELLATOIRE, *adj. des deux g.* Propre à vaincre, à subjuguer.

Les causes motives, les très-diligentes militaires conduictes, et les *débellatoires* effectz de la sienne, et donc vostre très-glorieuse et très-triomphante victoire de Genes.

J. MAROT, Prolog. à la Royne Anne, p. 7.

On a dit aussi, mais moins heureusement, DÉBEL-LER, *v. a.* Vaincre, subjuguer.

> Mettez sus dards, lances, picques, bourdons,
> Artillerie, et tous autres bastons,
> Pour *débeller* ces larrons inhumains.

J. MAROT, Poés., p. 67.

Quant à la prolongation des villes de seureté, dont vous faites tant de cas, et tous ces gens d'assemblée aussi, c'est encore une autre chimère facile à *débeller*.

SULLY, Mém., t. II, c. 51.

Latin, *debellare*.

> Parcere subjectis et *debellare* superbos.

VIRG., AEneid., l. VI, v. 853.

Italien, *debellare*. Diventerà la padrona del corpo e facil-mente *debellerà* i residui del male.

RED., Cons. i. 116.

Espagnol, *debelar*. Entonces sería forsozo emplearlos en *de-belar* los tyrános de ambos impérios.

SAAV., Coron. Got., t. I, an. 416.

Anglais, *to debel, to debellate*.

> Him, long of old,
> Thou didst *debel*, and down from heaven cast,
> With all his army.

MILTON.

In the approbation of the extirpating and *debellating* of giants, monsters and foreign tyrants.

BACON.

DÉBELLEUR, *s. m.* Vainqueur.

> Et croy que si Hector, fier batailleur,
> Fort Hercules, César grand *débelleur*,
> Estoient vivans, auroient crainte et frayeur
> De tel' tempeste.

J. MAROT, *Poés.*, p. 151.

Latin, *debellator*.

> Lausus equûm domitor, *debellator*que feraru n.

VIRGIL., *AEneid.*, 7, v. 651.

DÉBORDÉMENT, *adv.* D'une manière débordée.

Si bien qu'on disoit qu'il lui avoit appris à jurer aussi *débordément* comme il faisoit, bien que M. de Sipière juroit quelquefois, mais c'étoit en cavalier.

BRANT., *Cap. fr.* t. IV, p. 6.

DÉBOUTEMENT, *s. m.* Action de repousser, de débouter.

Mais parmi tous les pesans coups que on luy donnoit et les durs *déboutemens* que on luy faisoit, il fendit la presse à force de bras.

Perceforest, vol. I, fol. 141, r°, col. 2.

Ce luy seroit un très-grand *déboutement* et déshonneur de s'en partir sans les subjuguer.

MONSTRELET, vol. II, p. 190, r°.

DÉCACHER, *v. a.* Découvrir, déceler.

> Car je ne puis son mauvais bruit cacher
> Si seurement, qu'elle ne se *descache*
> Comme inconstante.

CL. MAROT, *rond.* 66; *OEuvr.*, t. II, p. 196.

DÉCANONISER, *v. a.* Rayer du catalogue des saints.

Le troisième exemple est des miracles d'un moine qui fut quasi aussitost *décanonizé* que canonizé en la ville de Venise.

H. ÉTIENNE, *Apolog. d'Hérodote*, t. II, c. 39.

* DÉCAPITATION , *s. f.* Décolation , action de décapiter.

> *Décapitations*
> Fu à Jacques, ès marines
> De Compostelle et des marches voisines.
>
> Eust. Deschamps , *poés. mss.*, fol. 124 , col. 1.

Décapitations, vexations et autres perditions innumérables.
> Godefroy , *Annot. sur l'Hist. de Charles VI*, p. 680.

Latin barbare , *decapitatio.*
> Muratori , *Script. rer. ital.* , t. XII , col. 1081.

Italien , *decapitazione.* Le confiscazioni de' nostri beni, gli esilj , le *decapitazioni* de' nostri infelici cittadini.
> Guicciard. *stor.* 2 , 68.

DÉCAPTIVER , *v. a.* Tirer de captivité.

> Mais toy, seigneur , de qui le bras puissant
> *Décaptiva* tou peuple languissant.
>
> Joach. du Bellay , fol. 214 , v°.

DÉCASER , *v. a.* Faire sortir de sa case , déloger.

> Mors set mout tost fol acoisier,
> Mors a mout tost de son arsier
> *Descasée* l'ame dolente.
>
> *Miserere du Reclus* , str. 226.

DÉCERCLER , *v. a.* Oter les cercles , les cerceaux.

> Et ses escus tout décaupés ,
> Et ses heaulmes tous *décerclés.*
>
> *Rom. de Cléomades* , ms.

* DÉCEVABLE , *adj. des deux g.* 1° Trompeur, décevant.

Et ne mie tels tesmoignages com cil orgoillous pharisiens avoit, qui par *decivavle* pense tesmoignevet lui meismes.
> S. Bernard , *serm. fr. mss.* fol. 144.

> Moult estoient beaux et accointables ,
> Sages parliers , et *décevables.*
>
> Eust. Deschamps , *poés. mss.* fol. 482 , col. 4.

Pour ce estes faulx et *décevables*.
> CHEVAL. DE LA TOUR, *Instruct.*, fol. 14, r°, col. 1.

Les appela faulx, *décevables*.
> Chron. de S. Denys, t. I, fol. 111, v°.

2° Facile à tromper, à décevoir.

> Ilz jurent mensonges et fables
> A ceulx qu'ilz trouvent *décevables*.
>> Rom. Rose, v. 4499.

Anglais, *deceivable*. He received nothing but fair promises, which proved *deceivable*.
> HAYWARD.

Man was not only *deceivable* in his integrity; but the angels of light in all their clarity.
> BROWN.

On trouve aussi dans les anciens écrivains français les adverbes *décévablement*, *décévamment*, trompeusement.

Comme cil est nusant qui envoit launces, seetes en mort, assint est le hom que *decivablement* anuist soun ami.
> Anc. trad. de la Bible, Proverb., c. 26, v. 18.

> Font *décevablement* murdrir.
>> AL. CHARTIER, *Poés.*, p. 709.

Décevemment et faussement.
> GUILL. DE NANGIS, *Chron. franç. mss.*, ann. 1211, p. 1.

Mais ces deux mots ne me paraissent point susceptibles d'être réintégrés dans le langage moderne.

DÉCEVANCE, *s. f.* Tromperie, déception.

> Lie estoit de la *décevance*;
> Mès de ce a duel et pesance
> Que nul fors Dieu ne le convoie.
>> HUON LE ROY, *vair Palefroy*, v. 1083.

> Si font bien diverses substances,
> Sans mirouers, grant *décevances*.
>> Rom. Rose, v. 19086.

Que ceux qui aiment *décevance*.
> AL. CHARTIER, *Poés.*, p. 709.

8.

Par-tout il y a *décevance.*

CL. MAROT, *opusc.* 2; *OEuv.*, t. I, p. 170.

DÉCHARMER, *v. a.* Oter le charme, désenchanter.

Et vieillesce qui tout *descharme.*

Rom. Rose.

Qui nous dust *descharmer* de la feinte aparance
De ces ombres d'honneur qui vous vont décevant.

PHIL. DESPORTES, *Poés.*, p. 511.

DÉCHEVÊTRER, *v. a.* Débarrasser d'un lien, délier d'un engagement.

Dès-lors il est pris aux rets sans qu'il s'en puisse *déche-vestrer* tout le demeurant de sa vie.

ÉT. PASQUIER, *Rech.* l. III, c. 43.

DÉCLOTURE, *s. f.* Bris de clôture.

Qui oster ne se peuvent sans difformité ou vilaine rupture, fracture ou *desclosture.*

Nouv. Coust. génér., t. II, p. 989.

DÉCOURONNER, *v. a.* Priver de la couronne.

Theoderis fu remandés,
K'il orent congéé de France
Et *descouronné* par viltance.

PH. MOUSKES, *ms.*, p. 46.

DÉDAIGNABLE, *adj. des deux g.* Qui est à dédaigner, méprisable.

Cette fraze ordinaire de passe-temps, et de passer le temps, représente l'usage de ces prudentes gens, qui ne pensent point avoir meilleur compte de leur vie, que de la couler et eschaper, de la passer et gauchir, et autant qu'il est en eux ignorer et fuir, comme une chose de qualité ennuyeuse et *desdaignable.*

MONTAIG., *Ess.*, l. III, c. 13.

* DÉDUIT, *s. m.* Plaisir, divertissement, jouissance.

Si grans *déduis* ne si souveraine joie
N'est en cest mons con d'amer loiaument.

Anc. poët. fr., *mss. du Vatican*, n° 1490, fol. 106, v°.

Je tieng l'espoir, le desir et l'amour
A biau *déduit*, qui s'i set maintenir.

ADANS LI BOÇUS, *Poésies.*

Car un regard d'elle vault mieulx
Que d'autres les *déduys* entiers.

Rom. Rose, v. 2509.

Car luy et aucuns seigneurs d'Angleterre avoient fait venir chiens et oiseaux pour leurs *déduits*, et espreviers pour les dames.

FROISSART, *Chron.*, vol. III, c. 32.

Avez donné à nostre très-redoubtée dame maints diners et soupers et autres *desduicts*.

Jehan de Saintré, p. 638.

Voyez aussi *Reclus de Moliens, Miserere.* — *Rom. du Brut*, fol. 8, *addit.* v°, col. 2. — HUE DE TABARIE, *ordene de cheval.*, v. 391. — EUST. DESCHAMPS, *poés. mss.*, fol. 408, col. 1. — CL. MAROT, *opusc.* 1; *OEuv.*, t. I, p. 138. — ÉT. PASQUIER, *Rech.*, l. VIII, c. 13, etc.

On a dit aussi *se déduire*, se divertir, s'amuser.

Et sage hom se *déduira*,
Qui des bons dis se set *déduire*.

Rom. de Charité, str. 242.

Car si com ils s'entretenoient,
Et ensemble se *déduisoient.*

Fabl. du Cuvier.

Iseult et Mehedin allèrent au rivage de la mer, veoir le bateau que Tristan avoit fait faire pour soy *déduire*.

Rom. de Tristan.

Voyez aussi *Vies des Pères, mss.* — *Rom. de Rob. le Diable, ms.*, etc.

D'où l'adjectif *déduisant*, plaisant, agréable, divertissant.

Quand j'eu séjourné en la cité de Paumiers trois jours, (laquelle cité est moult *déduysante.*)

FROISSART, *Chron.*, l. III, c. 4.

Mais ces deux derniers mots ne me paraissent pas susceptibles d'être réintégrés dans le langage moderne.

*** DÉFALCATION**, *s. f.* Action de défalquer, déduction.

A la *défalcation* qui se fera pour rentes seigneuriales et foncières inraquitables, estimation d'icelles sera faite au denier vingt, si elles sont en argent.

Cout. général, t. I, p. 1029.

Latin barbare, *defalcatio*. Tota pecunia absque ullâ *defalcatione*.

Act. SS. april,, t. II, p, 718.

Italien, *difalcazione*. E siano dati loro senza *difalcazione*, o ritenzione alcuna.

VARCH., *benef. di Senec.*, 2 , 4.

Anglais, *defalcation*. The tea-table is set forth with its customary bill of fare and without any *defalcation*.

ADDISON.

DÉFAVORISER, *v. a.* Priver de la faveur.

Aussi aymay-je trop mieux mourir pour vous, tout *défavorisé* que je suis, que vivre avec toutes les faveurs que je pouvois en vivant recevoir d'autre dame ou damoyselle.

D. Florès de Grèce, fol. CXIIII, v°.

Il n'est des Dieux ny des hommes prisé,
Ainçois de tous fort *défavorisé*.

AMYOT, *Plut. OEuvr. Mor.* t. XVI, p. 219.

M. de Lautrec *desfavorisa* Jean-Jacques Trivulce des bonnes graces du Roy.

BRANT., *Cap. estrang.*, t. II, p. 236.

Leur constante foy que la justice vengeresse de Dieu préside aux duels, qu'elle favorise l'innocent et *défavorise* le coulpable, que c'est une preuve certaine et indubitable de la vérité, a introduit et autorisé les duels parmi les François.

SAVARON, *Trait. cont. les duels*, p. 12, 13.

Voyez aussi PASQUIER, *Lettres*, t. I, p. 432. — BASSOMPIERRE, *Mém.*, t. IV, p. 133, etc.

Espagnol, *desfavorecer*. Que aun pensarlo non deben osar, por no ser *desfavorecidos*.

SANT. TERES. *su vid.* cap. 37.

Anglais, *to disfavour*. Might not those of higher rank, and nearer access to her majesty, receive her own commands, and be countenanced or *disfavoured* according as they obey?

Swift.

DÉFECTIBILITÉ, *s. f.* Qualité de ce qui renferme le germe d'un défaut, d'un vice.

Mais procédoit du deffault ou de la *deffectibilité* qui estoit au franc arbitre de Semey.

Hist. de la Toison d'or, t. II, fol. 178, v°.

Anglais, *defectibility*. The corruption of things corruptible depends upon the intrinsecal *defectibility* of the connection or union of the parts of things corporeal.

Hall, *origine of mankind*.

DÉFENDABLE, *adj. des deux g*. Propre à défendre ou à se défendre.

Touz ceulz qu'ils trouvèrent en armes *deffendables* occistrent tous.

Joinville, *hist.*, p. 101.

On a dit aussi *défensible*, et, moins heureusement, *défensable*.

Si le deffendant est estropié de quelques membres, on doit occuper les mesmes membres *deffensibles* et aidables de l'appelant.

Oliv. de la Marche, *gage de bat.*, fol. 26, r°.

Contre l'ardeur le rendit *deffensible*.

Cl. Marot, *Métam.*, l. II; *OEuvr.* t. III, p. 72.

Mais quoi! est-il plus *deffensible*, et aussi plus loisible à une femme d'avoir eu plusieurs maris en sa vie?

Brant., *Dam. gal.*, t. II, p. 167.

Hé boine gent et *deffensable*.

Baude Fastoul d'Arras, *Cong.*, v. 673.

Le lieu n'est pas *défensable*, car la motte est de main d'homme faite, et petite.

Comines, *Mém.*, l. VII, c. 12.

Voyez aussi *Rom. du Renard*, ms. — *Cortois d'Arras*, ms.
de *S. Germ.*, fol. 84, v°, col. 1. — *Cout. général*, t. I, p. 210.
— Eust. Deschamps, *poés. mss.*, fol. 139, col 1. — Ménard,
Hist. de Bertr. Duguesclin, p. 117, etc.

Italien, *disendevole*. Abbandonarono la città forte, e *disendevole* per lungo tempo.

Matt. Villani, *stor.* 10, 78.

DÉFIGURATION, *s. f.* État de celui qui est défiguré.

Les chirurgiens ayant veues les playes ou blessures de tel
navré, afferment et déclarent le péril où il est constitué, soit
de mort, *deffiguration*, affoleure ou autre débilitation.

Cout. général, t. II, p. 1944.

Anglais, *disfiguration*, *disfigurement*. The *disfigurement*
that travel or sickness has bestowed upon him, is not thought
great by the lady of the isle.

Suckling.

DÉFLORATEUR, *s. m.* Celui qui déflore, qui ravit la fleur.

Les *déflorateurs* violentement des vierges.

Anc. Cout. de Normandie, c. 10.

DÉFLUXION, *s. f.* Action de couler, de découler, émanation.

Les Libyens, dit Hérodote, jouissent populairement d'une
rare santé, par cette coustume qu'ils ont, après que leurs
enfants ont atteint quatre ans, de leur cautérizer et brusler les
veines du chef et des temples : par où ils coupent chemin
pour leur vie à toute *défluxion* de rheume.

Montaig. *Ess.*, l. II, c. 37.

Les *défluxions* aussi qui procèdent des hommes de grande
puissance et grande authorité, comme sont les roys, ont pareille vistesse et célérité, laquelle se dilate en un moment, et
comme un feu, saisit et gaigne ce qui est voisin à l'environ.

Amyot, *Plut. OEuvr. Mor.* t. XIV, p. 359.

Ceste lumière naturelle est un esclaire et rayon de la diviuité, une *défluxion* et despendance de la loi éternelle et divine.

CHARRON, *Sag.* l. II, c. 3.

Anglais, *deflux, defluxion.* We see that taking cold moveth looseness, by contraction of the skin and outward parts, and so doth cold likewise cause rheums and *defluxions* from the head.

BACON.

DÉFORTIFIER, *v. a.* Détruire les fortifications.

L'invasion touche tous, la défense non que les riches. La mienne estoit forte selon le temps qu'elle estoit faitte : je n'y ay rien adjousté de ce costé là, et craindroy que sa force se tournast contre moy-mesme. Joint qu'un temps paisible requerra qu'on les *défortifie.*

MONTAIG., *Ess.*, l. II, c. 16.

DÉFRAYEMENT, *s. m.* Action de défrayer, remboursement des frais.

Deux cent mille escus qu'ils payèrent pour le *défrayement* dudit siège.

MONSTRELET, vol. III, p. 2.

On a dit aussi, mais moins heureusement, *défrai, défroi.*

Pour les *deffraiz* de ladite royne.

JOINVILLE, *hist.*, p. 19.

Pour leur *deffroy* n'est fourrier qui descompte.
EUST. DESCHAMPS, *poés. mss.* fol. 262, col. 4.

Afin que, par le revenu d'icelle, il eust moyen de stipendier ses soldats, et en soustenir plus aisément le *défroy* de la guerre.

ÉT. PASQUIER, *Rech.* l. III, c. 12.

DÉFRAYEUR, *s. m.* Celui qui défraye.

La lignée Antiochide remporta le prix; Aristides fut le *desfrayeur* des jeux, et Archestratus le poëte qui fit jouer ses comédies.

AMYOT, *Plut. Aristide; OEuv.*, t. III, p. 319.

DÉFRUITER (SE), *v. réfl.* Perdre ses fruits.

> C'est l'arbre qui tost se *défruite.*
>> J. DE MEUNG , *Testam. art. de foi.*

Voyez EFFRUITER, ENFRUITER.

DÉGLACER , *v. a.* Fondre la glace.

> Darde sur eux , tyrantz de liberté,
> Pour *déglacer* la fière cruauté
> Qui dans leur cœur traistrement se recèle.
>> LOYS LE CARON, *Poés.*, fol. 21 , r°.

Ce mot a été employé par quelques auteurs modernes.

> Tout mon corps se *déglace.*
>> P. CORNEILLE , *Illusion*, act. III , sc. 8.

DÉGLUTIR , *v. a.* Faire déglutition , avaler.

Le chapellain ert vestus de une cote et de linges femelles, et il portera les sendres, lesqueux le feu *déglutaunt* fist.
>> *Anc. trad. de la Bible*, *Levit.*, c. 10 , v. 6.

Ung morcel de pain ou une tasse de vin vous le povez *dé-gloutir* sans danger.
>> *Hist. de la Toison d'or*, t. II , fol. 141 , v°.

Latin du moyen âge, *degluttire*, *deglutire.*

> *Deglutire* virum , fauces implere capaces.
>> ALCIM. AVIT. l. IV, v. 364.

DÉHONTÉ , ÉE , *adj.* Qui a perdu toute honte.

Je dis que les Parthes estoient eulx-mesmes bien *deshontez* de blasmer ces livres des délices milésiennes, attendu qu'ilz ont eu plusieurs roys du sang royal des Arsacides, **nez de courtisanes ioniques et milésiennes.**
>> AMYOT , *Plut. Marcus Crassus*, c. 61 ; *OEuv.* t. V , p. 326.

Déhonté ne devait-il pas se dire aussi long-temps que honte ?
>> MARMONT. , *Élém. de Littér.; OEuv.*, t. X , p. 433.

On a dit aussi *déhonter*, v. a., dans le sens de déshonorer.

> Comment! dans un château, dont l'antiquité brille,
> Venir de guet-à-pens *deshonter* une fille !
>
> Th. Corneille, *Bar. d'Albicrac*, act. IV, sc. 7.

Mais ce verbe ne me paraît point susceptible d'être restitué au langage moderne.

Voyez Éhontément.

DÉHORTATION, *s. f.* Exhortation négative ; action d'exhorter à ne point faire une chose.

> Mais Sylla conjecturoit que c'estoit plustost une *déhortation* et divertissement d'y coucher sus jour, quand on plie dès le matin le préparatif qu'il faut pour dormir.
>
> Amyot, *Plut. prop. de tabl.*, l. VIII, *quest.* 7 ; *OEuvr.* t. XVIII, p. 407.

Latin, *dehortatio.* Comminatio *dehortationis* accessio est.

> Tertull., *Apolog.*, c. 39.

Anglais, *dehortation.* The author of this epistle, and the rest of the apostles, do every where vehemently and earnestly dehort from unbelief : did they never read these *dehortations ?*

> Ward, *on infidelity.*

Quelques écrivains modernes ont dit: *déhortatoire,* adj. des deux genres.

> Quand il (Constantin) vit la guerre civile des cervelles scholastiques allumée, il envoya le célèbre évêque Ozius, avec des lettres *déhortatoires* aux deux parties belligérantes.
>
> Volt., *Dict. Philos.* (*Arianisme*).

Latin, *dehortatorius.* Dehortatorium planè à bono omnes sciunt poetæ.

> Tertull., *Apolog.*, c. 22.

DÉLECTABILITÉ, *s. f.* Qualité de ce qui est délectable.

> Pour la grand *délectableté*
> Que j'euz de la novelleté.
>
> *Rom. Rose*, v. 700.
>
> Le veoir fait de la beauté
> Concevoir *délectableté.*
>
> Eust. Deschamps, *Poés. mss.*, fol. 544, col. 1.

Italien, *dilettabilità*. Superbia.... se è in edificj, o in mol-
titudine di case, o in grandezza, o sontuosità, o *dilettabilità*.

> Buti, *sopr. il Dante, Inf.* 9.

DÉMAÇONNER, *v. a.* Défaire un ouvrage de ma-
çonnerie, démolir.

Allèrent à la basse-cour de la Bastille Saint-Anthoine, et
demandèrent qu'on leur livrast six prisonniers qui estoient
léans, ou sinon ils assaudroient la place, et de fait commencèrent à *desmassonner* la porte.

> Monstrelet, vol. I, c. 197, fol. 270, r°.

DÉMAILLER, *v. a.* Oter, briser les mailles.

> Si li a l'auberc *desmallée*.
>
> Parton. *de Blois, ms. de S. Germain*, fol. 135, r°, col. 3.

> Obers desrompre et *desmailler*,
> Cevaus occire et détailler.
>
> Ph. Mouskes, *ms.*, p. 184.

> Thoas li ot li escu specié,
> Et li hauberc li ot *desmaillé*.
>
> Rom. *de la guerre de Troie, ms.*

DÉMÊLEMENT, *s. m.* Action de démêler.

Et partant le priez-vous de remettre le *démeslement* de
l'affaire de madame sa sœur et de monsieur le comte de Soissons à un autre, ou à une autre fois, et vous permettre d'aller
achever ce que vous aviez si bien commencé.

> Sully, *Mém.*, t. I, c. 44.

*** DÉNANTIR**, *v. a.* Dépouiller, priver.

Quant de si hault honneur je me trouve *desnanti*.

> Perceforest, vol. III, fol. 37, r°, col. 2.

DÉNICHEMENT, *s. m.* L'action de dénicher.

La conscience, comme ung *dénigement* de héronneaulx.

> Rabel., l. IV, c. 30.

DÉNOUABLE, *adj. des deux g.* Susceptible d'être
dénoué.

> Par le lien du mariaige

Non *desnouable* et plus estraint,
Qui toute franchise restraint,
Et n'en puet nulz desnouer.

Eust. Deschamps, *Poés. mss.*, fol. 495, col. 4.

DENTELETTE, *s. f.* Petite dent.

Tu m'as rendu jusques-là furieux
En baiseretz, qu'une fois ma bouchette
Laissa couler une aspre *dentelette*....

Jacq. Tahureau, *Poés.*, p. 251.

Latin, *denticulus*. Cùm infantibus tumentes gingivas *denticuli* aperire nituntur.

Pallad, l. I, tit. 28.

Espagnol, *dentezuélo*. No agúdo, sino llano como una pala, y con unos *dentezuélos* como de sierra.

Fr. L. de Gran., *Symb.* part. I, c. 14, §. 3.

DÉPAYSEMENT, *s. m.* Action de dépayser, ou de se dépayser.

Quelque *dépaysement* que fist l'esclave, il ne se pouvoit affranchir au préjudice de son maistre.

Ét. Pasquier, *Rech.*, l. IV, c. 5.

DÉPOPULATEUR, TRICE, *adj.* et *subst.* Celui qui dépeuple, qui dévaste.

Sacriléges, desrobeurs.... *dépopulateurs* de champs.
Coust. général, t. II, p. 65.

Latin, *depopulator*. Fori *depopulator*, obsessor curiæ.
Cicer., *pro domo*, c. 5.
Italien, *dispopolatore*.

Zibald. 40.

DÉPRÉDATIF, IVE, *adj.* Qui porte le caractère de la déprédation.

Sésine *déprédative*.
Britton, *Lois d'Angleterre*, fol. 140, r°.

DÉPRISONNER, *v. a.* Tirer de prison, délivrer.

Quand il le veut *desprisonner*,
Et nous bouler par sermonner.

Rom. de la Rose, v. 15867.

Desprisonner les prisonniers.

> LEFÈVRE DE S. REMY, *Hist. de Charles VII*, p. 41.

Je vous *déprisonnerai* de vostre veu.

> *Jehan de Saintré*, p. 319.

Italien, *sprigionare.*

> Per tutto questo amor non mi *sprigiona.*
>> PETRARCH., *son.* 80.

DÉPUCELAGE, *s. m.* Action de dépuceler.

Et les fils de Jacob respondirent à Sichem et à son père en boisdie, se se courroucèrent par le *despucelage* de lour serour.

> *Bibl. Histor. Genes.*, c. 34, v. 13.

Zenon parmy les lois regloit aussi les escarquillemens et les secousses du *dépucelage*.

> MONTAIG., *Ess.*, l. III, c. 5.

DÉSAFFRANCHIR, *v. a.* Révoquer l'affranchissement d'un esclave, d'un serf.

Lesdits enfants ne deviennent par là ni affranchis, ni *désaffranchis*.

> *Nouv. Cout. général*, t. I, p. 887, col. 1.

DÉSAGUERRIR, *v. a.* Désaccoutumer de la guerre, des fatigues de la guerre.

Entre les autres maux et inconvéniens qui t'adviennent pour estre *désaguerri*, il faut compter que tu te rends despisable à un chascun.

> *Prince de Machiavel*, p. 97, 98.

DÉSAIMER, *v. a.* Cesser d'aimer.

> Cil me vuet bien desnuer
> De joieuse vie,
> Qui m'enhorte à *désaimer*
> Dame si jolie.
>> ADANS LI BOÇUS, *Rec. de poët. fr. avant* 1300, *ms.* t. IV, p. 1396.

> Je me suis *desaimé ;*
> Ainsi je meur vivant sans estre aimé.
>> LOYS LE CARON, *Poésies*, fol. 12, v°.

Voyez aussi *Blason des faulses amours*, p. 244, etc.

Italien, *disamare*. L'uomo non può amare, e *disamare* a sua posta.

Boccac., *Filocop.* 6, 63.

Espagnol, *desamar*. Fuese à Constantinopla à ganarle perdón del emperadór, é que no le ficiesse mal, ni le *desamasse* por aquella razón.

Chron. gener., fol. 216.

DÉSANGOISSER, *v. a.* Délivrer d'angoisse.

> J'ai desiré ma douleur violente
> *Désangoisser* par la libre raison.

Loys le Caron, *Poés.*, fol. 21, v°.

DÉSANIMÉ, ÉE, *part. pass.* Qui a cessé d'être animé.

> Deux corps *désanimés*.

P. Corneille, *Clitand.*, act. II, sc. 2.

Italien, *disanimato*.

> Quando *disanimato* il corpo giace.

Dant. *Purgat.*, 15.

DÉSANOBLIR, *v. a.* Priver de la noblesse; faire déroger.

> Pauvreté n'est point vice et ne *desennoblit* point.

Loisel, *Instit. cout.*, l. I, tit. 1, art. 16.

DÉSAPPOINTEMENT, *s. m.* 1° Action de désappointer.

> Mais il vint à sa cognoissance que le duc de Berry très-impatiement portoit son *désappointement* dudit gouvernement.

Hist. de Charles VI, ann. 1390, p. 79.

> L'on y mesloit de la vengeance contre uns et autres grands seigneurs dont on requerroit le *désappointement*.

Ét. Pasquier, *Rech.*, l. II, c. 7.

2° Contre-temps, obstacle.

> Se aucuns de noz officiers y ont ou temps passé mis, ou se

sont efforciez de y mettre aucun empeschement ou *despoin-
tement.*

> *Confirm. des privil. de la ville de Lille par Charles V, mars* 1368; *Ordonn.
> des Rois de France*, t. V, p. 166.

Anglais, *disappointment.* If we hope for things, of which
we have not thoroughly considered the value, our *disappointment* will be greater than our pleasure in the fruition of
them.

Addisson.

DÉSASSEMBLEMENT, *s. m.* L'action de désassem-
bler, désunion.

Mais Empedocles et Epicurus, et tous ceux qui tiennent
que le monde est composé par un amas de petits corpuscules,
admettent bien des assemblemens et *désassemblemens.*

Amyot, *Plut., OEuv. Mél.,* t. XXI, p. 143.

Ce mot a été pris aussi dans le sens de *déroute,*
dispersion d'une armée.

> Ne demoura pas longuement,
> Après le *désassemblement*
> Des dessus dites ataines.
>
> Guill. Guiart, *Roy. lign. ad ann.* 1267.

Mais, sous cette dernière acception, le substantif
désassemblement ne saurait être réintégré.

DÉSASSERVIR, *v. a.* Tirer de servitude, d'escla-
vage; affranchir.

> Tout est fait pour homme servir,
> Et homme est fait pour servir dame,
> Et ne s'en peut *désasservir.*
>
> Alain Chartier, *Poés.,* p. 751.

DÉSASSIÉGER, *v. a.* Cesser d'assiéger, lever le
siège, faire lever le siège.

Quand Corbadas de Brehappe se veit *désassiégé* des François,
si fut tout resjouy : et dit, nous n'avons plus garde, pour ceste
saison.

Froissart, *Chron.,* vol. IV, c. 72.

Il le fit bien paroistre en cela, et ce coup mesme, où il *désassiégea* et désengagea monsieur le duc d'Orléans.

BRANT., *Cap. franç.*, t. I, p. 56.

En nos guerres civiles il fut un peu malheureux à Rouen qu'il assiégea premièrement, et le falut *désassiéger* quelques mois après, pour n'avoir qu'un petit camp, pour entourer et assiéger cette grande place.

ID. *ibid.*, t. III, p. 129.

On a dit aussi, mais moins heureusement, *dessiéger.*

Moult fu iriez l'empereres Baudoins, quant la novelle li fu venue, et moult s'en hasti que il iroit *dességier* Andrenople, et feroit tot le mal qu'il porroit au Marchis.

VILLEHARD., *Conq. de Constant.*, n° 153, p. 119.

> Et puis un castel *dességea*
> Que Turc orent assegiet là.

PH. MOUSKES, *ms.*, p. 513.

Voyez aussi *Perceforest*, vol. II, fol. 42, r°, col. 1. — *Le Jouvencel*, fol. 50, v°, etc., etc.

DÉSASSOCIER, *v. a.* Dissoudre l'association, désunir.

Notre esprit n'a volontiers pas assez d'autres heures à faire ses besognes, sans se *désassocier* du corps en ce peu d'espace qu'il luy faut pour sa nécessité.

MONTAIG., *Ess.* l. III, c. 13.

Latin, *dissociare.* Morum dissimilitudo *dissociat* amicitias.

CICER., *de Amicit.*, c. 20.

Anglais, *to dissociate.* In the *dissociating* action, even of the gentlest fire, upon a concrete, there perhaps vanish some active and fugitive particles, whose presence was requisite to contain the concrete under such a determinate form.

BOYLE.

DÉSAUTORISER, *v. a.* Détruire l'autorité, anéantir le crédit.

Elle faict et défaict, aucthorise et *désaucthorise* tout ce qu'il luy plaist, sans rithme, ny raison.

CHARRON, *Sag.*, l. II, c. 8.

Brunehaut jalouse de ceste belle amitié, craignant d'estre *désauthorisée* ou discréditée, fait tant par ses charmes que Thierry ne peut habiter avec sa femme.

Pasquier, *Lett.*, t. III, p. 328.

Pour essayer de vous diminuer de créance dans l'esprit du roy, vous *des-authoriser* dans les affaires, et à faire former les mal-contentemens généraux et particuliers contre vous.

Sully, *Mém.*, t. II, c. 50.

Voyez aussi Villeroy, *Mém.*, tom. I, p. 183.

Espagnol, *Desautorizar.* Assi gustamos de *desautorizarle* el esplendor y las influencias.

Hortens., *Paneg.*, fol. 314.

Anglais, *to disauthorise.* The obtrusion of such particular instances as these, are insufficient to *disauthorise* a note grounded upon the final intention of nature.

Wolton.

DÉSAVENANT, ANTE, *adj.* Désavantageux, inconvenant, indécent; qui n'a point les qualités requises.

> S'aucune gent mauparliére,
> Envieuse et mal pensant,
> Li ont de moi fait accroire
> Rien qui soit *désavenant.*

Anc. poët. fr. avant 1300, *ms.* t. IV, fol. 1467.

> Qui lui fais don *désavenant*,
> Et sui trop oultrageux, ce dit.

Rom. Rose, v. 22666.

Il eschivoit touz gieus *désavenanz*, et se retréoit de toutes deshonestez et de toutes laidures.

Le confesseur, vie de S. Louis, ch. 2, p. 301.

Lesquels jurez visiteront le pain toutes les fois qu'il leur plaira, et se il le treuvent non souffisant et *désavenant*, il le donront pour Dieu aus povres.

Lett. de Jean I ou Jean II, mai 1351; *Ord. des rois de Fr.*, t. II, p. 430.

Voyez aussi *Cout. de Beauvoisis*, etc., etc.

Italien, *disavvenente.* Chi di piacere, o di dispiacere altrui non si dà alcuno pensiero, è zotico, e scostumato, e *disavvenente.*

Della Casa, *il Galat.* 6.

DÉSAVOUABLE, *adj. des deux g.* Qui doit être désavoué.

> O Phaéton, enfant très-recevable
> De moy ton père, et non *désavouable*.
>
> CL. MAROT, *Métam.* l. II; *OEuv.*, t. III, p. 66.

DESCEINDRE, *v. a.* Oter la ceinture, ôter de la ceinture.

> Par le poing a prise la dame :
> D'une part vont en une açainte,
> Desloiée l'a et *descainte*.
>
> *Vilain de Bailluel.*

Et sont tenus eux *desceindre*, et jetter la ceinture à terre, pour démonstrer qu'ils délaissent leursdits biens.

> *Coust. général*, t. II.

Tigranes non-seulement obéit à cela, mais d'avantage *desceignit* son espée qu'il leur bailla.

> AMYOT, *Plut.*, *Pomp.*, c. 41; *OEuv.* t. VI, p. 152.

Qu'il abandonneroit le monde, quicteroit les armes, et *desceindroit* son baudrier d'armes.

> FAUCHET, *Antiq. fr.* l. VIII, c. 9; *OEuv.*, fol. 301, r°.

Voyez aussi *le Reclus de Moliens*, *Miserere*, stroph. 206. — *Lancelot du Lac*, tom. III, fol. 94, r°, col. 1. — *Jehan de Saintré*, p. 681. — COMINES, *Mém.*, l. III, c. 11, etc., etc.

Latin, *discingere.* Neque unquam aut nocte aut die, aut excalcearetur, aut *discingeretur.*

> VELLEIUS, l. II, c. 41.

Italien, *discignere.*

> Anco il *discinse*
> D'altri legami.
>
> *Ciriffo Calv.*, *poem.* l. III, p. 84.

DÉSEMBELLIR, *v. a.* Diminuer la beauté, la grâce; déparer.

La Barthe lui dit aussitôt qu'il sortît de là, et qu'il defaisoit et *désembellissoit* le rang, d'autant qu'il devoit bien sçavoir qu'il falloit bien être armé de toutes pièces.

> BRANT., *Cap. fr.*, t. IV, p. 189.

Italien, *disabbellire.* Ed è bel modo rettorico quando di fuori pare la cosa *disabbellirsi,* e dentro veramente s'abbellisce.

DANT., *Conv.* 89.

DÉSEMPAREMENT, *s. m.* Action de désemparer.

Fut grande liesse à l'ost du *désemparement* des Anglois et de leur allée.

Hist. de Loys III de Bourbon, p. 199.

Par ce *désemparement* de siege, se départit le plus de la puissance des Anglois.

Hist. de la Pucelle d'Orléans, p. 514.

Par quoy Euclides, frère de Cléomènes, voyant ce *désemparement* et ceste séparation des gens de pied des ennemis d'avec leurs gens de cheval, envoya soudain les plus légèrement armez et les plus dispos qu'il eust en ses trouppes pour charger les Esclavons par derrière.

AMYOT, *Plut.*, *Philopœm.*; *OEuv.*, tom. IV, p. 12.

DÉSENFLAMMER, *v. a.* Éteindre, diminuer la flamme, refroidir.

Jamais ils ne pourront vos cœurs *désenflammer.*

PH. DESPORTES, *OEuv.*, p. 132.

Pour les cœurs chaleureux
Désenflammer par les odeurs encloses.

LOYS LE CARON, *poés.*, fol. 24, r°.

DÉSENNUI, *s. m.* Ce qui est propre à désennuyer, à préserver de l'ennui, à divertir.

Pour son passe-temps et pour donner *désennuy* à son nepveu qui tant y prenoit de plaisir.

J. DE S. GELAIS, *Hist. de Louis XII,* p. 179.

DÉSESPÉRANCE, *s. f.* Absence d'espoir, privation d'espérance.

Cil nos seiment malvese graine.
En leur œuvre et en leur créance
Concie et croist *désespérance.*

GUIOT DE PROVINS, *Bibl.,* v. 1041.

Plaine d'angoisse et de pésance,
De duel et de *désespérance.*

Ovide, *ms.*

La quinte fut *désespérance,*
Pour mal faire fut sans doutance.

Rom. Rose, v. 984.

Voyez aussi JOINVILLE, *Hist.*, p. 111. — *Lettres de l'an* 1340; *Ordonn. des rois de France*, tom. VII, p. 544, art. 10.

Italien, *disperanza.* E a seguitare il maestro senza *disperanza* di lui sormontare.

SEN., *Pist.*

Espagnol, *desesperanza.*

Que *desesperanza* iguál,
Hasta los fechos camína.

LOP., *comed. las Batuécas,* act. I.

DÉSESTIMER, *v. a.* Cesser d'estimer, dépriser, déprécier.

Quand j'escrirois que je t'ay bien aymée,
Et que tu m'as sur tous autres aymé,
Tu n'en serois femme *désestimée,*
Tant peu me sens homme *désestimé.*

CL. MAROT, *épigr.* 130; *OEuv.* t. II, p. 287.

Les gens de guerre semblablement, qui estoient au camp à Samos, l'en *désestimèrent,* et commencèrent à parler mal de luy.

AMYOT, *Plut., Lysand.* ch. 8; *OEuv.* t. IV, p. 320.

Valerius dit que, sur sa vieillesse, il commença à *désestimer* les lettres.

MONTAIG., *Ess.,* l. II, c. 12.

Les autres la mesprisent, et *désestiment* ceulx qui en font profession.

CHARRON, *Sagesse,* l. I, c. 57.

Voyez aussi *Anc. poët. fr. ms. du Vatican,* n° 1522, fol. 158, v°, col. 1. — *L'Amant ressuscité,* p. 176. — JAC. TAHUREAU, *poés.,* p. 181, etc.

Espagnol, *desestímar.* Lo que *desestíma* la terra propria, la extrangéra estíma.

LOP., *Arcad.,* fol. 58.

Anglais, *to disesteem.* I would not be thought to *disesteem* or dissuade the study of nature.

LOCKE.

* **DÉSHONORABLE**, *adj. des deux g.* Qui fait déshonneur, qui attire du déshonneur, du mépris.

Mais est *déshonorable* en tous cas trop grandement de faire mourir un si grant baron et si gentil chevalier que li sire de Clisson.

FROISSART, vol. III, c. 66.

S'en doubte Dieu (si l'on craint Dieu) l'en fait son saulvement,
L'en ne peut rien quérir *déshonorable.*

EUST. DESCHAMPS, *poés. mss.*, fol. 207, col. 4.

Italien, *disonorevole.* Giudicasse meno *disonorevole* ritirarsi una sola volta, che fare in si breve spazio di tempo due ritirate.

GUICCIARD., *stor.* 17, 21.

Anglais, *dishonourable.*

He did *dishonourable* find
Those articles which did our state decrease.

DANIEL.

DÉSHONORABLEMENT, *adv.*

Tout homme qui prent guerre et querelle par envie, est *déshonorablement* diffamé en la fin.

Le Jouvencel, fol. 39, v°.

Italien, *disonorevolmente.* E ora con mantello rivolto *disonorevolmente* c'intendi confortare, che il nostro addomandi pace.

GUID. GIUD.

DÉSINVESTIR, DESVESTIR, *v. a.* Oter l'investiture, déposséder.

Il fault que celuy qui veult esclicher son fief par le gré de son seigneur, le rapporte du tout en la main de son dit seigneur.... et en soit du tout *desvestu* (al., *désadvestu.*)

BOUTILL., *Somm. rur.*, *édit. de Galliot Dupré*, l. I, fol. 111, r°, col. 2.

Sans autrement se *désinvestir.... * ni dépestrer de sa prise.

BRANT., *Dam. Gal.*, t. II, p. 299.

On a dit *dévest*, *désadvest*, action de désinvestir. BOUTILL.,
Somm. rur., l. I, fol. 98, 99. — ÉT. PASQUIER, *Rech.*,
l. VIII, c. 58. Mais ce mot ne me paraît point susceptible d'être réintégré dans le langage moderne.

DESSAVOURER, *v. a.* Priver de saveur.

> Je ne voil pas le don *dessavouré*
> Ke on conquiert aveques fauseté.

GAUTIER D'ARGIES, *Rec. de poët. fr. avant* 1300, *ms.* t. III, p. 1129.

Elles sont si *dessavourées*, que le morceau qu'elles vous
donnent n'a ni goût, ni saveur.

BRANT., *Dam. gal.*, t. I, p. 276.

Voyez ASSAVOURER.

DESSEMELER, *v. a.* Oter la semelle.

Il esmouchoyt une bougie sans l'extaindre, frappoyt les pies
par l'œil, *dessemeloyt* les bottes sans les endommager.

RABEL., l. IV, c. 34.

DESSERVICE, *s. m.* Mauvais service, mauvais office.

Le roy avoit desployé sa miséricorde envers une infinité de
rebelles dont il n'avoit jamais receu que des *desservices*.

PASQUIER, *Lett.*, t. II, p. 362.

Italien, *disservigio*. Da cui avranno ricevuto *disservigio*.

MORELL., *Cron.*, 274.

Espagnol, *desservicio*. Juntóse con él Juan de Monforte,
duque de Bretaña, que andaba en *desservicio* del Rey de
Francia.

MARIANA, *Hist. de Español.*, l. XVII, c. 18.

Anglais, *disservice*. We shall rather perform good offices
unto truth, than any *disservice* unto relaters who have well
deserved.

BROWN.

DÉTASSER, *v. a.* Disperser ce qui était réuni en
un tas.

> Parquoi li rois Henris passa,
> Qui les deniers en *destassa*.

PH. MOUSKES, *ms.*, p. 844

Quant Engloiz virent lever le feu contremont, si furent
moult dolens et commencèrent à *détasser* le foing pour des-
taindre ledit feu.

> MENARD, *Hist. de Bertr. Duguescl.*, p. 5o3.

DÉTISSER, *v. a.* Défaire un tissu.

> Qu'elle (Pénélope) toutes les nuits *détissoit* ses journées,
> Tandis qu'elle attendit un homme vingt années.
>
> BAÏF, *OEuv.*, fol. 62, r°.

DÉVERROUILLER, *v. a.* Oter les verroux, tirer les
verroux.

Lors alla le portier, lui quatrième sans plus, *desverouyller*
la porte.

> MENARD, *Hist. de Bert. Duguesclin*, p. 19.

DÉVÊTEMENT, *s. m.* Action de dévêtir, état de
celui qui est dévêtu.

Elles avoient donnez leurs joyaulx et leurs habits de si
grant cuer aux chevaliers, qu'elles ne se appercevoient de leur
desnuement et *dévestement*.

> *Perceforest*, vol. I, fol. 155, v°, col. 1.

Anglais, *divesture*. The *divesture* of mortality dispenses them
from those laborious and avocating duties which are here to
be performed.

> BOYLE.

DÉVIRGINER, *v. a.* Ravir la virginité.

Comme j'en alléguerois plusieurs exemples de plusieurs
dévirginées en telles enfances sans qu'elles en soient mortes.

> BRANT., *Dam. gal.*, tom. II, p. 54.

Latin, *devirginare*.

> HYGIN. *fab.* 23.

Italien, *sverginare*. Di quindici anni si lasciò *sverginare* dal
coppiere.

> DAV., *Scism. II.*

DÉVORATEUR, TRICE, *s.* Celui, celle qui dévore.

Le temps, glouton *dévorateur* de l'humaine excellence.

> BON. DESPERRIERS, *Prolog.*

Latin, *devorator.* De ipsis *devoratoribus* exactio indicitur.

Tertull., *de Resurrect. carn.*, c. 32.

Italien, *divoratore*, *divoratrice.* O *divorator* degli avari, consumati dentro coll' avarizia insaziabile.

Comment. sul Dante, *Infern.* 7.

O avarizia insaziabil fiera, *divoratrice* di tutte le cose.

Boccac., *Filocop.*, 6, 120.

Espagnol, *devoradór.* Echaba la culpa à la malignidad del tiempo, *devoradór* y consumidór de todas las cosas.

Cervant., *Quix.*, t. I, c. 9.

Anglais, *devourer.* Carp and tench do best together, all other fish being *devourers* of their spawn.

Mortimer.

DÉVOULOIR, *v. a.* et *n.* Cesser de vouloir, avoir une volonté contraire.

Ne vous, sire, n'estes merme de vostre service, et que chascun de nous cuide faire son prouffit en l'eschange, vous ne le devés *desvouloir*, ains vous doit plaire, et le devés otroier.

Ass. de Jérusal., c. 194.

> Mais amors me met en balance,
> Quar ce que plus me fait doloir,
> Me fait mon voloir *desvoloir.*

Amour et Jalousie, *ms. de S. Germain.*

> Puisque la mère Dieu le veut,
> Ne le doi mie *desvouloir.*

Anc. poët. franç., *ms. de La Clayette*, 4°, fol. 798, col. 1.

Car ce que l'un vouloit une semaine, l'autre le *dévouloit*, et si vous monstreray la raison.

Froissart, *Chron.*, vol. III, c. 95.

Je ne vouldroye ne n'oseroye *desvouloir* sa voulenté.

Perceforest, vol. VI, fol. 100, 1°, col. 2.

Voyez aussi *Anc. poët. fr. avant* 1300, *ms.* tom. IV, p. 1536. — Eust. Deschamps, *poés. mss.*, fol. 315, col. 4.

Ménage prétend que ce fut Malherbe qui introduisit

dans la langue le verbe *dévouloir*. Voy. *Observ. sur la lang. Franç.*, t. I, c. 48. Cette opinion a été adoptée par Marmontel. « *Dévouloir*, proposé par Malherbe, pour « dire cesser de vouloir, dit l'illustre auteur de Bélisaire, « n'a pas été reçu ; mais que deux ou trois bons écrivains « l'eussent adopté, il faisait fortune, et la langue y gagnait « un mot clair et précis. » MARMONT., *Elém. de Littér.*; *OEuv.*, tom. X, p. 418. Je dois observer que ce mot, comme on a pu le voir par les exemples rapportés plus haut, existait dans notre langue bien antérieurement à Malherbe.

Italien, *isvolere*. Mobili tutte, e senza alcuna stabilità sono ; in un' ora vogliono e *isvogliono* una medesima cosa ben mille volte.

BOCCAC., Laberint. d'Amore, 140.

DICACITÉ, *s. f.* Plaisanterie, raillerie piquante.

Epistre de jeu se faict par joieulx langaige, risible, faisant plaisant babil ou *dicacité*.

FABRY, art de rhétor., l. I, fol. 109, v°.

Latin, *dicacitas*. Duo genera sunt facetiarum : alterum æquabiliter in omne sermone fusum, alterum peracutum et breve : illa à veteribus cavillatio ; hæc *dicacitas* nominata est.

CICER., de Orat. II, c. 54.

Espagnol, *dicacidád*. La *dicacidád* sempre suele juntarse con risa, porque solo pretende el deléite en el ajéno dolór.

TEJAD., Leon. prodig., part. II, fol. 130.

DIFFLUER, *v. n.* Se répandre, découler de toutes parts.

Mais si on les sent un peu de loing, ce qu'il y a d'évaporation terrestre se perd et *difflue* à l'environ.

AMYOT, Plut., Prop. de table, l. I, quest. 8, t. XVIII, p. 51.

Latin, *diffluere*.

Quassatis undique vasis,
Diffluere humorem, et laticem discedere cernis.

LUCRET., de Nat. rer., l. III, v. 436.

DIGNIFIER, *v. a.* Donner de la dignité, élever en dignité, relever.

Ce que le magnanime se *dignifie* ès choses grandes, c'est quand il considère que les haultes œuvres vertueuses qu'il fait et exerce par les dons de force et de magnanimité qu'il a de Dieu.

> *Hist. de la Toison d'or*, tom. I, fol. 12.

Latin barbare, *dignificare*. Et quemcumque illorum recta ratio *dignificaverit*, dignè honore suo fruatur.

> *Capit. Carol. Calv.*, tit. 24, § 8.

Espagnol, *dignificar*. Honrandola y *dignificándola* con brazo poderoso.

> M. Agred., t. I, num. 192.

Anglais, *to dignify*.

> No turbots *dignify* my boards;
> But gudgeons, flounders, what my Thames affords.
>
> Pope.

DIGRESSEUR, *s. m.* Celui qui fait des digressions.

Mais on pourroit me reprocher que je suis un grand *digresseur*.

> Brant., *Dames gal.*, t. II, p. 97.

On a dit aussi, mais moins heureusement, *digressionnaire*.

Le discours de Palaprat sur le Grondeur, et autres, lui firent donner le nom de grand *digressionnaire*.

> Beauchamps, *Rech. des Théât.*, t. II, p. 431.

DILUVIER, *v. a.* Inonder, noyer par un déluge.

> Toute seroit *diluviée*,
> Et la gent perdue et noyée.
>
> Eust. Deschamps, *poés. mss.*, fol. 479, col. 4.

Latin, *diluviare*.

> Tantum suppeditant amnes, ultroque minantur
> Omnia *diluviare* ex alto gurgite ponti.
>
> Lucret., *de Nat. rer.*, l. V, v. 387.

DISCONVENABLE, *adj. des deux g.* Qui n'est pas convenable.

Laquelle Raoulle dist au suppliant qu'il estoit un malvais loudier, avec plusieurs autres paroles *desconvenables* et contre l'oneur dudit suppliant.

Lett. de rémiss., année 1372 ; *Trés. des Chartr.*, reg. 103, ch. 350.

Le langage que vous venez de tenir est entièrement *disconvenable* à un homme de bien et un bon naturel comme le vostre.

SULLY, *Mém.*, tom. I, c. 60.

Italien, *disconvenevole.*

Onde una voce uscio dall' altro fosso,
A parole formar *disconvenevole.*

DANT., *Infern.*, 24.

Espagnol, *desconveníble.* Que assáz semeya *desconveníble* cosa, que ahí sea recebido el siervo rebél.

Fuer. Juzg., l. V, tit. 4, ley. 18.

* **DISCORDANCE**, *s. f.* Défaut d'accord, diversité d'opinions.

Il s'en faut tant que je m'effarouche de voir de la *discordance* de mes jugemens à ceux d'autruy, et que je me rende incompatible à la société des hommes, pour estre d'autre sens et party que le mien.

MONTAIG., *Ess.*, l. II, c. 37.

Italien, *discordanza.*

Tutti cantano a una voce,
Senza nulla *discordanza.*

FR. JAC., t. III, 28, 5.

Espagnol, *discordáncia.* Y aqui hallamos otra de aquellas *discordáncias* de autóres, que occurren con frequente infelicidád en estas narraciones.

SOLIS, *Histor. de Nuev. Españ.*, l. IV, c. 8.

DISSENTIEUX, EUSE, *adj.* Qui engendre le trouble, les dissensions.

Pour ne guérir le cerveau au préjudice de l'estomach, et

empirent le cerveau par ces drogues tumultuaires et *dissen-
tieuses.*

Montaig., *Ess.*, l. ii, c. 37.

Anglais, *dissentious.*

You *dissentious* rogues,
That rubbing the poor itch of your opinion,
Make yourselves scabs.

Shakespear.

DISSENTIR, *v. a.* et *n.* Différer de sentiment, d'opinion, refuser son consentement.

Afin qu'il vienne consentir ou *dissentir* le retrait.

Ét. Pasquier, *Rech.*, l. VIII, c. 58.

Latin, *dissentire.* Quem Aristoteles ut optimum probat, à quo *dissentio.*

Cicer., *de Orat.*, cap. 63, *ad fin.*

Italien, *dissentire.* Dalla loro parte espressamente *dissenti-rono*, e ricusarono che così non si facesse.

Guid. Giud.

Espagnol, *dissentir.* Por haver mudado de dictámen el obispo Juan, *dissentiendo* lo mismo que al principio aprobó por sus legados.

Mond., *dissert.* 4, cap. 2, num. 27.

Anglais, *to dissent.* There are many opinions in which mul-titudes of men *dissent* from us, who are as good and wise as ourselves.

Addison.

Dissentiment, *s. m.* Différence d'opinion, refus de consentir à une chose.

La vengeance divine présuppose nostre *dissentiment* entier pour la justice.

Montaig., *Ess.*, l. ii, c. 12.

Espagnol, *dissentimiento.* Contradixolo el condestable de Castilla, don Iñigo de Velasco, haciendo algunos protestos y otros actos de *dissentimiento.*

Argens., *Annal.*, l. I, c. 14.

Anglais , *dissent*. What could be the reason of this general *dissent* from the notion of the resurrection, seeing that almost all of them did believe the immortality of the soul?

BENTLEY , Sermons.

DISSIMILITUDE , *s. f.* Dissemblance.

Mais Crantor estimant que le propre de l'ame estoit juger les choses intelligibles et les sensibles, les similitudes et *dissimilitudes* qu'elles ont, tant en elles mesmes, que les unes envers les autres, dit que l'ame est composée de tout, afin qu'elle puisse juger de tout.

AMYOT, Plut. OEuv. Mél, t. XIX, p. 301.

La *dissimilitude* s'ingère d'elle-mesme en nos ouvrages, nul art peut arriver à la similitude.

MONTAIG., Ess., l. III, c. 13.

Latin , *dissimilitudo*. Incredibilis varietas et *dissimilitudo*.

CICER., de divin., l. II, c. 46.

Italien , *dissimilitudine*. A conservazion di quella una proporzione essere intra loro, che la *dissimilitudine* à similitudine quasi riduca.

DANT., Conv., 39.

Espagnol , *dissimilitúd*. Y si entre estos dos vestidos huviere *dissimilitúd*, ha de usar del público, y sobreseer en el privado.

BOBAD. , Polit., l. I, c. 5 , num. 31.

Anglais , *dissimilitude*. The *dissimilitude* between the divinity and images, shews that images are not a suitable means whereby to worship god.

STILLINGFLEET.

DISSOCIATION , *s. f.* Rupture d'une association, dissolution d'une société.

J'ay volontiers évité de n'avoir mes affaires confus, et n'ay cherché que mes biens fussent contigus à mes proches, et ceux à qui j'ay à me joindre d'une estroite amitié : d'où naissent ordinairement matières d'aliénation et *dissociation*.

MONTAIG. , Ess., l. III , c. 10.

Latin, *dissociatio*. Est quædam privatim *dissociatio* corporum : et inter se steriles, ubi cum aliis junxere, gignunt, sicut Augustus et Livia.

PLIN., l. VII, c. 13.

DIVERTISSEUR, *s. m.* Celui qui divertit, qui détourne.

Mais si elle est une fois enracinée, fuyez vous en aux autels des dieux, sauveurs et *divertisseurs* des maulx, comme dit Platon ; c'est-à-dire, retirez-vous et ayez recours au conseil des sages hommes.

AMYOT, *Plut. OEuv. mél.*, t. XIX, p. 385.

Anglais, *diverter*. Angling was, after tedious study, a rest to his mind, a cheerer of his spirits, and a *diverter* of sadness.

WALTON.

DIVINATEUR, TRICE, *adj.* Qui a rapport à la divination.

Laisse-moy l'astrologie *divinatrice* et l'art de Tullius, comme abus et vanitez.

RABEL., l. II, c. 8.

Jugeant que c'estoit le soleil qui imprimoit ceste température et ceste disposition en la terre, de laquelle sourdoit ceste exhalation *divinatrice*.

AMYOT, *Plut. OEuv. Mor.*, t. V, p. 411.

Il (Julien l'apostat) estoit aussi embabouyné de la science *divinatrice*, et donnoit authorité à toute façon de prognostics.

MONTAIG., *Ess.*, l. II, c. 19.

Latin, *divinator, trix*. Præsidia *divinatricum* artium et disciplinarum.

TERTULL., *de anim.*, c. 46.

DIVORCER, *v. a.* SE DIVORCER. *v. réfl.* Dissoudre le mariage.

Dont le mariage seroit *divorcé*.

BOUTILLIER, *Somme Rur.*, tit. 45, p. 327.

Vous avez mis en butte Cicéron, comme s'il estoit à louer de s'estre *divorcé* d'avec sa femme Terentia.

CHOLIÈRES, *Contes*, fol. 193, v°.

Espagnol, *divorciar*, *divorciarse*. Sino tambien con las diligencias y discórdias de las dos reinas de Leon *divorciadas*.

ABARC., *Ann. Rey D. Jaime el conquistadór*, c. 2, num. 14.

DIVULSION, *s. f.* Action d'arracher, de séparer avec violence.

Alors par sa subtilité et légéreté, la rupture fait le bruit; et la *divulsion*, à cause de la noirceur de la nuée, cause la lumière.

AMYOT, *Plut.*, *OEuvr. mesl.*, t. XXI, p. 174.

Ce n'est pas altération en la masse entière et solide, mais sa dissipation et *divulsion*.

MONTAIG., *Ess.*, l. III, c. 9.

Latin, *divulsio*. Quòd desperem in istius modi copulâ *divulsionem*.

HIERONYM., *Epist.* 47 *ad matr. et fil.*

Anglais, *divulsion*. Aristotle, in his ethicks, takes up the conceit of the beaver, and the *divulsion* of his testicles.

BROWN, *vulgar errours.*

DODELINER, *v. n.* Remuer doucement, imprimer un léger mouvement d'oscillation.

Auquel son il s'esgayoit, il tressailloit et luy-mesme se bersoit en *dodelinant* de la teste.

RABELAIS, l. I, c. 7.

Italien, *dondolare*, *dondolarsi*. Accennò à un suo famiglio, che *dondolasse* la gabbia, e nientedimeno la sostenesse.

FRANC. SACCH., *Nov.* 6.

E stando tutto l'anno à *dondolarsi*,
Sempre ci gridi, e dica villanía.

BRONZ., *Rim. burl.*, 48.

DOGMATISME, *s. m.* Ensemble des dogmes, des principes de la philosophie dogmatique.

Qu'iray-je choisir? Ce qu'il vous plaira, pourvu que vous

choisissiez. Voilà une sotte response, à laquelle il semble pourtant que tout le *dogmatisme* arrive.

Montaig. , *Ess.*, l. II, c. 12.

DOROPHAGE, *adj. des deux g.* Qui vit de présens.

Les gens *dorophages*, avalleurs de frimats, ont au cul passions assez, et assez sacs au crocq pour venaison.

Rabel., l. III, *Prolog.*

* **DOSER**, *v. a.* et *n.* Proportionner la dose. — exercer la médecine.

On parle de Thadée, médecin florentin, lequel estant appelé par aucuns princes italiens, n'eût pas *dosé* à moins de 5o écus par jour.

Cholières, *Contes*, fol. 49, v°.

Anglais, *to dose.* Plants seldom used in medicine, being esteemed poisonous, if corrected and exactly *dosed*, may prove powerful medicines.

Derham.

* **DOTATION**, *s. f.* Action de doter; somme constituée à titre de dot ou de donation.

Pour ce qui est du corps, il fut conduit et mené en sépulture à Loches fort honorablement, dans l'église collégiale de Nostre-Dame où elle avoit fait plusieurs belles fondations et *dotations.*

Hist. de Charles VII, attribuée à Alain ou à J. Chartier, p. 192.

Latin barbare, *dotatio.* Ad cujus capellaniæ *dotationem* et fundationem, idem dominus Johannes plures redditus, terras, prata et bona, etc.

Chart. Episcop. Camerac. ann. 1367, *in Chron. Bonæ spei*, p. 326.

Espagnol, *dotación.* En la forma que en estos réinos lo hacen y pueden hacer los otros monastérios de fundación y *dotación* real.

Recopil. de Ind., l. I, tit. 3, ley 6.

* **DOUCETTEMENT**, *adv.* D'une manière doucette.

Au jour propre, le père sainct leur bailla une boyte en

garde dedans laquelle il avoit faict mettre une petite linotte, les priant *doucettement* qu'elles la serrassent en quelque lieu seur et secret.

Rabel. , l. III, c. 33.

DUALITÉ, *s. f.* Qualité du nombre binaire.

Il est certain que des deux premiers suprêmes principes, j'entends l'unité, et le binaire ou la *dualité*.

Amyot, *Plut.*, *OEuv. mor.*, tom. XVII, p. 396.

DUBITATEUR, TRICE, *adj.* Qui doute, qui hésite.

Au demeurant, les uns ont estimé Plato dogmatiste, les autres *dubitateur;* les autres en certaines choses l'un, et en certaines choses l'autre.

Montaig., *Ess.*, l. II, c. 12.

Il est peu de choses que cet autheur-là (Plutarque) establisse d'une façon de parler si résolue qu'il fait cette-cy : maintenant par-tout ailleurs une manière *dubitatrice* et ambiguë.

Id., *ibid.*, c. 12.

Latin, *dubitator*. Negatores et *dubitatores* resurrectionis.

Tertullian., *advers. Hæret.*, c. 33.

* DUBITATION, *s. f.* Doute, hésitation.

La *dubitation* et ignorance de ceux qui se meslent d'expliquer les ressorts de nature et ses internes progrez, et tant de faux pronostiques de leur art, nous doit faire cognoistre qu'elle a ses moyens infiniment incognus.

Montaig., *Ess.*, l. III, c. 13.

Latin, *dubitatio*. Qui timor? Quæ *dubitatio ?* Quanta hæsitatio, tractusque verborum ?

Cicer. , *de Orat.*, II, c. 50.

Italien, *dubitazione*. La qual *dubitazione*, o per presunzione, o per alcuno atto, che Alessandro facesse, subitamente l'abbate conobbe.

Boccac., *Nov.* 13, 17.

Anglais, *dubitation. Dubitation* may be called a negative perception ; that is, when I perceive that what I see is not what I would see.

Grew.

APPENDICE.

❖

D.

Damoiselet, **ette**, *adj.* Qui a les manières d'un damoiseau, d'une demoiselle, qui a rapport à un damoiseau, à une demoiselle. Joach. du Bellay, *OEuv.*, p. 466, v°. — Loys le Caron, *OEuv.*, fol. 45, v°.

Déambuler, *v. n.* et *a.* Se promener çà et là, parcourir de tous côtés. *Pénit. d'Adam*, *ms.*, c. 6.

Décadent, **ente**, *adj.* Qui tombe en décadence. Brantome, *Dam. gal.*, t. III, p. 422.

Décaver, *v. a.* Tirer d'une cavité. Eust. Deschamps, *poés. mss.*, fol. 103, col. 4.

Décempédal, **ale**, *adj.* Qui indique une mesure de dix pieds. Rabel., l. IV, ch. 64.

Décepteur, **trice**, *adj.* et *subst.* Trompeur. Cl. Marot, *ps.* 5, *OEuv.*, t. III, p. 253. — On a dit aussi *déceveur*, *eresse*, S. Bernard, *serm. fr. mss.*, fol. 52. — S. Greg., *Dial.*, l. IV, c. 50. — M. Pierre de Molins, *Rec. de poët. fr. mss. avant* 1300, tom. III, p. 1161. — *Anc. écriv. fr.*, ms. de La Clayette, fol. 498, v°, col. 1. — *Rom. Rose*, v. 6385. — *Cléomades*, *ms.* — Eust. Deschamps, *poés. mss.*, fol. 216, col. 4. — Id., *ibid.*, fol. 255, col. 3. — Al. Chartier, *Espér.*, *OEuv.*, p. 277. — Latin, *decepter*, *deceptrix*. — Anglais, *deceiver*, Shaksp.

10.

DÉCEPTIF , IVE, *adj.* Propre à décevoir, à tromper. *Lett. de rémiss.*, ann. 1404; *Trés. des Chart.*, reg. 159, ch. 249.—Cl. Marot, *Héro et Léandre, OEuv.*, tom. III, p. 127.—Sully, *Mém.*, tom. I, c. 54.

DÉCEPTIVEMENT , *adv.* D'une manière décevante, frauduleusement. *Lett. de l'an* 1401 ; *Trés. des Chart.*, reg. 156, ch. 67.

DÉCERVELER, *v. a.* Faire sauter la cervelle. Froiss., *Chron.*, l. II, p. 224.—*Chron. de S. Denis*, tom. I, fol. 3o.—Italien, *dicervellare*, Senec., *Pist.* Voyez Écerveler.

DÉCHARPIR , *v. a.* Séparer avec effort, déchirer, arracher. *Perceforest*, vol. I, fol. 153 , r°, col. 2. —*Pélerin d'Amour*, tom. I, p. 138. — Al. Chartier, *Quadril. invect.*, p. 408. — Remy Belleau, *poés.*, tom. I, p. 11, v°.—Latin, *discerpere*, Lucret., l. II, v. 828.

DÉCHAFAUDER, *v. a.* Oter un échafaud. *Lett. de rémiss.*, ann. 1476; *Trés. des Chart.*, reg. 195, ch. 1583.

DÉCHÉABLE , *adj. des deux g.* Sujet à déchoir. Eust. Deschamps, *poés. mss.*, fol. 321 , col. 1.

DÉCONFÈS, ESSE, *adj.* Sans confession, intestat. Gautier de Coinsi, *Mir. de N. D.*, l. I, c. 6. — *Enseignement de S. Louis*, ann. 1270, ch. 89 ; *Ordonn. des rois de Fr.*, tom. I, p. 178.—*Blanchandin, ms. de S. Germain*, fol. 191, v°, col. 3.

DÉCORPORÉ, ÉE, *part. pass.* Démembré. Boutillier, *Somme Rurale*, tit. 80, p. 473.

* DÉCOUVREUR, *s. m.* Celui qui va à la découverte. *Perceforest*, vol. III, fol. 46, v°, col. 1.—*Le Jouvencel*, fol. 56, r°.—Guil. Guiart, *ad ann.* 1269. — Italien, *discopritore*, Firenz., *Discors.*, ann. 40.—Anglais, *discoverer*, Addison, *Spectator;* Shakspeare. — Je n'ai point

cru devoir placer ce mot dans mon vocabulaire, quoiqu'il se trouve dans le *Dictionnaire de l'Académie*, Édit. de Smits, 1798.

DÉCRÉTALISTE, *s. m.* Jurisconsulte expert dans la connaissance des décrétales. Eust. Deschamps. *poés. mss.*, fol. 526, col. 1. — Rabel., l. IV, c. 52. — Italien, *decretalista*, Buti, *sul Dante*.—Espagnol, *decretalista*, Navar., *Man.*, cap. 24, num. 17.

DÉCRÉTISTE, *s. m.* Légiste, Jurisconsulte expert dans la connaissance des décrets ecclésiastiques. Gautier de Coinsi, *Mir. de N. D.*, l. II, c. 12. — Latin barbare, *decretista*, Otto de S. Blasio, cap. 47. — Espagnol, *decretista*, Navarr., *Man.*, cap. 24, num. 17. — Anglais, *decretist*, Ayliffe, *Parerg.*

DÉFERMER, *v. a.* Ouvrir ce qui était fermé. Marie de France, *Lai de Graelent*, v. 359. — *Aucassin et Nicolette, Fabl. Méon.*, tom. 1, p. 393. — *Castoiement, cont. X*, v. 29. — *Lett. de rémiss.*, ann. 1388; *Trés. des Chart.*, reg. 132, ch. 172. — *Rom. Rose*, v. 588. — Froissart, *Chron.*, vol. I, c. 56. — *Lancelot du Lac*, tom. III, fol. 10, r°, col. 1. — Comines, *Mém.*, l. II, c. 13. — Cl. Marot, *Opusc.* 1, *OEuv.*, t. I, p. 127. — Phil. Desportes, *poés.*, p. 517.

DÉFLUER, *v. n.* Découler, avoir une issue. — *Chart. de l'an* 1326; *Chartul. de S. Magloire de Paris*, ch. 275.

DÉFORTUNE, *s. f.* Cessation de fortune. Martial d'Auvergne, *Arest. amor.*, p. 201. — Jeh. d'Auton, *Ann. de Louis XII, ms.*, fol. 139, v°. — Amyot, *Plut., Timol., OEuv.*, tom. III, p. 114. — Montaig., *Ess.*, l. II, c. 34. — Brant., *Cap. estr.* tom. I, p. 81.

DÉFOUIR, *v. a.* Tirer de la terre ce qu'on y avait

enfoui. Phil. Mouskes, *ms.*, p. 55.—Froissart, *Chron.*, l. III, p. 160. — Eust. Deschamps, *poés. mss.*, fol. 517, col. 3.—*Lett. de rémiss.*, ann. 1413; *Trés. des Chart.*, reg. 171, ch. 289. — Latin, *exfodio, effodio*, Cæsar, *de Bello civil.*, l. III, c. 42.—Plin., l. XXXVI, c. 22.

DÉFUBLER, *v. a.* Oter les attaches, détacher quelque partie du vêtement, dépouiller, découvrir. Monjot de Paris, *Poët. fr. avant* 1300, *ms.*, tom. II, p. 637. — Hues de S. Quentin, *ibid.*, tom. III, p. 1253.—Cortois d'Arras, v. 312. — *Vieille Truande*, v. 224. — Eust. Deschamps, *poés. mss.*, fol. 213, col. 1. — *Partonopex de Blois*, *ms. de S. Germain*, fol. 139, r°, col. 1. — Oliv. de la Marche, l. I, p. 329. — Straparole, *Nuits*, tom. II, p. 277.—Rabel, l. V, c. 46.—Montaig., *Ess.*, l. II, c. 12.— Latin barbare, *defibulare*, Hugo de Cleric., *de Senescall. Franc.* Voy. Désaffubler.

DÉGOISEMENT, *s. m.* Action de dégoiser, chant, gazouillement. *Don Florès de Grèce*, fol. cxv, v°.— Baron d'Oppède, *Triomphes de Pétrarque*, fol. 48, v°.

DÉIFIQUE, *adj. des deux g.* Rendu divin. Cl. Marot, *Ballad.* 15, *OEuv.*, tom. II, p. 30.—Rabel., l. III, c. 1.—Latin, *deificus*, Tertull., *Apologet.*, c. 11.— Italien, *deifico*, *Comm. sul Dante*, *Parad.*, 27.— Espagnol, *deifico*, Alcaz., *Vida de S. Julian*, l. II, c. 10.

DÉLIEMENT, *s. m.* Action de délier, état de ce qui est délié. S. Greg., *Dial.*, l. IV, c. 26.—Amyot, *Plut.*, *œuv. mor.*, tom. I, p. 394.

DÉLOUER, *v. a.* Désapprouver, blâmer, dissuader. H. d'Andely, *Lai d'Aristote*, v. 139. — Joinville, *Hist.*, p. 49. — *Vies des Hermites.*—*Anc. écriv. fr.*, *ms. de la Clayette*, in-4°, fol. 413, col. 2.—Ph. Mouskes, *ms.*, p. 345. — *Confesseur*, *Vie de S. Louis*, c. 3. — *Mir.*

de S. Louis, c. 46. — Nangis, *ann.*, p. 220. — *Cout. de Beauvoisis.* — Eust. Deschamps, *poés. mss.*, fol. 817, col. 4. — Monstrelet, vol. I, c. 14. — *Chron. de S. Denis*, tom. I, fol. 254. — Jeh. d'Auton, *Ann. de Louis XII*, p. 252. — *Lancelot du Lac*, t. III, fol. 31, r°, col. 2. — D'où le substantif *délouement*, désapprobation, blâme. *Chron. de S. Denis*, tom. I, p. 314. — Ménard, *Hist. de Bertr. Duguesclin*, p. 283.

DÉMARIAGE, *s. m.* Dissolution du mariage. Sully. *Mém.*, tom. I, c. 92.

DÉMENANCE, *s. f.* Conduite. *Doctr. de courtoisie.*

DÉMESURE, *s. f.* Excès, défaut de mesure. Thiebaut de Blason, *Rec. de poët. franç. avant* 1300, *ms.* t. I, p. 28. — *Bible du seigneur de Berzé*, v. 695. — Alain Chartier, *Espér.*, *OEuv.*, p. 353. — A Démesure, locut. adverb. *L'escureul*, v. 12. — *La Grue*, v. 4. — *Rom. Rose*, v. 1896. — *Rom. du Brut*, fol. 102, r°, col. 1. — *Quinze joies du mariage*, p. 123. — Italien, *dismisura*, Dant., *Purgat.*, 22. — On a dit aussi Démesurance, *s. f.* S. Bernard, *Serm. fr. mss.* — Italien, *smisuranza*, *Dial. S. Greg.*

DEMEURANCE, *s. f.* Action de demeurer, retardement, demeure. Huon le Roi, *vair palefroy*, v. 496. Cl. Marot, *Opusc.* 1, *OEuv.*, tom. I, p. 131, 132. — Amyot, *Plut.*, *Epît. dédic.*, *OEuv.*, tom. I, p. xviij. — On a dit aussi Demeurée, *s. f.* Joinville, *Hist.*, p. 88. — Cl. Marot, *Elég.* 3, *OEuv.*, tom. I, p. 290. — Demeurement, *s. m. Rom. du Brut*, fol. 70, r°, col. 1.

DEMI-VOYELLE, *s. f.* Consonne dont le nom grammatical commence par une voyelle. Eust. Deschamps, *ms.*, fol. 396, col. 2.

DÉMOISIR, *v. a.* Oter, enlever la moisissure. *Cont. de la Royne de Navarre*, tom. II, p. 175.

DÉPAREIL , EILLE , *adj.* Qui n'est point pareil , dissemblable , différent. Froissart, *poés. mss.*, p. 113, col. 2. — *Chron. de S. Denis*, tom. III, fol. 13. — Eust. Deschamps, *poés. mss.*, fol. 497, col. 3. — *Tragédie de la Vengeance de J. C.* — Latin , *dispar* , Cicer. , *de amicit.*, c. 20. — Italien , *dispare* , Dant. , *Purgat.*, 13. — Espagnol, *dispar*, Ercill., *Arauc.*, cant. 6 , oct. 29. — Voyez Dispareil.

DÉPITEUSEMENT , *adv.* Avec dépit. *Rom. Rose*, v. 2972. — *Lett. de rémiss.*, ann. 1389; *Trés. des Chart.*, reg. 137, ch. 77. — *Perceforest*, vol. V, fol. 11 , r°, col. 1. — Des Accords (*Et. Tabourot*) , *Touches* , p. 57. — Montaig., *Ess.*, l. III, c. 9.

DÉPLAISAMMENT , *adv.* D'une manière déplaisante. Math. de Coucy , *Hist. de Charles VII*, p. 702.

DÉPRESSER , *v. a.* Tirer de presse. Oliv. de la Marche, *Mém.*, l. I, p. 283. — Ménard , *Hist. de Bertr. Duguesclin* , p. 254. — On a dit aussi, mais moins heureusement, Désempresser , Jehan d'Auton , *Ann. de Louis XII*, *ms.*, fol. 46, v°.

DÉPRISABLE , *adj. des deux g.* Qui mérite d'être déprisé. Al. Chartier, *Espér.*, *OEuv.*, p. 286.

DÉPRISEMENT, *s. m.* L'action de dépriser. Rabel., l. I, *Prolog.* — On a dit aussi, mais moins heureusement, Dépris. Cl. Marot.

DÉPROUVER , *v. a.* Détruire une preuve. Beaumanoir , c. 39.

DÉROBEUR , *s. m.* Celui qui dérobe. *Contin. de l'Hist. de la guerre sacrée de Guill. de Tyr.*

DÉSACCOINTER , *v. a.* Séparer, rompre l'accointance. Gautier de Coinsi , *Hist. de Sainte Léocade*, *ms.*

de S. Germain, fol. 33, col. 1.— J. Bodel d'Arras Congié,
v. 430. — Villehard., *Conq. de Constant.*, § 108.— Al.
Chartier, *poés.*, p. 690.

DÉSACCOMPAGNER, *v. a.* Séparer, désunir, priver.
Anc. poët. franç., ms. *du Vatican*, n° 1490, fol. 122, r°.
— Italien, *scompagnare*, Petrarc., *son.* 140.

DÉSACCORD , *s. m.* Faux accord , discordance.
Montaig., *Ess.*, l. III, c. 8.

DÉSACCOUTRER, *v. a.* Priver d'ornemens, désha-
biller. *Perceforest*, vol. V, fol. 28 , r°, col. 1.

DÉSAFFUBLER , *v. a.* Détacher quelque partie du
vêtement , dépouiller , découvrir. *Rom. de Rob. le
Diable*, ms.— *Rom. de Garin*, ms.— Voy. Défubler.

DÉSAIGRIR, *v. a.* Diminuer l'aigreur, l'angoisse,
adoucir. Joach. Dubellay, p. 83, v°.— L'usage de ce
mot a été reproché à Dubellay. Voy. *Quintil. censeur*,
p. 222.

DÉSALLAITER, *v. a.* Sevrer. *Anc. trad. de la Bible*,
Genès., c. 21, v. 8.

DÉSALLIER, *v. a.* Désunir, détacher d'une alliance.
Printems d'Yver, fol. 162, r°.

DÉSAMOUR, *s. m.* Cessation d'amour. *Nature d'amour*,
fol. 306. — Italien, *disamore*, *Rim. antich.* — Espagnol,
desamor, Colmen., *Hist. Segob.*, c. 45, § 8. — Désa-
mouré, ée, *adj.* Qui n'a plus d'amour, qui n'a pas
d'amour. *Rec. de poët. fr. avant* 1300, *ms.*— Molière a
dit *désenamouré*, *Dépit Amour.*, act. I, sc. 4.— Italien,
disamorato, Dante, *rim.* 40.— Espagnol, *desamorado*,
Fonsec., *Amor de Dios*, part. I, c. 21.

DÉSASSOTER , *v. a.* Désinfatuer. *Rom. Rose* ,
v. 10772, *al.* 10457.

DÉSATOURNER, *v. a.* Priver d'atours, d'ornemens. *Rom. du Rou, ms.*, p. 233. — *Rom. Rose*, v. 19349. — Eust. Deschamps, *poés. mss.*, fol. 462, col. 4.

DÉSAVANTAGER, *v. a.* Faire perdre les avantages, nuire. Ét. Pasquier, *Rech.*, l. I, c. 7. — Italien, *disavantaggiare*, Morell., *Cron.* 255. — Anglais, *to disadvantage*, *Decay of Piety*.

DÉSEMBRASSER, *v. a.* Cesser d'embrasser, d'étreindre avec les bras. *Fabl. mss.*, p. 329.

DÉSEMONDRE, *v. a.* Revenir sur une invitation, congédier, licencier. Guill. de Nangis, *Chron. fr. ms.*, ann. 1339.

DÉSEMPÊCHER, *v. a.* Détruire l'empêchement, débarrasser. *Lett. de l'an* 1389 ; *Trés. des Chartr.*, reg. 138, c. 284. — *D. Florès de Grèce*, fol. clij, v°. — Olivier de la Marche, *Mém.*, l. I, p. 318.

DÉSENDORMIR, *v. a.* Réveiller. *Perceforest*, v. III, fol. 82, r°, col. 1. — J. Baïf, *OEuv.*, p. 28, v°.

DÉSENSEIGNER, *v. a.* Faire désapprendre. *Anc. poët. fr.*, *ms. du Vatican*, n° 1490, fol. 112, r°. — *Prov. du comte de Bretagne*, *ms. de S. Germain*, fol. 114, v°, col. 2.

DÉSÉTOUPER, *v. a.* Oter l'étoupe, déboucher. *Anc. Noels.* — *Nuits de Straparolle*, tom. II, p. 282.

DÉSÉTOURDIR, *v. a.* Faire revenir d'un étourdissement. *Lancelot du Lac*, tom. II, fol. 10, r°, col. 1.

DÉSHABILITER, *v. a.* Rendre inhabile. *Lett. de l'an* 1388; *Arrêts du parlem. de Paris*, tom. VIII.

DÉSOCTROYER, *v. a.* Révoquer un octroi, un don,

úne permission, une licence. *Assises de Jérus.*, c. 95.
— *Rom. Rose*, v. 4605.

DESSAISINE, *s. f. Terme de jurisprudence.* Dépossession d'un fonds, d'un héritage, en vertu de l'acte
qui en est donné par le seigneur dont l'héritage relève.
Beaumanoir, p. 167. — Godefroy, *Rem. sur l'Hist. de
Charles VII*, p. 820. — On a dit aussi Dessaisie, dans
le sens de dépossession, Beroalde de Verville, *Moy.
de parvenir*, p. 83.

DESSOUVENIR, *v. a.* Perdre le souvenir, oublier.
Anc. poët. fr., *ms. du Vatican*, n° 1490, fol. 63, v°.

DÉTENUE , *s. f.* Action de retenir. *Chron. de
S. Denis*, fol. 199.

DÉTOURNEMENT, *s. m.* Action de détourner, de
se détourner. Amyot, *Plut.*, *OEuv. Mesl.*, tom. XXII,
p. 258. — Charron, *Sag.*, l. III, c. 29.

DÉVERGONDEMENT, *s. m.* Action et manières d'un
dévergondé. Sévigné, *édit. de Blaise*, *lett.* 618, t. V,
p. 266. — Italien, *svergognamento*, Brunetto Lat. .
Tesor., 7, 82. — Espagnol, *desvergonzamiento*, *Chron.
gener.*, fol. 106.

DIAIRE, *s. m.* Journal, éphémérides. Duverdier,
Biblioth., p. 178. — Lacroix du Maine, *Biblioth.*, p. 57.
— Bouchet, *Serées*, l. III, p. 241. — Latin, *Diarium*,
Sempron. Asell. apud Gell., l. V, c. 18. — Italien,
diario, Buonar., *Fiera*, 5, 4, 3. — Espagnol, *diario*,
Oval., *Hist. Chil.*, l. VIII, c. 22. — Anglais, *diary*, Bacon.

DIASTOLIQUE, *adj. des deux g.*, qui appartient à
la diastole. Rabel., l. III , c. 4.

DIFFAME, *s. f.* Infamie, opprobre. Al. Chartier,

poés., *OEuv.*, p. 790. — Monstrelet, *Chron.*, vol. I, c. 173.—Comines, *Mém.*, l. V, c. 18.—Clém. Marot, *rond.* 46, *OEuv.*, tom. II, p. 175.

DILATION, *s. f.* Délai, retardement. *Chart. de l'an* 1332 ; voy. *Chartul. de Pontoise.* — *Repues franch. à la suite de Villon*, p. 41.—Amyot, *Plut.*, *Ant.* c. 71 ; *OEuv.*, tom. VIII, p. 356. — Cl. Fauchet, *Antiq. franç.*, l. VII, c. 11 ; *OEuv.*, fol. 264, r°.—Latin, *dilatio*, Cicer., *Phil. III*, c. 11. — Italien, *dilazione*, Boccac., *nov.* 98, 52. — Espagnol, *dilacion*, *Recopil.*, l. II, tit. 17, ley 9.

DILATOIREMENT, *adv.* En employant des moyens dilatoires. *Lett. de l'an* 1358 ; *Ordonn. des rois de Fr.*, tom. III, p. 658, art. 7.

DISGRÉGER, *v. a.* Désunir, diviser, séparer. Rabel., l. I, c. 10. — Amyot, *prop. de table*, l. VI, quest. 2, *OEuv.*, tom. XVIII, p. 271. — Latin, *disgregare*, Mart. Capella, l. III, p. 71. — Italien, *disgregare*, Fir., *as.*, 271. — Espagnol, *disgrégar*, Alex. Venegas, *difer. de libr.*, l. II, cap. 31.

DISPAREIL, EILLE, *adj.* Qui n'est point pareil ; dissemblable, différent. Montaig., *Ess.*, l. II, c. 34. — Charron, *Sagesse*, l. I, c. 8. — Latin, *disparilis*, Cicer., *de divinat.*, l. I, c. 36.—Voy. Dépareil.

DISSOCIABLE, *adj. des deux g.* Qui n'est pas sociable. Montaig., *Ess.*, l. I, c. 38. — Latin, *dissociabilis*, Tacit., *Vit. Agric.*, c. 3.

DOMMAGEABLEMENT, *adv.* D'une manière dommageable. Montaig., *Ess.*, l. I, c. 25.

DRACONIQUE, *adj. des deux g.* Qui appartient au dragon, au serpent ; qui a le caractère du dragon, du

serpent. ROGER DE COLLERYE, *OEuv.*, p. 124. — H.
ÉTIENNE, *Lang. franç. italian.*, dialog. 2 , p. 353.

DRAPELET, *s. m.* Petit drapeau, haillon. *Dial. de
S. Grég.*, l. III, c. 14.

DROITURIER, ÈRE, *adj.* Droit, intègre, équitable.
GUIOT DE PROVINS, *Bibl.*, v. 5. — *Castoiement, cont.* 23,
v. 3. — *Chastelaine de Coucy.* — *Comm. sur le saut.*,
ps. 7, v. 12. — JOINVILLE, *Hist.*, p. 9i. — *Rom. Rose*,
v. 21522. — LAJAILLE, *Champ de bataille*, fol. 50, r°.
— AMYOT, *Plut., Romul. ; OEuv.* tom. I , p. 15. —
MONTAIG., *Ess.*, l. III , c. 8 , etc. — DROITURIÈRE-
MENT, *adv. Assis. de Jérus.*, c. 5. — JOINVILLE, *Hist.*,
p. 146. — *Hist. de la Toison d'or*, tom. II, fol. 10, v°.

DUISIBLE, *adj. des deux g.* Qui duit, convenable,
agréable. *Perceforest*, vol. III , fol. 15, r°, col. 1. —
AL. CHARTIER, *Espér., OEuv.*, p. 331. — CL. MAROT,
Métam., l. I; *OEuv.*, tom. III, p. 14. — DES ACCORDS
(*Et. Tabourot*), *Touches*, p. 25 , v°.

E.

ÉBAUBIR, *v. a.* Étonner, étourdir, d'où l'adjectif *ébaubi*.

> On voit bien avenir,
> Par acostumance,
> Qu'elles font pour *abaubir*
> Cruel contenance.
>
> P^re Corbies, *poët. fr. avant* 1300, *ms.*, t. III, p. 1063.

> Qui si m'*abaubist* et aveule,
> Que nuls ne me porroit ataindre
> D'anuis, que li miens ne soient graindre.
>
> J. Bodel d'Arras, *Congié*, v. 245.

> Un miracle voel raconter,
> Por *abaubir* chaus et donter,
> Qui sains et saintes ne redoutent.
>
> Gautier de Coinsi, *Mir. de N. D.*, l. II.

ÉCHAUDURE, *s. f.* État de ce qui est échaudé, impression que fait l'eau bouillante sur la peau.

Lors il disoit avoir ouy des voix, mais comme venant de loin : et s'appercevoit de ses *eschaudures* et meurtrissures.

> Montaig., *Ess.*, l. III, c. 20.

ÉCHÉABLE, *adj. des deux g.* Qui peut, qui doit échoir.

Héritages redevables de coustume *eschéable* envers le seigneur ou premier bailleur.

> *Cout. génér.*, t. I, p. 416.

ÉCONDUISEUR, *s. m.* Celui qui éconduit, qui refuse.

> On dit qu'à ung bon demandeur
> Qui est hardy de demander,
> Ne faut qu'ung bon *esconduiseur*
> Qui le sache bien reffuser.
>
> Al. Chartier, *poés.*, p. 783.

ÉCONDUITE, *s. f.* Action d'éconduire, refus.

> Grant honte a de dire son dit
> Et si redoubte l'*escondit*.
>
> *Rom. Rose*, v. 4935.

Donc l'en estuet faire *escondit*.
Et jurer qu'il n'a de lui cure.

Partonop. de Blois, ms. *de S. Germ.*, fol. 157, v°, col. 2.

Il convient que je soye de vous aymé, car nul *escondit* ne m'en pourroit oster.

FROISSART, *Chron.*, l. I, p. 94.

Voyez aussi *Anc. poët. franç.*, *ms. du Vatican*, n° 1490, fol. 171, r°. — *Perceforest*, vol. I, fol. 78, v°, col. 1. — *Lett. de l'an* 1413; *Trés. des Chart.*, reg. 167, ch. 273. — *Dance aux aveugles.* — *Rom. de Gérard de Nevers*, etc.

On a dit aussi ÉCONDUISEMENT.

Je qui n'os' vers li faire proiere,
Taut parredout' son *escondisement*.

THIEBAUT, *Chans. mss.*, p. 45.

Mais ce dernier mot ne me paraît pas de nature à être réintégré dans le langage moderne.

ÉCOUTEUR, *s. m.* Celui qui écoute, qui est aux ecoutes.

Vraiement, dit le sire de Roqueton, nous vous avons ouy de bien loing cliqueter; *escouteurs* ne doivent avoir riens qui cliquette.

Le Jouvencel, fol. 62, r°.

Le substantif *écouteur* a été employé aussi par quelques-uns de nos auteurs modernes.

Vous me savez assez alerte pour voir les gens sans qu'ils m'aperçoivent, et assez maligne pour persifler les *écouteurs*.

J. J. ROUSSEAU, *Nouv. Héloïse*, V° partie, *lett.* 10.

Latin, *auscultator.* Causa auditorum genere distinguitur; nam aut *auscultator* est modo, qui audit; aut disceptator, id est rei sententiæque moderator.

CICER., *Partit.*, c. 3.

Italien, *ascoltatore*, *trice.* Bisogna pure che dica a questi cortesissimi *ascoltatori* il nome della commedia.

LASC., *Streg.*, *prolog.*

Degno di avere molti *ascoltatori* e molte *ascoltatrici* alle sue
sante prediche.

Guitt., *Lett.*

Espagnol, *escuchador*. Mot peu usité. Voyez *Dicc. de la
real. acad. de Madrid.*

EFFLUXION, *s. f.* Écoulement.

Si ne se fait pas une soudaine *effluxion* du laict, ne n'y a
pas des tuyaux qui le versent et respandent tout-à-coup.

Amyot, *Plut., OEuvr. Mor.*, t. XIV, p. 133.

EFFORCÉMENT, *adv.* Avec effort.

Mais quant Lombars virent çou, si se mettent à fuir au plus
efforchiement qu'il onques porent.

Villehardouin, fol. 39.

Les capitaines des pays seront tenuz de venir à tout ce que
il pourront avoir de genz d'armes et au plus *efforciement* que
il pourront.

Ordonn. de Charles, régent de France, mai 1358, § 16; *Ordonn. des
Rois de Fr.*, t. III, p. 229.

Ainsi que messire Jehan Chandos et sa route chevauchoient
ainsi *efforcément*, nouvelles en vindrent au Puirenon entre les
François.

Froissart, *Chron.*, vol. I, c. 272.

Pour les grevances de ceux qui grever les veulent plus
efforciement refraindre.

Godefr., *Annot. sur l'Hist. de Charles VI*, p. 769.

Italien, *sforzatamente*. I Sanesi vi vennero per comune
molto *sforzatamente*.

G. Villani, *Storia*, 7, 131, 2.

EFFRÉNÉMENT, *adv.* D'une manière effrénée.

Et court *effrénément* où le vice l'appelle.

Strapar., *Nuits*, t. II, p. 335.

Latin, *effrenatè*. Cujus voluptatibus avidæ libidines temerè
et *effrenatè* ad potiundum incitantur.

Cicer., *de Senect.*, c. 12.

Italien, *sfrenatamente*. Acciocchè questo male così *sfrena-tamente* non si facesse.

> Comm. sopra il Dante, ms., Parad., 6.

Espagnol, *desenfrenadamente*. De Dión me espánto como habla tan *desenfrenadamente* de los vicios de Séneca.

> AMBR. DE MORAL., l. IX, c. 9.

EFFRUITER, *v. a.* Empêcher la fructification, en détruisant les jeunes bourgeons et les jeunes branches.

> Mes jours j'ai tous *effruitez*,
> Et perdu mon tems et m'entente.
>> GAUT. DE COINSI, *Mir. de N. D.*, l. I, c. 29.

> Estat moien en tenoit d'homme saige,
> Sans le vouloir par excès *effruiter*.
>> EUST. DESCHAMPS, *poés. mss.*, fol. 292, col. 2.

Voyez DÉFRUITER, ENFRUITER.

ÉHONTÉMENT, *adv.* Sans honte, sans pudeur.

Vit-on jamais tant d'incestes *éhontément* débordez?

> ÉT. PASQUIER, *Rech.* l. V, c. 5.

Voyez DÉHONTÉ.

***EMBOUER**, *v. a.* Couvrir de boue, souiller de boue.

> Luxure est si *enboant* boe,
> Que le corps soille, et l'ame *enboe*.
>> GAUT. DE COINSI, *Mir. de N. D.*, l. I, c. 33.

Qui se loe, si s'*enboe*.

> *Anc. prov.*

> Et vient avecques nous jouer,
> Sans gueres ses pieds *embouer*.
>> Rom. Rose, v. 13168.

Et tant estoit *emboé* de l'ordure de ce rien, que en luy ne avoit congnoissance nulle.

> Perceforest, vol. III, fol. 137, v°, col. 2.

Voyez aussi GAUTIER DE COINSI, *Mir. de Sainte Léocade*, v. 1527. — PHIL. MOUSKES, *ms.*, p. 343. — *Lett. de rémiss.*, ann. 1383; *Trés. des Chart.*, reg. 123, ch. 212. — DESPERRIERS, *nouv.* 8, *etc.*

ÉMENDATION, *s. f.* Action d'émender, correction.

Je ne veux oublier l'*émendation*, partie certes la plus utile de nos estudes.

JOACH. DU BELLAY, p. 36, v°.

Voilà la correction que Numa y fait, laquelle depuis a eu besoin encore de plus grande *émendation*.

AMYOT, Plut., Numa Pompil., OEuv., t. I, p. 259.

Latin, *emendatio*. Hæc est correctio philosophiæ veteris et *emendatio*.

CICER., de Finib. 4, c. 9.

Italien, *emendazione*. Ma con grande carità per sola nostra *emendazione* ci corregge, e flagella.

S. CRISOSTOM.

Espagnol, *emendación*. A lo que se dice de los rabinos y de Tikum Sophrim ó *emendación* de los escribas.

SIGUENZ., Vid. de S. Geron., l. IV, disc. 4.

Anglais, *emendation*. The essence and the relation of any thing in being, is fitted, beyond any *emendation*, for its action and use.

GREW.

EMMAILLOTTEMENT, *s. m.* Action d'emmaillotter.

Les liaisons et *emmaillottemens* des enfans ne sont plus nécessaires, et les mères lacédémoniennes eslevoient les leurs en toute liberté de mouvemens de membres, sans les attacher ne plier.

MONTAIG., Ess., l. II, c. 12.

EMMURER, *v. a.* Environner de murs, enclorre, renfermer.

Folie est, **ne** me die nus
Que l'en doie *emmurer* reclus.

GUIOT-DE-PROVINS, Bibl., v. 1356.

Boëces fistes *emmurer*.

EUST. DESCHAMPS, poés. mss., fol. 570, col. 1.

Ceste amour en nos cueurs *emmurée*.

MARGUERITE DE NAV., Marg. de la marg., fol. 389, r°.

Sortir y fit fonteines et ruisseaux ,
Qui vont coulant , et passent et murmurent ,
Entre les monts qui les plaines *emmurent.*

CL. MAROT, *Ps.* 104 ; *OEuv.* t. III, p. 334.

La nature nous laisse aller par le monde tous libres et dé-
liez, mais nous-mesmes nous lions, nous emprisonnons et
emmurons en nous estraignans et réduisans à pèu de petite et
estroicte place.

AMYOT, *Plut.*, *OEuv. mor.*, t. XIV, p. 310.

Voyez aussi PHIL. MOUSKES , *ms.*, p. 789. — MATH. DE
COUCY, *Hist. de Charles VII*, p. 567. — *Lett. de l'ann.* 1444 ;
. *Trés. des Chart.*, reg. 176, ch. 334. — AL. CHARTIER, *Poés.*,
p. 701. — MONTAIG., *Ess.*, l. II, c. 9. — SULLY, *Mém.*,
t. III, c. 50, etc.

On a dit aussi EMMURAILLER.

D'advantage qui la voudroit *emmurailler* comme Strasbourg,
Orléans ou Ferrare , il ne seroit possible.

RABEL., l. II, c. 15.

Latin barbare , *immurare*. Ad expensas hæretici *inmurati*
dominus rex et episcopus pro ratâ conferant.

Chart. anni 1260 ; *Gall. christ.*, tom. VI, col. 372.

EMPATELINER, *v. a.* Caresser, séduire par des manières souples et artificieuses.

Il l'a si bien mitoninée ,
Et si bien *empatelinée* ,
Qu'il a fait ce qu'il a voulu.

R. BELLEAU, *OEuv.*, t. II, p. 135.

EMPÊTREMENT, *s. m.* Ce qui empêtre, obstacle,
empêchement.

Promettons audit Ebbles plenes, enterin et durable gua-
riment, et défendre le, contre toutes personnes qui riens i de-
manderoient ou *empestrement* i mettroient.

Acte de Robert de Mastas, octobre 1292, cité par BARBAZAN, *gloss. fr. ms.*

.11.

EMPIREMENT, *s. m.* Action d'empirer, état de ce qui empire.

Je puis demander par raison, le damage de l'*empirement* de la chose prestée.

> BEAUMAN., *Cout. de Beauvoisis*, ch. 37.

> .... Dis-lui la manière,
> Car je vois en *empirement*.
>> BAUDE FASTOUL D'ARRAS, *Congié*, v. 136.

> Qu'il me va par *empirement*,
> Car douleur m'assault fièrement.
>> AL. CHARTIER, *poés.*, p. 638.

Tout ce qui nous est plaisant ne nous est pas toujours salutaire, si au lieu de la guérison, il nous envoye à la mort ou l'*empirement* de nos maux.

> MONTAIG., *Ess.*, l. II, c. 12.

Voyez aussi *Statuts des chandeliers*, ann. 1294; *Trés. des Chart.*, reg. 105, ch. 304.

EMPLOYABLE, *adj. des deux g.* Susceptible d'être employé.

Le potier fait des pots *employables* à services honnêtes et honnorables.

> BELOY, *orig. de la chevalerie*, p. 38.

ENAMOURER, *v. a.* Rendre amoureux.

> Tuit cil qui sont *enamourez*
> Vienent dancier, et autres non.
>> *Court de Paradis.*

> Servir le vueil et proyer par fianche,
> K'*enamourer* puis boine, et belle, et franche,
> Dont je sui pris douchement.
>> *Servantois, ms. de l'Egl. de Paris,* fol. 304, v°.

> Se la pastoure à blons cheveus
> Estoit de moi *énamourée*.
>> FROISSART, *poés. mss.*, p. 287, col. 1.

> Bref mon esprit, sans cognoissance d'ame,
> Vivoit alors sur la bouche à ma dame,
> Dont se mouroit le corps *énamouré*.
>> CL. MAROT, *rond.* 63, *OEuv.*, t. II, p. 192.

Voyez aussi H. D'ANDELY, *lai d'Aristote*, v. 129. — *Rom. Rose*, v. 3452. — FROISSART, *Chron.*, vol. III, c. 5. — H. ÉTIENNE, *Lang. franç. italian.*, dial. I, p. 14, etc., etc.

S'ENAMOURER, *v. réfl.* Devenir amoureux.

Comme l'exposant se feust *énamourez*, par jeunesse et druerie, de ladite femme, et elle de lui.
Lettr. de rémiss., ann. 1377 ; *Trés. des Chartr.*, reg. 112, ch. 10.

De cil qui par s'*enamourer*,
De moy s'est tant fait honnourer.
AL. CHARTIER, *poés.*, p. 620.

Si advint que l'un des enfans de Neleus, celuy qui avoit plus de crédit et d'authorité en la ville, nommé Phrygius, s'*enamoura* de Pieria.
AMYOT, *Plut.*, OEuv. mor., t. XVI, p. 170.

Je n'entends pas de celles qui leur sont conjointes par mariage, mais des autres dont ils s'*enamourent*.
ÉT. PASQUIER, *Rech.*, l. IV, c. 31.

Latin barbare, *inamorare*. Volens ergo dictum Barthossium ab uxore eâ die sequestrare, et odiosam illi facere, et de filiæ suæ Dorotheæ ductione *inamorare*.
Vit. S. Stanislai episcop., act. SS. maii, tom. II, p. 274.

Italien, *innamorare*.

Tanto cresce il desio che m'*innamora*.
PETRARCH., *son. 12.*

Espagnol, *enamorar*. No todas las hermosúras *enamóran*, que algunas alegran la vista, y no rinden la voluntad : que si todas las bellezas *enamorassen*, y rindiessen, seria un andar las voluntádes confusas y descaminadas.
CERVANT., *Quix.*, t. I, ch. 14.

Anglais, *to enamour*.

Descend with all her winning charms begirt,
T'*enamour*, as the zone of Venus once
Brought that effect on Jove, so fables tell.
MILTON, *Parad. lost.*

ENCOMBREUX, EUSE, *adj.* Embarrassant, fâcheux, difficile.

> Je la trouve si *encombreuse*,
> Si grevaine et si ennuieuse.
>
> *Rom. Rose.*, v. 9270.

Se il vient baillier cuves, ou huches ou gros merriens, ou tiex choses qui sont *encombreuses* à manoier.

> Beaumanoir, *Cout. de Beauv.*, ch. 54.

ENDIZELER, *v. a. Terme d'agriculture.* Mettre en dizeaux.

Le troisième jour après que lesdits ablais sont liez et *endizellez.*

> *Cout. général*, t. I, p. 677.

Que néanmoins ledit défendeur aurait dépouillé lesdites pièces de terre, sans appeler le fermier des demandeurs pour veoir *endizeler*, et prendre le droit de disme.

> *Sentence du châtelet*, 3 août 1595.

ENDOLORER, *v. a.* Causer de la douleur.

Fai ton chemin loin de sa maison, que tu ne doignes point ton honeur à estraunge, ne soit par aventure replenis de tes forces, et tes travails sont en aliene maison, et tu *endolurez* al derráin com tu averas ta char degastée et ton cors.

> *Trad. de la Bible, Prov.*, c. 5, v. 8.

On a dit de nos jours ENDOLORIR.

Sa main douce et légère sait aller chercher tout ce qui les blesse, et faire poser plus mollement leurs membres *endoloris.*

> J. J. Rousseau, *Emile*, l. 5, t. IV, p. 49.

Voyez ADOLORER.

ÉNERVATION, *s. f.* Action d'énerver, d'affaiblir.

Qui venoit grandement à l'*énervation* de la jurisdiction temporelle.

> Ét. Pasquier, *Rech.*, l. III, ch. 32.

Latin, *enervatio.* Voluptatis *enervatione* languescere.

> Arnob., l. III, p. 105.

ENFANÇON, *s. m.* Petit enfant.

Ge vos donrai queil pris ke vos voleis, et si rendeis les *en-
fanzons* cui vos avez pris.

> S. Grégoire, *Dial.*, l. I, c. 8.

Un image eut deseur l'autel,
Qui moult estoit de belle taille,
Deseur son chef une touaille,
Un *enfançon* en son devant.

> Gautier de Coinsi, *Mir. de N. D.*, l. I, c. 3.

Si en apela saint Symon,
Qu'il ne tint pas à *enfançon*.

> Court de Paradis, v. 45.

De l'*enfançon* que il trova
A sa fame reson demande.

> *Enfant remis au soleil*, v. 22.

Et certes il est impossible de croire qu'une mère qui n'avoit
asseurance de sa grandeur et de son repos qu'en cet *enfançon*,
l'eust voulu esloigner de son sein.

> Ét. Pasquier, *Rech.*, l. V, c. 27.

Voyez aussi S. Bernard, *serm. franç.*, *mss.*, fol. 76. —
Hues de Tabarie, *Ord. de cheval.*, v. 117. — Cuvelier, *Vie
de Duguesclin*, etc., etc.

Ce mot a été employé par quelques écrivains modernes.

Par testament, il déclara la dame
Son héritière, advenant le décès
De l'*enfançon*.

> La Fontaine, *Cont.*, *le Faucon*.

Et ce qui plus l'attention réveille,
Quand vous voyez ces petits *enfançons*.

> J. B. Rousseau, l. I, *alleg.* 2.

On a dit aussi Enfanteau, Enfantelet, Enfançonnet.

Bertrand estoit lait *enfançonnet*, et mal gracieux, et n'estoit
plaisant de visaige ni de corsaige.

> Menard, *Hist. de B. Duguesclin*, p. 3.

Mais l'*enfanteau*, en moins de dire pic,
D'une grand' croix lui donna si grand choc
Qu'il l'abbatit.

> Cl. Marot, *Ballad.* 13; *OEuv.*, t. II, p. 26.

Corbieu je le croy, ce sera d'ung petit *enfantelet* qu'elle sera grosse.

RABEL., l. III, c. 18.

Il est inutile d'ajouter qu'aucun de ces diminutifs n'est susceptible d'être réintégré dans le langage moderne.

Latin, *infantulus.* Gerebamus *infantulos* et mulieres.

APUL., *Metam.*, l. VIII.

Italien, *fanceletto*, *fanciulletto*, *fanciullino*, *fanciulluzzo*, *fantello*, *fanticello*, *funticino*, *fantino*, *fantolino*, etc.

Dapoi che'l *fanciulletto* fu cresciuto.

BERN., *Orl.*, 2, 13, 13.

Che ancor m' odiasti essendo *fanciullino.*

ID. *ibid.*, 1, 21, 48.

Chi non muore a vedere
Questo *fantel* divino
Dormir.

FR. JIACCOP., *Rim.*, t. III, 2, 7.

Non e *fantin*, che si subito rua
Col volto verso il latte.

DANT., *Parad.*, 30.

ENFIELLER, *v. a.* Mêler de fiel, rendre amer.

On doit ensucrer les viandes salubres à l'enfant, et *enfieller* celles qui lui sont nuisibles.

MONTAIG., *Ess.*, l. I, c. 25.

Enfielle nostre vie et empoisonne toutes nos actions.

CHARRON, *Sagesse*, liv. I. c. 33.

Et comme un chaud desir qui l'esprit nous allume,
Enfielle un peu de miel de beaucoup d'amertume.

PH. DESPORTES, *Poés.*, p. 195.

Pour *enfieller* mon cœur
D'un immortel ennui.

LOYS LE CARON, *Poés.*, fol. 63, r°.

Italien, *infielare.*

Senti l'amaro, ch' ogni dolce *infiela.*

JAC. SOLD., sat. 1.

ENFONDRER, *v. a.* et *n.* Enfoncer, s'enfoncer.

Come nostre seignor out *enfoundri* les citées de celle ré-
gioun, il se remembra de Abraham et délivera Loth de *en-
foundrer* des citez esquelles il vint habiter.

Anc. trad. de la Bible, Genès., ch. 19, v. 29.

Cassiel, la chose va mauvaisement, nostre bateau *enfondre*.

Perceforest, vol. I, fol. 51, v°, col. 2.

Lors commença à l'*enfondrer* et à esbrouailler tout ce
qu'elle avoit dedans le corps.

Lancelot du Lac, t. II, fol. 106, v°, col. 2.

Qui seule entre toutes ne se sçauroit *enfondrer* en la mer.

Amyot, *Plut., OEuvr. Mesl.*, t. XIX, p. 166.

ENFRÉNER, *v. a.* Mettre un frein, une bride.

Ensellés furent gentement,
Et *enfrénés* si richement.

Rom. de la guerre de Troyes, ms.

Leurs chevaus tous ensellez et tous *enfrénez* de lorainz
dorez.

Chron. de S. Denis, l. III, c. 18; *Recueil des hist. de Fr.*, t. III, p. 238.

Quant le roy veit son cheval *enfréné*, il saillit sus.

Perceforest, vol. II, fol. 47, v°, col. 1.

Italien, *infrenare*. Il cavallo, che non vuole il freno, affa-
misi, e dopo il vespro, quando gli si dà l'orzo, s'*infreni*.

Pallad., *Marz.*, 25.

Espagnol, *enfrenar*. Con los caballos barbaros se traheria
forzosamente el modo de *enfrenarlos*, y ajustar los con estos
colláres.

Aldret., *Antig.*, l. III, c. 35.

ENFRUITER, *v. a.* Garnir de fruits, ensemencer.

Prinse de bestes faite en l'héritage d'autruy defensable ou
enfruicté.

Coust. general, t. II, p. 263.

Terres sans estre cultivées et *enfruictées*.

La Thaumassière, *Cout. de Berry*, art. 14, p. 225.

Voyez aussi *Lett. de l'an* 1473; *Trés. des Chart.*, reg. 197 ch. 401.

On a dit aussi ENFRUCTUER.

Jaçoit ce que le suppliant et les autres dessus nommez eussent icelle pièce de terre *enfructuée* et semée en blé.

Lett. de l'an 1469; *Trés. des Chart.*, reg. 196, ch. 37.

Voyez Défruiter, Effruiter.

ENGASTRIMYTHE, *s. m.* Ventriloque.

Les *engastrimythes* soi disoient estre descendus de l'anticque race d'Euriclès, et sur ce alléguoient le tesmoingnaige d'Aristophanes en la comédie intitulée les tahons ou mouches guespes.

Rabel., l. IV, c. 58.

M. Diderot a employé aussi ce mot.

La Manimonbanda vient de jurer par ses pagodes qu'il n'y auroit plus de cercle chez elle, si elle se trouvoit encore une fois exposée à l'impudence des *engastrimuthes*.

Bij. indiscr., c. 12.

Grec, ἐγγαςρίμυθος.

Theod. Bez., *in act. apostol.*, c. 16, v. 16.

ENGLOUTISSEUR, *s. m.* Celui qui engloutit.

Car de crainte surpris, le chien *engloutisseur*,
Et les tristes fureurs de sang entretachées
S'estoyent au fond d'Averne honteusement cachées.

Ph. Desportes, *Poés.*, p. 473.

Italien, *inghiottitore.* Questi sacrileghi *inghiottitori* di Gesù Cristo.

Segner., *Crist. Instr.*, 3, 10, 15.

ÉNORMISSIME, *adj. des deux g.* Très-énorme, au dernier degré d'énormité.

Certes elle m'a traitté illégitimement et incivilement, et d'une lésion *énormissime*.

Montaig., *Ess.*, l. III, c. 5.

Italien, *enormissimo.* Si commettono peccati *enormissimi*, scelleraggini inaudite.

Fr. Giord., *Pred.*

Espagnol, *enormíssimo*. Esso y mucho mas de vicios, maldádes, pecádos *enormíssimos* y atrocissimos trahe consigo la nefanda secta del malvado Mahóma.

Aldret., *Antig.*, l. IV, c. 18.

ENRACINEMENT, *s. m.* Action d'enraciner, de s'enraciner.

Afin, dit-il, que l'*enracinement* des enfans qui viendroient à estre engendrez d'elles, venant à prendre son pied en des corps robustes et dispos en germast mieulx.

Amyot, *Plut.*, OEuv. mor., t. XVI, p. 73

ENRICHISSEUR, *s. m.* Celui qui enrichit.

Devoz *enrichissieres* et fonderes d'abaies.

Chron. de S. Denis, l. V, c. 17; Rec. des Hist. de Fr., t. III, p. 298.

ENTRE-ACCOLER (S'), *v. récip.* S'accoler réciproquement, s'embrasser.

S'*entre-acolans*, prindrent congé l'un de l'autre.

Straparole, *Nuits*, t. II, p. 6.

En disant ces paroles, il embrassa Fabius : et le semblable feignirent aussi les soudards, qui *s'entr'accolèrent* estroitement, et se baisèrent les uns les autres.

Amyot, *Plut.*, Fab. Maxim.; OEuvr., t. II, p. 266.

Je me bornerai à rapporter ici un très-petit nombre d'exemples des mots de cette longue catégorie qui se trouvent dans nos anciens écrivains français, soit imprimés, soit manuscrits, et que l'on peut d'ailleurs multiplier à l'infini.

Entre-battre (S'), *v. récip.* Se battre l'un contre l'autre.

En voulant un jour départir quelques-uns qui *s'entre-battoient*.

Amyot, *Plut.*, Lycurg.; OEuv., t. I, p. 146.

Entre-chercher (S'), *v. récip.* Se chercher réciproquement.

Car à tous coups il y a des conditions qui *s'entre-cherchent*.

Montaig., *Ess.*, l. I, c. 34.

Entre-connoître (S'), *v. récip.* Se connaître réciproquement.

> Et ne suffisoit pas pour *s'entre-cognoistre* les uns les autres.
>> Amyot, *Plut.*, *Nicias*, c. 39 ; *OEuv.*, t. V, p. 230.

Voyez aussi Montaig., *Ess.*, l. II, c. 19.

Entre-cosser (S'), *v. récip.* Se heurter réciproquement la tête, à la manière des béliers.

> Qui d'un choc mutuel *s'entre-cossoient* le front.
>> Amad. Jamyn, *poés.*, p. 33, v°.

Entre-défaire, (S'), *v. récip.* Se défaire, se détruire réciproquement.

> On peut dire que l'art et l'expérience de nous *entre-desfaire*, entre-tuer, de ruiner et perdre nostre propre espèce, semble desnaturé venir d'aliénation de sens.
>> Charron, *Sagesse*, l. I, c. 53.

Entre-devoir (S'), *v. récip.* Se devoir respectivement l'un à l'autre.

> Ce sont choses qui s'entreprestent et *s'entredoivent* leur essence.
>> Montaig., *Ess.*, l. III, c. 3.

Entr'écrire, (S'), *v. récip.* S'écrire réciproquement.

> Le plus grand bien qui soit en amitié,
> Après le don d'amoureuse pitié,
> Est *s'entr'écrire*, ou se dire de bouche
> Soit bien, soit dueil, tout ce qui au cueur touche.
>> Cl. Marot, *Eleg.* 6 ; *OEuvr.*, t. I, p. 298.

Entr'épouser, (S'), *v. récip.* S'épouser.

> Mais ils se sont *entr'espousez*,
> Et en mariage posez.
>> *Rom. Rose*, v. 9926.

Entre-festoyer (S'), *v. récip.* Se donner réciproquement des fêtes.

> De quoy les gens d'entendement savent *s'entre-festoyer*.
>> Montaig., *Ess.*, l. III, c. 13.

Entre-harceler (S'), *v. récip.* Se harceler réciproquement.

Depuis ceste heure-là ils continuèrent toujours à *s'entre-harceler.*

Amyot, Plut., Cicer., c. 56; OEuv., t. VIII, p. 134.

Entre-heurter (S'), *v. récip.* Se heurter réciproquement.

Les ignobles sont tenus de crier en marchant, comme les gondoliers de Venise au contour des rues pour ne *s'entre-heurter.*

Montaig , Ess., l. III, c. 5.

Entre-méfaire (S'), *v. récip.* Se nuire réciproquement.

> Mais si tres-tous bien s'entramoient,
> Jamais ne *s'entremefferoient.*

Rom. Rose, v. 5769.

Entre-navrer (S'), *v. récip.* Se navrer, se blesser réciproquement.

> S'*entre-navrans* de façon fort estrange.

Cl. Marot, Epist. 3, OEuv., t. I, p. 377.

Entre-picotter (S'), *v. récip.* Se picotter réciproquement.

Là-dessus vous estant mis à vous *entrepicotter*, chascun essayant de mettre en avant ce qu'il estimoit le plus valoir en soy et le moins en autruy.

Sully, Mém., t. I, c. 2.

Entre-piller (S'), *v. récip.* Se piller réciproquement.

La supériorité et inferiorité, la maistrise et la subjection sont obligées à une naturelle envie et contestation : il faut qu'elles *s'entre-pillent* perpétuellement.

Montaig., Ess., l. III, c. 7.

Entre-pousser (S'), *v. récip.* Se pousser réciproquement.

Si commencèrent à *s'entre-poulser* les uns les autres en courroux premièrement, puis vindrent jusques à s'entre-frapper.

Amyot, Plut., Marc. Crass., c. 59; OEuv., t. V, p. 323.

Les opinions *s'entre-poussent* suivant le vent comme les flots.
> Montaig., *Ess.*, l. III , c. 10.

Entre-prêter (S'), *v. récip.* Se prêter mutuellement.

Aux assemblées des festins, ils *s'entre-prestent*, sans distinction de parenté , les enfans les uns aux autres.
> Montaig., *Ess.*, l. I, c. 22.

Entre-surprendre (S'), *v. récip.* Se surprendre réciproquement.

Et quand ilz furent arrivez en la ville de Larisse, ilz commencèrent de rechef à se convier et festoyer l'un l'autre pour *s'entre-surprendre*.
> Amyot, *Plut.*, *Démét.*, c. 50 ; *OEuv.*, t. VIII , p. 220.

Entre-vendre (S'), *v. récip.* Se vendre une chose l'un à l'autre.

> Là les causeurs, les causes *s'entre-vendent*.
> Cl. Marot, *opusc.* 7, *OEuv.*, t. I, p. 202.

Entre-visiter (S'), *v. récip.* Se visiter réciproquement.

Celles qui attendoient leurs enfans retournans de celle bataille estoient mornes et tristes, sans mot dire : et au contraire les mères de ceulx que l'on disoit y estre morts, s'en alloient par les églises en rendre graces aux dieux, *s'entre-visitoient* l'une l'autre joyeusement et affectueusement.
> Amyot, *Plut.*, *Agésil.*, c. 48 ; *OEuv.*, t. VI, 62.

ENTREBAISEMENT, *s. m.* Action de s'entrebaiser.

Mais je m'avise que sans y penser vous estiez sorti des limites de vostre propos. Car vous avez commencé à parler de *l'entrebaisement* des hommes.
> H. Étienne, *Lang. franç. italian.*, *dial. II*, p. 382.

ENTRE-CLORRE, *v. a.* Clorre, fermer à demi.

> Que n'*entre-cloe* le pertus.
> *Pyram. et Tisbé*, v. 469.

A l'huys m'en vins, sans dire mot,
Que la vieille deffermé m'ot,
Et le tint encore *entre-cloz.*

> *Rom. Rose*, v. 15511.

Duquel hostel le suppliant trouva l'uis *entre-cloz*, et n'y avoit personne dedans.

> *Lett. de rémiss.*, ann. 1394; *Trés. des Chart.*, reg. 146, ch. 175.

*** ENTRE-LUIRE**, *v. n.* Luire à demi, luire par intervalles; projeter une lueur indécise et intermittente.

Ay-je pas veu en Platon ce divin mot, que nature n'est rien qu'une poésie énigmatique? Comme peut-estre qui diroit une peinture voilée et ténébreuse, *entreluisant* d'une infinie variété de faux jours à exercer nos conjectures.

> Montaig., *Ess.*, l. II, c. 12.

ENTR'OUBLIER, *v. a.* Se souvenir imparfaitement.

Avis li est que bien estoit,
Savez por qoi? Que cele avoit
Le jovencel *entr'oublié.*

> *Narcissus*, v. 219.

Que tous mes maulx *entr'oublioye*,
Pour le délit où me veoye.

> *Rom. Rose*, v. 1828.

Or vous veul-je, doulx ami, supplier,
Que ne veullez mon nom *entre-oublier.*

> Eust. Deschamps, *poés. mss.*, fol. 192, col. 4.

Pour la grant joye que en luy eut, *entre-oublia* la douleur de ses playes.

> *Gérard de Nevers*, part. II, p. 40.

Car le touchier et le baisier esmeuvent le sang et la chair tellement qu'ils font *entre-oublier* la crainte de Dieu et l'honneur de ce monde.

> Chevalier de la Tour, *Instr. à ses filles*, fol. 23, v°, col. 2.

Voyez aussi *Anc. poët. franç.*, *ms. du Vatican*, n° 1490, fol. 154, v°. — *Anc. poët. franç.*, *ms. de la Clayette*, in-4°, fol. 36, col. 1. — Jehan de Meung, *Codic.*, v. 381, etc., etc.

Entr'oubliance, *s. f.* Souvenir imparfait.

Tant y demoura que les humeurs de son corps seichèrent, dont il s'en alla à néant, si qu'il cheut en *entre-oubliance*.

Perceforest, vol. V, fol. 95, v°, col. 1.

ENTRE-SEMER, *v. a.* Semer, jeter ça et là; répandre.

Ils ont une forme d'escrire douteuse en substance et en dessein, enquerrant plustost qu'instruisant: encore qu'ils *en-tresèment* leur style de cadences dogmatistes.

Montaig., *Ess.*, l. II, c. 12.

Latin, *interseminare.* Remedia sanè sunt plurima in omnibus rebus, naturæ munere interspersa atque *interseminata.*

Apul., *apolog.*

ENTRE-SOUVENIR (S'), *v. réfl.* Se souvenir imparfaitement, d'une manière vague.

Laquelle histoire me fait souvenir, ou pour mieux dire *entresouvenir* d'une autre.

H. Étienne, *Apolog. d'Hérodot.*, p. 312.

* ENVAHISSEMENT, *s. m.* Action d'envahir.

Pour obvier aus périls et aus dommages, qui par les *en-vaïsemens* des ennemis de nostre roiaume, peussent avenir à nostre peuple.

Lett. de Jean I ou Jean II, janvier 1355. *Ordonn. des Rois de Fr.*, t. III, p. 46.

Feist son devoir de soy destourner de l'*envahissement* que luy faisoit icellui de Sasseville.

Chart. de l'année 1445; chartul. de Lagny, fol. 42, v°.

Le mot *envahissement* a été employé par quelques écrivains modernes.

La diminution des eaux, jointe à la multiplication des corps organisés, ne pourra que retarder de quelques milliers d'années l'*envahissement* du globe entier par les glaces, et la mort de la nature par le froid.

Buffon, *Minér.*, t. VII, p. 240.

ENVAHISSEUR, *s. m.* Celui qui envahit.

Si aucun estant envahy, tue, mutile, ou navre son *envahis-*
seur, en son corps deffendant.

Cout. gener., t. I, p. 781.

Si en ont finablement les deffendeurs prouffit et discipline,
et les *envaysseurs* dommage et ruine.

AL. CHARTIER, *Espér.*; *OEuv.* p. 365.

ENVIABLE, *adj. des deux g.* Digne d'envie.

Envieuse non *enviable*.

EUST. DESCHAMPS, *poés. mss.*, fol. 17, col. 3.

***ENVIEILLIR**, *v. n.* **S'ENVIEILLIR**, *v. réfl.* De-
venir vieux.

Se la joie durast tozjors,
Et n'eust ire ne corous,
Et l'en ne peust *envieillir*
N'estre malade ne morir.

Bibl. du seign. de Berzé, v. 9.

Mais nature ne peult souffrir
Que nul vive sans *envieillir.*

Rom. Rose, v. 4705.

Et quant ladite Tyfaine *envieilli*, ele estoit plus forment
grévée de la devant dite maladie.

4e *Miracle de S. Louis*, p. 401.

Je me suis *envieilly* de sept ou huict ans, depuis que je
commençay.

MONTAIG., *Ess.*, l. II, c. 37.

Voyez aussi GUIOT DE PROVINS, *Bibl.*, v. 847. — *Image*
du Monde. — AMYOT, *Plut. OEuv. mor.*, tom. XVI, p. 315.
— MONTAIG., *Ess.*, l. III, c. 13. — CL. FAUCHET, *Antiq.*
franç., l. VII, c. 11; *OEuv.*, fol. 259, v°. — BRANTOME, *Cap.*
franç., tom. IV, p. 62, etc., etc.

ENVIEILLIR, *v. a.* Rendre vieux.

Le temps si *envieillist* nos pères,
Et vieillit roys et empereres,
Et aussi nous *envieillira*,
Ou la mort jeunes nous prendra.

Rom. Rose, v. 392.

I

12

Car en cest eage est celi cose qui plus *envieillist ;* et pour lui maintenir jouenes, et pour targier la viellece, doit-on garder de trop travillier et de courous et de pensées.

Liv. de physique, c. 20.

Italien, *invecchiare.* Dalla mia fanciullezza con lui mi sono *invecchiato.*

Boccac., *Nov.* 93, 9.

Espagnol, *envéjecer.*

> Ni es buen Jordan el tintéro
> Al que *envéjéce* la pila.

Quevod., *Mus.* 6, rom. 13.

Los quales se están alli *envejeciendo,* deshaciendo, sospirando y esperando.

Guevara, *Menospr. de cort.,* cap. 12.

ÉPALEMENT, *s. m. Terme de jurisprudence et de commerce.* Action de conformer une mesure à l'étalon.

Suivant l'*espallement* qui en a esté fait aujourd'huy à la gauge de ce pays.

Nouv. Coust. général, t. I, p. 310, col. 1.

ÉPALER, *v. a.* Conformer une mesure à l'étalon.

Du boestel faire et *espacler* au moelin.

Chart. de l'ann. 1262, *Grand Chartul. noir de Corbie,* fol. 180, r°.

Et auront le droit. . . . d'*espaaler* et de justifier lesdites mesures, toutesfois et quantes li cas s'i offerront.

Chart. de l'an 1314.

Voyez aussi *Chart. de la commune de S. Valery,* ann. 1376. — *Chart. de* 1448; *Chartul. de Corbie,* 23, etc., etc.

ÉPARTIR, *v. a.* Disperser ça et là.

> Et quand le clair Phébus
> Avoit droit là ses beaux rayons *espars.*

Cl. Marot, *opusc. I; OEuv.,* t. I, p. 134.

Voyez aussi *Lett. de rémiss.,* ann. 1394; *Trés. des Chart.,* reg. 147, c. 17.

S'Épartir , *v. réfl.* Se disperser çà et là.

> Ribaces qui de l'ost se partent,
> Par les champs çà et là s'*espartent.*
>
> Guill. Guiart, *roy. lign.*

Lesquels compaignons se mistrent et *espartirent* en pluseurs lieux, pour danser et esbattre en laditte feste.

> *Lett. de rémiss.* ann. 1387; *Très. des Chart.*, reg. 130, c. 266.

> Lors la veüe s'*espart*
> En la forest.
>
> Cl. Marot, *Epist. I; OEuv.*, t. I, p. 364.

ÉPERONNER , *v. a.* Piquer avec l'éperon.

Et à son cheval reparoit anques kil estoit *espouronné* par besoinc, car li sanc li raioit par andeus les costez, et assi estoit il navrez en deus leus.

> Villehardouin, *Conq. Constant.*, fol. 32.

Éperonner , *v. n.* Courir à cheval en se servant de l'éperon.

> Amont et aval *esperonne.*
>
> Herbert , *Rom. de Dolopatos.*

> Et cil s'en vont *esperonant,*
> Tant qu'ils ont le vilain trové.
>
> *Vilain mire*, v. 174.

Voyez aussi Froissart, *Chron.*, vol. II, c. 52.

Sous cette dernière acception, le verbe *éperonner* ne me paraît point susceptible d'être réintégré dans le langage moderne.

Italien , *speronare, spronare.* Sollicito guardate in tutte guardie dal corpo, tenendolo bene sotto raggione, affrenando retto esso, e *speronando.*

> Guitt. , *Lett.* 10.

Come voi il vedete, tosto *spronate* loro addosso con vostra cavalleria.

> Giov. Villani, *Stor.* 8 , 55 , 1.

Anglais , *to spur.* My friend, who always takes care to cure his horse of starting fits, *spurred* him up to the very side of the coach.

ADDISON.

And *spurring* from the fight, confess their fear.

DRYDEN.

ÉQUANIMITÉ, *s. f.* Égalité d'ame.

Cela donc est l'une des choses qui trouble l'*équanimité* et tranquillité d'esprit.

AMYOT, *Plut. OEuv. mor.*, t. XIII, p. 443.

Hors le nœud du débat, je me suis maintenu en *équanimité* et pure indifférence.

MONTAIG., *Ess.*, l. III, c. 10.

De quelle douceur, familiarité, *équanimité*, amour et droiture un souverain doit user à l'endroit de ses subjets et serviteurs, pour en tirer une gaye et volontaire obéyssance.

SULLY, *Mém.*, t. I, ch. 54.

Latin, *æquanimitas.*

Bonitasque vestra adjutans atque *æquanimitas.*

TERENT., *Phorm.*, *prolog.*, v. ultim.

Italien, *equanimità*, *equanimitade.* Mezzo nella volontade, e nell' onore, si è *equanimitade.*

BRUNETT. LAT., *Tesor.* 6, 14.

Espagnol, *equanimidád.* Por que pueda con buena *equanimidád* y paciencia, tolerar la tristeza que el corazón recibe.

ALONSO DE CARTAGENA, *Doctrin. de Cab.*, l. III, *prolog.*

ERGOTERIE, *s. f.* Argumens scholastiques; disputes de l'école.

Ny plus ny moins que nos bons et premiers pères pussent convaincre les nouvelles *ergoteries* de ceux qui sous une vaine fiance de leurs esprits nous voudroient faire accroire le contraire.

ÉT. PASQUIER, *Rech.*, l. IX, c. 10.

On a dit dans le même sens, mais moins heureusement, *ergotis.*

Ils ont receu vaine philosophie,

Qui tellement les hommes magnifie,
Que tout l'honneur de Dieu est obscurcy
Et le haut mur d'*ergotis* endurcy.
CL. MAROT, *Opusc.* 8, *OEuv.*, t. I, p. 234.

ERGOTISME, *s. m.* Habitude, manie d'ergoter.

Je crois que ces *ergotismes* en sont cause qui ont saisi ses avenues.
MONTAIG., *Ess.*, l. I, c. 25.

ERGOTISTE, *s. m.* Celui qui a l'habitude, la manie d'ergoter.

Cicéro disoit que quand il vivroit la vie de deux hommes, il ne prendroit pas le loisir d'estudier les poëtes lyriques ; et je trouve les *ergotistes* plus tristement encore inutiles.
MONTAIG., *Ess.*, l. I, c. 25.

ESPÉRABLE, *adj. des deux g.* Que l'on peut, ou que l'on doit espérer.

Toutes choses, disoit un mot ancien, sont *espérables* à un homme pendant qu'il vit.
MONTAIG., *Ess.*, l. II, c. 3.

Latin, *sperabilis*.

Hic ille est dies, cum nulla vitæ meæ salus *sperabilis* est.
PLAUT., *Captiv.*, 3, 3, 3.

Italien, *sperabile*. Non essendo cosa *sperabile* da un ragazzaccio lo stare a tavolino l'ultime sere di carnovale.
MAGAL., *Lett. famil.*

Espagnol, *esperáble*. En el primér caso, y en los hijos deste presente matrimónio, parecía algun tanto *esperáble* por la reciente obligacion.
COLOM., *Guerr. de Fland.*, l. XI.

* ESTIMATIF, IVE, *adj.* Qui a la faculté d'estimer, d'apprécier.

Ainsy en l'homme l'entendement est le souverain, qui a sous soy une puissance *estimative* et imaginatifve.
CHARRON, *Sagess.*, l. I, c. 20.

Italien, *stimativo*. Infino a tanto che la virtù *stimativa* non soccorre all' occhio.

BUTI, *sul Dante, Parad.* 26.

Anglais, *estimative*. We find in animals an *estimative* or judicial faculty, an appetition or aversation, and loco-motive faculty answering the will.

HALE.

ESTIVAL, ALE, *adj.* Qui appartient à l'été.

Plus douce qu'un chaud hyvernal,
Et plus qu'un ombrage *estival*.

JOACH. DU BELLAY, *OEuv.*, p. 312.

On a dit aussi, mais moins heureusement, ESTIVE.

Les Romains avoient quant ils estoient en armées trois manières de tentes : *estives* pour l'été, statives quant ils ne se mouvoient de certain lieu, yvernaux quant en yver ne pouvoient besoigner.

PIERRE DE BERCHEURE, *trad. de Tite Live.*

ESTÉAL.

La saison des chaleurs *estéales*.

AMAD. JAMYN, *poés.*, p. 155.

Latin, *œstivus*. AEstivos menses rei militari dare, hibernos jurisdictioni.

CICER. *ad Attic.*, l. V, epist. 14.

AEstivalis. Virgo dexterâ manu circulum *œstivalem* tangit.

HYGIN., *Poet. Astron.*, l. III, c. 24.

Italien, *estivale*. Nella fine de' quali l'*estivale* solstizio comincia.

BOCCAC., *Filoc.*, 7, 46.

Estivo.

Muover soavemente all' aura *estiva*.

PETRARC., *son.* 238.

ÉTABLISSEUR, *s. m.* Celui qui établit, qui institue.

Veritez est provée ke au commenchement de toutes choses, quant li *establissière* devisa les quatre élémens, etc.

Rom. du S. Graal.

Il estima que le but d'un bon *establisseur* et réformateur de chose publique, devoit estre, faire bien nourrir et bien instituer les hommes.

Amyot, Plut. Lycurg.; OEuv., t. I, p. 170.

Le mot *établisseur* a signifié aussi celui qui est chargé de veiller à l'exécution d'un statut, d'une ordonnance.

Ils seront tenus de retourner en eux traire par devers lesdits *establisseurs*, et leur présenteront leurdite commission, et lesdits *establisseurs* seront tenus de sçavoir comment lesdits jurez establis se seront portez en leurdit temps.

Ordonn. de police, février 1350, tit. IX, §. 130; Ordonn. des Rois de France, t. II, p. 361.

Mais cette acception du mot *établisseur* ne me paraît point conforme à l'analogie.

Anglais, *establisher*. I reverence the holy fathers as divine *establishers* of faith.

L. Digby.

ÉTEIGNEUR, *s. m.* Celui qui éteint.

Nos *esteingneurs* furent appareillés pour estaindre le feu.

Joinville, *Hist.*, p. 44.

Latin, *exstinctor*. Prope à meis ædibus sedebas, non *exstinctor* sed auctor incendii.

Cic. in Pison., c. 11.

Italien, *estinguitore*. Questo ordine dà loro armi utili alla guerra, e capi *estinguitori* degli scandali.

Segretar. Fior. art. guerra., 1, 34.

ÉTINCELETTE, *s. f.* Petite étincelle.

Or mi point l'estencelette,
Qui les amans guerroye.

Monjot de Paris, poët. fr. avant 1300, ms., t. III, p. 644.

Latin, *scintillula*. Eas in pueris virtutum quasi *scintillulas* videmus, è quibus accendi philosophi ratio debet.

Cic., de Finib., V, c. 15.

Italien, *scintilletta*. Ma pure alcuna *scintilletta* di ragione dimostrando mi, etc.

Boccac., Laber. d'amore, 97.

Espagnol, *centellita*. Si de toda la leña del mundo se hiciera un incéndio, no podia affligir tanto, quanto la mas minima *centellita* del fuego infernál.

NIEREMB., *Difer.*, l. IV, c. 10, § 2.

ÉTRANGETÉ, *s. f.* État, qualité de ce qui est étrange.

La royne s'amusoit à contempler le poil et l'*estrangeté* des deux petits sauvages.

D. *Florès de Grèce*, fol. cxlj, r°.

Quand il n'y auroit que l'*estrangeté* du cas, elle seule découvriroit assez que c'est une œuvre de Dieu.

Amant ressuscité, p. 516.

Estimer et recommander les choses à cause de leur nouvelleté, ou *estrangieté*, ou difficulté.

CHARRON, *Sagesse*, l. I, c. 6.

Voyans l'*estrangeté* de ceste avanture, demeurèrent grandement esbahies.

STRAPAROLE, *Nuits*, t. II, p. 171.

N'ayant rien qui les rende différens de nous que l'*étrangeté* de leurs habillemens.

CL. FAUCHET, *Lang. et poés. franç.*

Voyez aussi EUST. DESCHAMPS, *Poés. mss.*, fol. 327, col. 3. — LAURENT DE PREMIERFAICT, *trad. de Boccace*, 3ᵉ *journ.*, *nouv.* 6. — AMYOT, *Plut. OEuv. Mesl.*, tom. XXII, p. 333. — MONTAIG., *Ess.*, l. III, c. 5, etc., etc.

Anglais, *strangeness*.

Here tend the savage *strangeness* he puts on.

SHAKSP.

* EXASPÉRATION, *s. f.* Action d'exaspérer, état de ce qui est exaspéré.

Cette nostre *exaspération* immodérée, et illégitime, contre ce vice, naist de la plus vaine et tempestueuse maladie qui afflige les ames humaines, qui est la jalousie.

MONTAIG., *Ess.*, l. III, c. 5.

Latin, *exasperatio*. Lipara ad intertrigines, et *exasperatio-nem* mirifica.

SCRIBON. LARG., compos. 222.

Italien, *esasperazione*. Queste cotali cose cagionano grandi e malvaggie *esasperazioni* nella piaga.

Lib. cur. malatt.

Anglais, *exasperation*. Their ill usage and *exasperations* of him, and his zeal for maintaining his argument disposed him to take liberty.

ATTERBURY.

*** EXASPÉRER**, *v. a.* Aigrir, irriter à l'excès.

Les humeurs qu'elle vouloit purger en nous, elle les a eschauffées, *exaspérées* et aigries par le conflit.

MONTAIG., Ess., l. I, c. 22.

Latin, *exasperare*. Nervos excalefacit, et corpus non *exasperat*.

PLIN., l. XXXI, c. 9.

Italien, *esasperare*. *Esasperando* troppo quelli che hanno fallato, gli fanno cadere in odio, e in bugie e in altri mali.

CAVALC., Frutt. ling.

Espagnol, *exasperar*. Por que no era su intento *exasperar* la herida, sino sanarla.

VALVERD., Vid. de Christ., l. VII, c. 13.

Anglais, *to exasperate*. The people of Italy, who run into politicks, having something to *exasperate* them against the king of France.

ADDISON.

EXCUSABLEMENT, *adv.* D'une manière excusable.

Qui est infidelle à soy-mesme, l'est *excusablement* à son maistre.

MONTAIG., Ess., l. III, c. 1.

Latin, *excusabiliter*. *Excusabilius* peccat.

S. AUGUST., de Trinit., l. XIV, c. 15.

EXCUSATEUR, *s. m.* Celui qui excuse.

Je demande à vous, monsieur, qui êtes son *excusateur*, si

pour ce que les forussits d'Italie ont des privilèges que n'ont
pas les bannis de France, etc.

H. Étienne, *Lang. franç. ital. dial. I*, p. 127.

Latin, *excusator*. Defensores et *excusatores* deorum.

S. August., *de Civit. Dei*, l. III, c. 20.

Italien, *scusatore*. Mostrando, quello essere ingiusto,
poichè altro *scusatore* non si levava.

Dant., *conviv.*, 57.

Espagnol, *excusador*. Mot principalement usité dans les
Asturies. Voyez *Dicc. de la real acad. de Madrid*.

Anglais, *excuser*. In vain would his *excusers* endeavour
palliate his enormities by imputing them to madness.

Swift.

* EXÉCRER, *v. a.* Avoir en exécration.

Ne laissant aucun point du mystère sacré,
Au naistre d'un enfant en la sorte *exécré*.

J. Baïf, *OEuv.*, fol. 68, v°.

Latin, *exsecrari*. Te oderunt, tibi pestem exoptant, te
exsecrantur.

Cicer., *in Pison.*, c. 40.

Italien, *esecrare*. *Esecrando* l'adultera giovane collo 'ngan-
nevole uomo, e verso loro con giuste ire accendendosi.

Boccac., *Ameto*, 42.

Espagnol, *execrar*. *Execraban* à los pagános, como à gente
vil y despreciada de Dios.

Valverd., *Vid. de Christ.*, l. V, c. 22.

Anglais, *to execrate*. Extinction of some tyranny, by the
indignation of a people, makes way for some form contrary to
that which they lately *execrated* and detested.

Temple.

* EXORABLE, *adj. des deux g.* Qui se laisse fléchir
par les prières.

Dieux dont les lois pour nous doivent être adorables,
Est-ce ainsi que j'ai cru vous trouver *exorables*?

Th. Corneille, *Camma*, act. III, sc. 2

Latin, *exorabilis*. Iracundiæ si *exorabiles*, summa est lenitas.
Cic., *ad Quint. fratr.*, l. I, epist. 1, c. 13.

Espagnol, *exoráble*. Fué hombre blando, y *exoráble* à los
que con humildad le pedían y obedecian.
Sed. Mexia, *Hist. Imper.*, *vid. de Valentiniano II*, cap. 1.

EXPATRIATION, *s. f.* Action de s'expatrier, état
de celui qui est expatrié, qui est absent de son pays.

Si doys sçavoir que selon le droit escript, il ne sont que
trois manières d'*expatriations* qui soyent à garder. La première
manière si est se l'expatrié est hors envoyé pour le bien publique de son pays ou de la ville où il demeure, et ce par le
gré de son seigneur. La seconde manière est se l'expatrié est
envoyé par le commandement de son prince. La tierce manière si est se l'expatrié est dehors en l'ung des pélerinaiges de
la court de Rome approuvés.
Boutillier, *Somm. rur.*, tit. 54 (édit. de J. Petit et Michel Lenoir,
fol. 126, r°, col. 2.

EXPECTATION, *s. f.* Attente, espérance.

Par science il congnust les incertaines espérances des mon-
dains, et par sapience la certaine *expectation* des biens du ciel.
Al. Chartier, *Espér.*; *OEuv.*, p. 334.

Le lieu estonne, l'assistance, l'*expectation*, lors mesme
qu'il n'y va que de l'ambition de bien dire.
Montaig., *Ess.*, l. III, c. 9.

Latin, *exspectatio*. Harum rerum non solum eventus, sed
etiam *exspectatio* indigna cive Romano est.
Cic., *pro Rabir.* c. 5.

Italien, *espettazione*. Perocchè non v'è *espettazione* del ben
promesso.
Cavalc., *Frutt. ling.*

Espagnol, *expectación*. Porque la comun *expectación* de
los Judios tiene puestos los ojos y esperanzas en un Messías
rey temporál.
Valverd., *Vid. de Christ.*, l. V, c. 32.

Anglais, *expectation*.

'T is *expectation* makes a blessing dear.

CONGREVE.

EXPLORER, *v. a.* Examiner, visiter pour observer, reconnaître, aller à la découverte.

Apportez-moy les OEuvres de Virgile, et par troys foys avecq l'ongle les ouvrans, *explorerons* par les vers du nombre entre nous convenu, le sort futur de vostre mariaige.

RABEL., l. III, c. 10.

Latin, *explorare*. *Explora* rem totam, ut consilium capere possimus.

CIC., *ad Attic.*, l. VI, epist. 8.

Italien, *esplorare*. Con sollecita mano *esplorando* le oziose tenebre, i luoghi del fuoco cercai.

BOCCAC., *Amet.*, 76.

Espagnol, *explorar*. Por condescender con el pueblo, envió el gobernador à *explorar* la tierra prometida.

MARQ., *Gobern. Christ.*, l. I, c. 23.

Anglais, *to explore*, *to explorate*.

The hollow sides, and hidden frauds *explore*.

DRYDEN, *AEneid.*

Snails exclude their horns, and therewith *explorate* their way.

BROWN.

EXPUGNATEUR, *s. m.* Celui qui prend une ville de vive force.

M. de Lautrec à qui l'on donna le nom de second Démétrius, et grand *expugnateur* de villes.

BRANT. *Cap. franç.*, t. III, p. 84.

Latin, *expugnator*. Rex Demetrius, *expugnator* cognominatus.

PLIN., l. VII, c. 38.

EXPULSEUR, **TRICE**, *adj.* Qui expulse.

Les pythagoriciens n'usoyent point de poisson, à cause qu'il

excite plus l'acte vénérien que la chair; d'autant que la se-
mence qui en provient en est plus aiguë et piquante, dont
elle sollicite plus la vertu *expultrice*.

Bouchet, *Sérées*, t. I, p. 231.

Latin, *expulsor, trix*. Iste homo acerrimus bonorum pos-
sessor, *expulsor*, ereptor, annum et sex menses nihil petit.

Cic., *pro Quint.*, c. 8.

O vitæ philosophia dux, ô virtutis indagatrix, *expultrix*que
vitiorum.

Id., *Tuscul.*, l. V, c. 2.

* EXULCÉRER, *v. a.* Causer des ulcères.

Mais ses gryphes m'*exulcérarent* tout le périnée.

Rabel., l. I, c. 13.

Latin, *exulcerare*. Causticâ vi *exulcerat* cicatrices.

Plin., l. XXVI, c. 12.

Italien, *esulcerare*. La sordidezza trascurata suole talvolta
esulcerare la parte dolente.

Libr. cur. malatt.

Espagnol, *exulcerar*. Visto que el gálbano, siendo tan agúdo
y hirviente, puede escalentar, corroer, y *exulcerar* de tal suerte
el caño y el cuello de la vexíga, que al salir de la orina se
compriman, encojan y cierren.

Lagun., *sobr. Dioscor.*, l. III, c. 91.

Anglais, *to exulcerate*. Cantharides, applied to any part of
the body, touch the bladder and *exulcerate* it, if they stay
on long.

Bacon.

EXUSTION, *s. f.* Action de brûler, état de ce qui
est brûlé; embrasement, incendie.

En ce passage, il tient manifestement que les parties, mesme
inanimées, du monde, par *exustion* et inflammation se tournent
et muent en ame.

Amyot, *Plut. OEuv. Mor.*, t. XX, p. 319.

Latin, *exustio*. Propter eluviones, *exustiones*que terrarum.

Cic., *Somn. Scip.*, c. 7.

APPENDICE.

E.

ÉBENIN, INE, *adj.* D'ébène, de couleur d'ébène.
REM. BELLEAU, *berger.*, tom. I, p. 38. — Latin, *hebe-
ninus, ebeninus.* HIERON. *in Ezechiel*, c. 27, v. 16.

ÉCEPPER, *v. a.* Arracher le cep. MÉNARD, *Hist. de
Bertr. Duguesclin*, p. 469.

ÉCERVELER, *v. a.* Faire sauter la cervelle, briser
la cervelle. *Aucassin et Nicolette, Fabl. Méon.*, tom. I,
p. 394. — *La Vieille Truande*, v. 133. — *Rom. du Brut*,
fol. 23, v°, col. 1. — EUST. DESCHAMPS, *poés. mss.*,
fol. 460, col. 1. — *Lett. de rémiss.*, ann. 1469; *Trés.
des Chart.*, reg. 195, ch. 315. — *Lancelot du Lac*,
tom. II, fol. 45, v°, col. 1. — *Chron. de S. Denis*, tom. I,
fol. 62, r°. — MONSTRELET, vol. 1, ch. 105, p. 170, v°.
— ÉT. PASQUIER, *Rech.*, l. V, c. 8. — Voy. DÉCERVELER.

ÉCHANÇONNER, *v. a.* Goûter, essayer à l'avance,
à la manière des échansons. DES PERRIERS, *Nouv. I.* —
BRANTOME, *Cap. Franç.*, tom. II, p. 147.

ÉCHARSER, *v. a.* Diminuer le titre d'une pièce de
monnaie. *Lett. de Jean I ou Jean II*, ann. 1351; *Ordonn.
des rois de France*, t. II, p. 428. — Le substantif *écharseté*
existe dans le *Dict. de l'Acad.*, *édit. de 1762.*

ÉCHOPPIER, *s. m.* Petit marchand établi dans une
échoppe. *Chart. de l'an 1301, lib. nig. 2 de Wulf. abb.*,
fol. 136, v°. — *Nouv. Cout. général*, tom. I, p. 321, col. 1.

ÉCLISSETTE, *s. f.* Petite éclisse, petit morceau de bois. *Rom. Rose*, v. 7813.

ÉCLUSER, *v. a.* Fermer au moyen d'une écluse. *Rom. de Charité*, str. 151. — *Chart. de* 1339; *Tabul. de S. Jean de Laon*, etc.

ÉCOLAGE, *s. m.* Rétribution que paient les écoliers. *Coutum. général*, tom. I, p. 1148. — Amyot, *Plut. OEuv. Mor.*, t. XX, p. 291. — Montaig., *Ess.*, l. III, c. 12. — Ce mot a servi aussi à désigner la qualité d'étudiant dans une université. Voyez *Lett. de Charles fils et lieutenant du roi Jean*, ann. 1356; *Ordonn. des Rois de France*, t. III, p. 135, § 22.

ÉCOURONNER, *v. a.* Oter la couronne, la cime. *Nouv. Cout. général*, tom. IV, p. 415, col. 1. — Italien, *scoronare. Voc. della Crusca.*

ÉGÈNE, *adj. des deux g.* Indigent. *Cout. de Normandie en vers franç.*, ms., fol. 35, v°. — Latin, *egenus.* Tacit., *Ann.*, 15, c. 12.

ÉLATION, *s. f.* Action de s'élever, fierté, orgueil. *Règle de S. Benoît*, c. 62.

EMBESOGNER, *v. a.* Charger quelqu'un d'une besogne, occuper. Froissart, *Chron.*, vol. III, c. 9. — *Lett. de rémiss.*, ann. 1404; *Trés. des Chart.*, reg. 159, c. 99. — Comines, *Mém.*, l. II, c. 14. — Montaig., *Ess.*, l. III, c. 9. — S'embesogner, *v. réfl.* S'occuper, se charger d'une besogne. *Rom. Rose*, v. 4931. — Froissart, *Chron.*, vol. III, c. 79. — Montaig., *Ess.*, l. III, c. 13. — Italien, *imbisognare.* Senec., *Pistol.* — Embesognement, *s. m.* Occupation, action de se charger d'une occupation. Montaig., *Ess*, l. III, c. 5.

EMBLAYER, *v. a.* Embarrasser, encombrer. *Chart. de l'an* 1247; *Chart. de Corbie*, 21, fol. 95. — *Chart.*

de 1282.; *Hist. de l'abbaye de N. D. de Soissons*, p. 466.
— *Rom. du Quens de Ponthieu*, ou *Voyage d'outremer
du comte de Ponthieu*, *ms.*, etc.

EMBRICONNER, *v. a.* Tromper. *Rec. de poët. franç.
avant* 1300, *ms.*, tom. I, p. 429. — *Poët. franç.*, *ms. du
Vatican*, n° 1490, fol. 102, v°. — Voy. BRICON.

EMMANTELER, *v. a.* Envelopper d'un manteau.
Lancelot du Lac, tom. III, fol. 32, r°, col. 2. — AM.
JAMYN, *poés.*, p. 60, v°. — J. ANT. BAÏF, *OEuv.*, p. 34, r°.

EMMÊLER, *v. a.* Mêler, embrouiller. AMYOT, *Plut.
Disc. prélim.; OEuv.* tom. I, p. xxix.

EMMITONNER, ou AMMITONNER, *v. a.* Emmi-
touffler, envelopper de fourrures. MONTAIG., *Ess.*, liv. I,
c. 35.

ÉMOUCHETEUR, *s. m.* Celui qui émouche, qui
chasse les mouches. RABEL., l. II, c. 15.

EMPASTURER, *v. a.* Faire paître, mener à la pâ-
ture. *Lett. de rémiss.*, ann. 1404 ; *Trés. des Chart.*,
reg. 159, c. 14.

EMPÊCHEUR, *s. m.* Celui qui empêche, qui met
obstacle. *Rom. Rose*, v. 12585. — *Myst. des Actes des
Apost.*

EMPERLER, *v. a.* Orner de perles. MONTAIG., *Ess.*,
l. 1, c. 25. — Italien, *imperlare*. PETRARC., son. 160.
— Anglais, *to impearl*. DIGBY, *to Pope*.

EMPIÉGER, *v. a.* Prendre dans un piège. *Le Reclus
de Moliens, Miserere*, str. 269. — RABEL., l. II, c. 7.

EMPLOMBER, *v. a.* Appesantir. LOYS LE CARON,
poés. fol. 71, v°.

EMPOSSESSIONNER, *v. a. Terme de jurisprudence.*
Mettre en possession. *Coutum. général*, tom. II, p. 1034.
— Italien, *impossessare*. DAVANZ., *Tacit. Vit. Agric.*, 394.

EMPOUILLÉ, ÉE, *part. passif.* Suffisamment cultivé, planté, ensemencé. *Nouv. Cout. général*, t. II, p. 1058, col. 1.

EMPTION, *s. f.* Achat. *Anc. trad. de la Bibl.*, *Jérém.*, c. 32, v. 14. — *Coutum. général*, tom. I, p. 362. — **Amyot**, *Plut.*, *OEuv. Mesl.*, tom. XXI, p. 286. — Latin, *emptio.* **Cicer.**, *ad Atticum*, l. XII, c. 3. — Anglais, *emption.* **Arbutnot**, *on Coins.*

ENCARCÉRER, *v. a.* Mettre en prison. *Lett. de rémiss.* ann. 1392; *Trés. des Chart.*, reg. 143, c. 32. — On dit maintenant *incarcérer*, mot qui ne se trouve point dans le Dictionnaire de l'Académie, édit. de 1762, mais dans celle de Smits 1798. Voy. **Incarcérer.**

ENCHAPPEMENT, *s. m.* Ce qui sert à couvrir. *Lett. de rémiss.* ann. 1379; *Trés. des Chart.*, reg. 115, c. 287.

ENCHARTRER, *v. a.* Mettre en chartre, emprisonner. **Villehardouin**, *Conq. de Const.*, fol. 39. — *Anc. poët. franç.*, *ms. de la Clayette*, in-4°, fol. 426, col. 1. — **Nangis**, *Ann.*, p. 179. — **Monstrelet**, vol. I, c. 57. — *Lett. de rémiss.*, ann. 1357; *Trés. des Chart.*, reg. 91, ch. 68. — **Cholières**, *Contes*, fol. 168, r°. — *Hist. de Jean Boucicaut*, Paris, 1620, in-4°, l. II, p. 245.

ENCHOIR, *v. n.* Tomber, encourir. *Cout. Génér.*, t. I, p. 812. — **Eust. Deschamps**, *Poés. mss.*, fol. 532, col. 2. — *Hist. de Floridan*, p. 724. — Latin, *incidere.* **Cornel. Nepos**, *Attic.*, c. 10. — Italien, *incadere.* *Comment. sopr. il Dante.*, *Purg.* 10.

ENCORDER, *v. a.* Garnir de cordes. *Rom. du Rou*, ms., p. 305 bis. — **Guill. Guiart**, *Roy. lign. ad ann.* 1264. — **Remi Belleau**, *Berger.*, tom. I, p. 169. —

Italien, *incordare.* ANT. ALAMANNI, *Rim.* 27.—Espagnol, *encordar,* QUEV., *Fort.*

ENCOUARDIR, *v. a.* Rendre lâche, couard. MONTAIG., *Ess.,* l. II, c. 1.—Italien, *incodardire,* DAVANZ., *Tacit.,* Voy. ACCOUARDIR.

ENCOURTINER, *v. a.* Entourer de courtines, de rideaux. GAUTIER DE COINSI, *Sainte Léocade,* v. 1872. —*Anc. poët. franç.,* ms. de la Clayette, in-4°, fol. 417. —*Rom. des Rom.,* str. 217.—NANGIS, *Ann.,* p. 259. —FROISSART, *Chron.,* vol. IV, c. 2.—GUILLAUME DE TYR, *trad. franç.,* fol. 170, v°.—*Contes de la Reine de Navarre,* p. 146.—ALAIN CHARTIER, *Espérance, OEuv.,* p. 346.—CL. MAROT, *Opusc.* 3; *OEuv.,* t. I, p. 178. —*Caquets de l'Accouchée,* p. 170. — Latin barbare, *incortinare. Invent. S. Cap. Paris.,* ann. 1335. — Italien, *incortinare.* BOCCAC., *nov.* 15, 8.—Espagnol, *encortinar, Regim. de Princ.,* part. III, l. 3, c. 20.—**ENCOURTINEMENT,** *s. m.* Lieu entouré de courtines. *Perceforest,* vol. II, fol. 118, r°, col. 1.

ENCROUER (S'), *v. réfl.* S'accrocher. Il se dit d'un arbre qui, en tombant sur un autre arbre, s'embarrasse dans ses branches. *Stat. de l'ann.* 1376; *Ordonn. des Rois de France,* tom. VI, p. 231, art. 23. — *Réglem. pour les forêts,* septembre 1402, *ibid.,* tom. VIII, p. 527, § 22.— Le mot *encroué* se trouve sous la même acception, et sous la qualification grammaticale d'adjectif, dans le Dictionnaire de l'Académie, édit. de 1762.

ENDUREMENT, *s. m.* L'action d'endurer. *Lett. de rémiss.,* ann. 1416; *Trés. des Chart.,* reg. 169, ch. 131.

ENFANTILLER, *v. n.* Faire des enfantillages, jouer d'une manière enfantine. PASQUIER, *Lett.,* tom. III, p. 650.

ENFILURE, *s. f.* Action d'enfiler. Montaig., *Ess.*,
l. I, c. 36.

ENJALOUSER (S'), *v. réfl.* Devenir jaloux, concevoir
de la jalousie. Jac. Tahureau, *poés.*, p. 128.—Montaig.,
Ess., l. III, c. 7.—Loys de Caron, *poés.*, fol. 64, v°.
—Italien, *ingelosire.* Boccac., *nov.* 65, 2.

ENNASSER, *v. a.* Mettre dans la nasse. S. Julien,
Mél. histor., p. 197.

ENNUBLIR, *v. a.* Couvrir de nuages, obscurcir.
Philip. de Vitri.—Guerin, *Fabl. des Tresces*, v. 410.
—J. Ant. Baïf, *OEuv.*, fol. 17, r°.—On a dit aussi
Anubler. *Manière d'ourer*, ou *les Quinze Joies de Notre
Dame*, ms. de *l'église de Paris*, M. 7. — Obnubler,
Rom. Rose, v. 5000.—Latin, *obnubilare.* Amm. Marcell.,
l. XXVIII, c. 4.—Italien, *Annuvolare. Moral. di S. Gre-
gorio.*

ENORDIR, *v. a.* Couvrir d'ordure, salir, souiller.
Le Reclus de Moliens, Miserere, str. 19.—*Hist. de la
Toison d'or*, tom. II, fol. 4, v°.

ÉNORMAL, ALE, *adj.* Contraire aux règles. *Rom.
Rose*, v. 20554.

ENREGISTRABLE, *adj. des deux g.* Susceptible
d'être enregistré. Montaig., *Ess.*, l. II, c. 16.

ENSEIGNEUR, ENSEIGNERESSE, *s.* Celui ou celle
qui enseigne. Joinville, *Hist.*, p. 94.—*Moralitez, ms.
de l'église de Paris.—Mirouer du Crestien.—Anc. trad.
de la Bible, Sag.*, c. 8, v. 4.—Desperriers, *Nouv.* 7.—Cl.
Marot, *Opusc. I; OEuv.*, tom. I, p. 131.—*Marguer.
de la Marguerite*, fol. 120, r°.—Jac. Tahureau, *dial.*,
p. 190.

ENTELETTE, *s. f.* Petite ente, petite greffe. J. Ant.
Baïf, *OEuv.*, fol. 90, v°.

ENTREBAILLURE, *s. f.* État de ce qui est entrebaillé. Amyot, *Plut.*, *prop. de table*, l. IX, quest. 1re, *OEuv.*, t. XVIII, p. 441.

ENTRENOUER, *v. a.* Nouer l'un avec l'autre, entrelacer. Jac. Tahureau, *poés.*, p. 236.

ENTRESUITE, *s. f.* État de ce qui s'entresuit, action de s'entresuivre. Remi Belleau, *Berger.*, tom I, p. 63. — Ph. Desportes, *OEuv.*, p. 492. — Ét. Pasquier, *Rech.*, l. II, c. 16.

ENTR'OEIL, *s. m.* Partie de la face qui se trouve entre les deux yeux. *Fabl. mss.*, p. 259. — Froissart, *poés. mss.*, fol. 182, c. 1. — Eust. Deschamps, *poés. mss.*, fol. 250, col. 2.

ENTR'OUVERTURE, *s. f.* Petite ouverture, état de ce qui est entr'ouvert. *Fabl. mss.*, p. 177.

ENVERGOGNER, *v. n.* S'envergogner, *v. réfl.* Avoir de la vergogne, de la honte. *Trad. de la Bible, S. Luc*, c. 16, v. 3. — Italien, *invergognarsi. Vite Plut.* — Espagnol, *envergonzarse.* Don Manoel, *Cond. Lucan*, cap. 34.

ENVOILER, *v. a.* Garnir de voiles. Joach. du Bellay, *OEuv.*, p. 255.

ÉPARSEMENT, *adv.* D'une manière éparse ; çà et là, de côté et d'autre. Froissart, *Chron.*, vol. I, c. 245. — Latin, *sparsim.* Apul., *Métam.*, l. I. — Italien, *sparsamente.* Varch., *stor.* 12, 442. — Espagnol, *esparcidamente.* Nieremb., *Philos. occult.*, l. II, cap. 14.

ÉPAULIÈRE, *s. f.* Partie de l'armure qui couvre l'épaule. *Assises de Jérusal.*, ms., ch. 95. — *Bat. de Quaresme*, ms. de S. Germain, fol. 91, v°, col. 3. — Guil. Guiart, *Roy. lign.* — *D. Florès de Grèce*, fol. cxlvij, r°.

—Latin barbare, *spallarium*. *Stat. Equit. Teuton.*, art. 73, *ap.* R. DUELL., *Miscell.*, t. II, p. 59.

ÉPERDRE (S'), *v. réfl.* Être éperdu. *Castoiement*, cont. 9, v. 36. — J. ANT. BAÏF, *OEuv.*, fol. 114, r°. — ÉT. PASQUIER, *Rech.*, l. V, c. 29.

ÉPINAIE, *s. f.* Lieu rempli d'épines. *De la Dame qui fit trois tours*, v. 43. — *Perceforest*, vol. I, fol. 37, v°, col. 2. — On a dit aussi ÉPINEL. *Florem. et Blancheflor*, v. 33. — Latin, *spinctum*. VIRG., *Eclog.* 2, v. 9. — Italien, *spineto*, *Tratt. gov. famigl.* — Espagnol, *espinar.* PELLICER, *Argen.*, part. II, l. II, c. 12.

ÉPINGLETTE, *s. f.* Petite épingle. EUST. DESCHAMPS. *poés. mss.*, fol. 174, col. 1.

ÉPROUVEUR, *s. m.* Celui qui éprouve, qui essaie. *Lett. de rémiss.*, ann. 1409; *Trés. des Chart.*, reg. 163, ch. 278.

ERRONÉMENT, *adv.* D'une manière erronée. DU TILLET, *Rec. des Rois de France*, p. 239.

ESCARCELETTE, *s. f.* Petite escarcelle. J. TAHUREAU, *poés.*, p. 289.

ESCLAVER, *v. a.* Rendre esclave. EUST. DESCHAMPS, *poés. mss.*, fol. 223, col. 3. — AMAD. JAMYN, *poés.*, fol. 76, v°. — MONTAIG., *Ess.*, l. I, c. 29. — PH. DESPORTES, *poés.*, p. 260.

ESCOURGER, *v. a.* Fouetter, donner des coups d'escourgée. LE LABOUREUR, *Voyage de la reine de Pologne*, p. 208.

ESSART, *s. m.* Terre dont on a coupé, arraché, déraciné les bois et les broussailles, pour la mettre en culture. PH. MOUSKES, *ms.*, p. 433. — *Anc. poët. franç.*, *ms. de la Clayette*, fol. 295, col. 1. — *Rom. d'Érec et d'Énide.* — On a dit aussi *sart, Chron. de Hainault.* — Latin barbare, *sartus, sartum, essartum. Lib. scaccar. Angl.,* part. I, c. 13.

ESSEULER (S'), *v. réfl.* Se tenir seul, à l'écart. *Lett. de rémiss.,* ann. 1375 ; *Trés. des Chart.,* reg. 108, ch. 136. — *Idem,* ann. 1382, *ibid.,* reg. 122, ch. 67.

ESTROPIEMENT, *s. m.* Action d'estropier, état de celui qui est estropié. Pasquier, *Lett.,* tom. II.

ÉTAMINER, *v. a.* Passer à l'étamine. Cholières, *Contes,* fol. 220, v°.

ÉTHIQUE, *adj. des deux g.* Qui a rapport à la morale. Montaig., *Ess.,* l. III, c. 13. — Grec, ἠθικὸς. Aristot., *Pol.* 8. — Latin, *ethicus.* Senec., *Controv.,* l. II, c. 10.

ÉTROITELET, ETTE, *adj.* Qui est un peu étroit. Joselis de Dijon, *poët. franç. avant* 1300, *ms.,* t. II, p. 966.

ÉTROITETÉ, *s. f.* État de ce qui est étroit. *Perceforest,* vol. 1, fol. 143, r°, col. 1. — *Hist. de la Toison d'or,* tom. I, fol. 81. — Anglais, *straitness.* Bacon. — Si l'on eût dit *étroitesse,* ce mot serait moins âpre et plus sonore.

EXCESSIVETÉ, *s. f.* Qualité de ce qui est excessif. *Lett. de rémiss.,* ann. 1362 ; *Trés. des Chart.,* reg. 91, ch. 472. Bellièvre *et* Sillery, *Mém.,* p. 461.

EXCLAMER, *v. n.* Faire une exclamation, s'écrier. *Danse des Aveugles.* — Des Accords (*Ét. Tabourot*), *Bigarrures,* p. 50. — Amyot, *Plut., OEuv. mor.,* tom. III, p. 132. — Latin, *exclamare.* Cicer., *Tuscul.,* l. II, c. 53. — Espagnol, *exclamar.* Quevedo, *M. B.* — Italien, *esclamare.* Segn., *Pred.* 33, 8. — Anglais, *to exclaim.* Lestrange.

EXCOGITATION, *s. f.* Pensée, réflexion. *Lett. de ré-miss.*, ann. 1364; *Trés. des Chart.*, reg. 96, ch. 323.

EXILE, *adj. des deux g.* Mince, grêle, menu, délié. Montaig., *Ess.*, l. I, c. 25. — Latin, *exilis.* Cicer., *de re agrar.*, l. II, c. 25.

EXPERTEMENT, *adv.* Habilement, adroitement. *Lett. de rémiss.*, ann. 1388; *Trés. des Chart.*, reg. 135, ch. 108.

EXULTER, *v. n.* Tressaillir de joie, être transporté de plaisir. *Bibl. Histor.* — Latin, *exultare.* Cicer., *ad Attic.*, l. VI, *epist.* 1.

F.

FABULOSITÉ, *s. f.* Qualité de ce qui est fabuleux; récit fabuleux, mensonger; invention fabuleuse.

Or quelques-uns interprétans un peu plus gracieusement la *fabulosité* de ce conte, disent que ce ne fut pas par imprécation qu'il attira la marine.

AMYOT, Plut., OEuv. mor., t. XVI, p. 151.

Espagnol, *fabulosidád*. Toda la *fabulosidád* de Grecia, como la claridád de las letras, resplendeció primero deste seno.

HUERT., Plin., l. IV, proœm.

Anglais, *fabulosity*. In their *fabulosity* they report, that they had observations for twenty thousand years.

ABBOT.

FACIENDAIRE, *s. m.* 1° Agent, négociateur.

Il envoya Hurault, évesque d'Autun, l'un des principaux conseillers de son conseil et *faciendaires* avec lettres.

ÉT. PASQUIER, Rech., l. VI, c. 12.

Excitez par quelques ministres factieux, et messieurs de Bouillon, de la Trimouille, Desdiguières, Du Plessis et leurs *faciendaires*.

SULLY, Mém., t. II, c. 27.

2° Homme habile dans les affaires, les négociations, les intrigues.

Au lieu duquel (Calixte), fut fait pape Æneas Sylvius, qui se fit nommer Pie deuxième, homme grand *faciendaire*, ainsi qu'il avoit bien fait paroistre par ses déportemens, auparavant qu'il feust appelé à ceste grande et souveraine prélature.

ÉT. PASQUIER, Rech., l. VI, c. 27.

FALSIFIABLE, *adj. des deux g.* Susceptible d'être falsifié.

Il ne peut fuir que les sens ne soyent les souverains maistres de sa cognoissance : mais ils sont incertains et *falsifiables* à toutes circonstances.

Montaig., *Ess.*, l. II, c. 12.

FARINIÈRE, *s. f.* Coffre qui sert à renfermer la farine ; boîte dans laquelle tombe la farine qui sort du moulin.

La *farinière* où chiet la farine en moulant.

Lett. de rémiss., ann. 1453 ; *Trés. des Chart.*, reg. 182, c. 153.

FAUCILLER, *v. a.* Couper avec la faucille.

Un amirant qui estoit de la partie au soudanc de Damas, vint *fauciller* blez à un kazel, à trois lieues de l'ost.

Joinville, *Hist.*, p. 108.

Compagnons fauciliers pour *fauciller* les blefs.

Lett. de rémiss., ann. 1390 ; *Trés. des Chart.*, reg. 139, c. 68.

D'où les mots :

Faucilleur, *s. m.* Ouvrier qui coupe, qui scie les bleds avec la faucille.

Comme le suppliant.... eust envoyé *faussilleurs* pour faussillier son blef.

Lett. de rémiss., ann. 1415 ; *Trés. des Chart.*, reg. 168, c. 385.

Faucillage, *s. m.* Action de couper avec une faucille.

Le *faucillage* et fenage d'ilec.

Reg. des cens du comté de Chartres, fol. 57.

Latin barbare, *falcillagium.* De releviis, corveis, terragiis, *falcillagiis*, etc.

Arest., ann. 1257, reg. du parlem. I, fol. 3.

***FÉDÉRATION**, *s. f.* Association politique ou commerciale.

Arester au corps tous estrangiers, réservez ceux qui sont de la *fœdération*, pour debtes tant liquides que illiquides.

Nouv. Cout. général, t. I, p. 294, col. 2.

Latin, *fœderatio.* Mot employé par plusieurs jurisconsultes.

Espagnol, *federación*, mot peu usité de nos jours.

Quinto Pompéo, la *federación* Munintina y sus grandes the-sóros denegó.

Lucen., *Vit. beat.*, fol. 3.

FENDILLER (SE), *v. réfl.* Se gercer, s'entr'ouvrir par de petites fentes ou crevasses ; il s'est dit de tous les corps durs, mais plus particulièrement de la terre, ou de l'enduit d'une muraille, et quelquefois de l'écorce des arbres.

Et sommes advertis que le massif se desmeut, quand nous voyons *fendiller* l'enduict et la crouste de nos parois.

Montaig., *Ess.*, l. I, c. 43.

Ce mot a été employé par nos écrivains modernes.

La surface de ce bloc immense s'est divisée, fêlée, *fendillée*, réduite en poudre, par l'impression des agens extérieurs.

Buffon, *Hist. nat. min.*, art. 1, *de la fig. des min.*, t. I, p. 22.

Voyez aussi Seb. Girardin, *Dict. raisonné de Botanique*.

FÉRULACÉE, *adj. des deux g.* Dont la forme se rapproche de celle de la plante nommée par les anciens *férule*, et que certains botanistes croient retrouver dans les familles des ombellifères.

De la racine procède ung tige unicque, rond, *férulacée*, verd au dehors, blanchissant au dedans.

Rabel., l. III, c. 47.

Latin, *ferulaceus.* Cætera sunt *ferulacei* generis ut fœni-culum.

Plin., *Hist. nat.*, l. XIX, c. 9.

FESTIVITÉ, *s. f.* Célébration d'un jour de fête ; so-lennité ; gaieté, alégresse qu'inspire un jour de fête.

Le premier jour ert saint et solempne, le septisme jor ert honorable, de mesme la *festivetée*.

Anc. trad. de la Bible, Exod., ch. 12, v. 16.

Il n'y a respect de personne, la *festivité* de la journée le
veut ainsi.

Ét. Pasquier , *Rech.*, l. IV, c. 9.

Latin, *festivitas*. Ne *festivitatem* impediant in cunctis op-
pidis celebrandam.

Cod. Theod., l. XV, tit. 5 , leg. 3.

> Maximas opimitates, opiparasque offers mihi :
> Laudem , lucrum , ludum , jocum , *festivitatem*, ferias.

Plaut. , *Captiv.*, act. IV, sc. 1 , v. 2 et 3.

Espagnol , *festividád*. Dexamos de referir por menor las
circunstancias de sus *festividádes* y sacrificios, sus ceremonias,
hechicerias y supersticiones.

Solis , *Hist. de Nuev. Esp.*, l. III, c. 17.

La cultura y propriedád, la *festividád*, y agúdeza.

Fr. Herrer. , *sob. Garcil.*, son. 1.

Anglais , *festivity*. The daughter of Jephta came to be
worshipped as a deity, and had an annual *festivity* observed
unto her honour.

Brown.

To some persons there is no better instrument to cause the
remembrance, and to endear the affection to the article, than
the recommending it by *festivity* and joy of a holy day.

Taylor.

Festif , ive , *adj.* Qui appartient à un jour de fête ;
qui inspire la gaieté d'un jour de fête.

> Plus volentiers vest robes sales ,
> Que *festives* robes ne facent.

Gautier de Coinsi , *Mir. de N. D.*, l. II, c. 1.

Latin , *festivus*.

> Nunc quà assedistis causà in *festivo* loco ,
> Comœdiæ, quam nos modo acturi sumus,
> Et argumentum , et nomen vobis eloquar.

Plaut. , *Mil.*, act. II, sc. 1 , v. 5 et seq.

Italien , *festivo*. Ferie sono dette quasi *festive*.

Maestruzz. 2 , 27.

Espagnol, *festivo*. Mandó que el dia en que fué colocada la estátua fuesse *festivo*.

Pellicer, *Argen.*, part. II, fol. 86.

Acompañado de sus déudos y amígos, la llevó à su casa con las *festivas* ceremonias que acostumbran los Judios.

Valverd., *Vid. de Christ.*, l. I, c. 9.

Festivement, *adv.* Avec la pompe, la solennité, l'alégresse qui convient à un jour de fête.

> Encontre li, à chière clère,
> Se leva moult *festivement*.

Gaut. de Coinsi, *Mir. de N. D.*, l. I, c. 15.

Latin, *festivè*, *festiviter*.

> In loco festivo sumus *festivè* accepti.

Plaut., *Pseud.*, act. V, sc. 1, v. 9.

> O domus parata pulchræ familiæ *festiviter*.

Næv. apud Nonium, c. 11, n° 10.

Italien, *festivamente*. Celebrate *festivamente* le nozze la sera innanzi.

Fioril. d'Ital.

Espagnol, *festivamente*.

> Pues mudára verdugo solamente
> Que mas *festivamente* le azotára.

Quevedo, *mus.* 8, *sylv.* 29.

Au reste l'adjectif *festif, ive*, et l'adverbe *festivement*, ne me paraissent point de nature à être réintégrés dans le langage moderne.

FEUILLIR, *v. n.* Se couvrir de feuilles.

> Si verra l'en les bois *foillir*.

Durant, *les Trois Bossus*, v. 268.

> Ce fu el tems qu'arbres florissent,
> *Foillent* boscages et prés verdissent.

Rom. d'Erec et d'Enide.

> Que flourir voyent et *feuillir*.

Rom. Rose, v. 16905.

Latin barbare, *foliare*, *foliari*.

Laurent., Amalth.

Italien, *fogliare*. Siccome *fogliare*, fiorire, et fruttuare fa bonità, disfogliare, e sfiorire, e diuudare, e laidare malvagità fa.

Guitt., lett. 25.

On a dit aussi, mais moins heureusement, *foilloler*.

> A l'entrant dou temps novel,
> Que saison vient en douçour,
> Prey sont vert et aubrissel
> *Foillolent.*

Robins dou Chastel., Rec. de poët. fr. avant 1300, ms., t. I, p. 48.

FLAMMEROLE, *s. f.* Petite flamme, feu follet.

Sorciers et sorcières, *flammerolles*, ou feux follets, et lutins ou démons, ou esprits cessent leurs mauvaises façons vers minuit.

Perceforest, vol. II, fol. 13, 1°, col. 2, et v°, col. 1.

FLAMMIVOME, *adj. des deux g.* Qui vomit des flammes.

Vous debviez paour avoir de Pyroeïs, Heoüs, Aëthon, Phlegon, célèbres chevaulx du soleil, *flammivomes,* qui rendent feu par les narines.

Rabel., l. IV, c. 33.

Latin du moyen âge, *flammivomus.*

> ....*Flammivomá* descendet nube coruscans,
> Judex.

Juvencus, Hist. Evang., proœm., v. 23 et 24.

FLUCTUER, *v. n.* Sens propre. Couler à flots, être agité comme les flots.

> .....*Fluctuoit*, comme d'une fontaine,
> Le très-cher sang de celle chair humaine.

Triomph. de la Noble Dame, fol. 157.

Autour de cette praerie *fluctuoit* un ruisseau d'eau clère et vive.

Ibid., fol. 186.

Sens figuré. Être vague, incertain.

Et donnèrent advis auquel des deux appartenoit mieux le sceptre, ou à celuy qui sans aucun soin laissoit *fluctuer* les affaires de son royaume, etc.

Ét. Pasquier, *Rech.*, l. III, c. 4.

Fluctuant, ante, *adj.* Coulant, incertain, vague, qui reste dans l'indécision.

Et se doit bien garder que le langaige soit dissolu ou *fluctuant*.

Fabry, *Art de Rhétor.*, l. I, fol. 14, r°.

Latin, *fluctuare*, *fluctuari*.

> *Fluctuare* video vehementer mare.
>
> Plaut., *Rud.*, act. IV, sc. 5, v. 12.

> . . . . . Animo nunc huc, nunc *fluctuat* illuc.
>
> Virgil., *AEneid.*, l. IV, v. 532.

Italien, *fluttuare*. Ver l'acque mirando, in piccola barca *fluttuante* vidi di bella forma un giovane.

Boccac., *Amet.*, 32.

Espagnol, *fluctuar*. Puso en segura obediencia las cosas, que *fluctuaban* no menos que las de Valenciana.

Baren, *Guerr. de Flandr.*, p. 43.

Anglais, *to fluctuate*.

> The *fluctuating* fields of liquid air.
>
> Blackmore.

> . . . . . And, as to passion mov'd
> *Fluctuates* disturb'd.
>
> Milton, *Parad. lost*.

On a dit aussi **Fluctueux, euse**, *adj.* Agité, en parlant des flots de la mer.

> Car tout rompu de ceste impétueuse
> Émotion de la mer *fluctueuse*.
>
> Cl. Marot, *Hér. et Léand.*; *OEuvr.*, t. III, p. 136.

Mais je ne crois pas que ce dernier mot, qui d'ailleurs se trouve dans le Dict. de l'Acad., édit. de 1798, soit susceptible d'être restitué au langage moderne.

FOI-MENTI, IE, *adj.* Parjure, qui fausse son serment, qui manque à la foi qu'il a donnée.

> Et dist la dame, vos i avés menti,
> Come traîtres, parjure, *foi-menti.*
>
> Rom. *de Garin.*

Voyez aussi *Assis. de Jérusalem,* c. 62.

FOLATREMENT, *adv.* D'une manière folâtre.

> Quand quelque gentille dame
> *Folâtrement* nous enflamme
> Par le doux feu de ses yeux.
>
> JACQ. TAHUREAU, *poés.,* p. 105.

> Cent fois le jour je rebaisse la main,
> *Folâtrement* qui dedans l'eau glissante,
> Touche de près la cuisse blanchissante.
>
> REM. BELLEAU, *Berger.,* t. I, p. 42.

Comme celle qui ne demandoit que son plaisir, estant desja en aage de marier, et dit *follastrement* ces paroles à ses chambrières.

> AMYOT, *Plut.,* OEuvr. *Mor.,* t. XIII, p. 113.

FORCENER, *v. n.* **SE FORCENER,** *v. réfl.* Devenir furieux, forcené, perdre la raison.

> Et le villain croulle sa hure,
> Et *se forsène,* et sur saints jure
> Qu'il l'occira sans nul respit.
>
> Rom. *Rose,* v. 16208.

Et se commencèrent à *forsener* plus aigrement que ils n'avoient onques mèz fait.

> NANGIS, *Ann.,* p. 283.

Je veux que l'advantage soit pour nous; mais je ne *forcène* pas s'il ne l'est.

> MONTAIG., *Ess.,* l. III, c. 10.

Voyez aussi Rom. *de Perceval.* — CHARRON, *Sag.,* l. II, ch. 2, etc.

Ce mot a été employé par P. Corneille.

> Je *forcène* de voir que sur votre retour
> Ce traître assure ainsi ma perte et son amour.
>
> *La Veuve,* comédie, act. V, sc. 9.

Le verbe *forcener* s'est pris aussi activement dans le sens de rendre forcené, faire perdre la raison.

> Je voy un chevalier cy-devant en ce tournoi qui *forcène* tous de la prouesse qui est en luy.
>
> *Perceforest*, vol. I, fol. 136, r°, col. 1.

FORCÉNERIE, *s. f.* État d'un homme furieux, forcené; délire, folie, fureur.

> Ensi que nos refreniens la *forséneric* de tos pervers cuvises.
>
> S. BERNARD, *Serm. fr. mss.*, fol. 38.

> Et en cel jour de vendredi, une *forséneric* prist à ladite Jacqueline, si que ele fu hors de son mémoire et de son sens.
>
> *Miracl. de S. Louis*, c. 30.

> Et semble que cette *forcénerie* est voisine à celle de ce garçon qui alla saillir par amour la belle image de Vénus que Praxitèles avoit faicte.
>
> MONTAIG., *Ess.*, l. III, c. 5.

Voyez aussi *Anc. trad. de la Bible*, cant. *d'Habacuc*, v. 12. — ADANS LI BOÇUS, *Rec. de poët. franç. avant* 1300, *ms.*, tom. IV, p. 1402. — *Rom. Rose*, v. 4404. — NANGIS, *ann.*, p. 177, 218, etc. — *Perceforest*, vol. VI, fol. 99, v°, col. 1. — *Hist. de la Toison d'or*, tom. II, fol. 62. — AL. CHARTIER, *Espér.*; *OEuv.*, p. 276. — AMYOT, *Plut.*, *OEuv. mor.*, tom. XVII, p. 15, etc., etc.

Le substantif *forcénerie* se retrouve aussi dans Scarron.

> J'aurois de la *forcénerie*
> Assez pour me faire enchaîner.
>
> *Virg. travesti*, ch. VII.

J'observerai toutefois que, vu le genre du style adopté par cet écrivain, son autorité ne me paraîtrait pas suffisante pour proposer la réintégration du mot *forcénerie*, si je ne le croyais d'ailleurs utile, comme complémentaire de l'adjectif *forcené*.

Italien, *forsenneria*. Il senno del mondo è follia, ed insania, e *forsenneria*.

Tratt. ben viv.

On a dit dans le même sens *forcénement*, *s. m.*

> La colère indomptée et le *forcénement*
> Qui troublèrent l'esprit d'un misérable amant.

Phil. Desportes, *Poés.*, p. 443.

Ce mot a été employé par Pierre Corneille.

> Et fuyez un tyran, dont le *forcénement*
> Joindroit votre supplice à mon bannissement.

Médée, act. IV, sc. 5.

Néanmoins je ne le crois pas susceptible d'être réintégré dans notre langue, et je préférerais le mot *forcénerie*. — Je ne pense pas non plus qu'on doive admettre les deux mots suivans, quoiqu'ils se trouvent dans des auteurs anciens estimés.

Forcénément, *adv.* D'une manière forcenée, avec fureur, délire.

> Cum *forseneiement* ramperoient-il, et forseneroient et des mains et des piez, k'il puissent montir en halt.

S. Bernard, *Serm. franç.*, mss., fol. 115.

Italien, *forsennatamente*. Se *forsennatamente* nella prima opera si comportano, forsennatissimamente nella seconda vollero comportarsi.

Fra Giord., *predich.*

Forcenable, *adj. des deux g.* Furieux, qui a quelque chose de forcené.

> C'est raison toute *forcenable*.

Rom. Rose, v. 4403.

FORFAITEUR, *s. m.* Celui qui commet un forfait, un crime contre les lois divines ou humaines; qui désobéit à une ordonnance, à un réglement.

Et davantage ayant forfait contre les sainçts mystères, et en

I14

estant appelé en justice, il en fut absouls, à la charge de donner à cognoistre et déclarer les *forfaicteurs.*

AMYOT, *Plut. OEuv. mél.*, t. XXI, p. 15.

Latin barbare, *forisfactor*, *forifactor.* Si *forifactor* judicium expectare noluerit.

Chart., ann. 1213, citée par LA THAUMASSIÈRE, *Cout. de Berry*, p. 80.

Voyez aussi *Chart.*, ann. 1232, apud MIRÆUM, *Oper. diplom.* tom. II, p. 1219, col. 2.

FORMATEUR, TRICE, *s.* Celui ou celle qui forme.

Car la philosophie qui, comme *formatrice* des jugemens et des mœurs, sera sa principale leçon, a ce privilége de se mesler par-tout.

MONTAIG., *Ess.*, l. I, c. 25.

Ce mot a été employé par nos écrivains modernes, et sous la forme adjective.

Nous sommes tellement vos frères, que le grand être, l'être éternel et *formateur*, ayant fait un pacte avec les hommes, nous comprit expressément dans le traité.

VOLTAIRE, *Princ. de Babyl.*, § 3.

Le très-grand nombre, en voyant les astres et les animaux organisés, reconnaîtra toujours la puissance *formatrice* des astres et de l'homme.

ID., *Lett. à Bolingbroke.*

Latin, *formator.* Quisquis *formator* universi fuit.

SENEC., *de Consol.*, c. 8.

Formatrix. Regina tantæ civitatis *formatrix.*

TERTULL., *de Monogam.*, c. ult.

Italien, *formatore.* Iddio protoplasto, primo *formatore.*

SALVINI, *Annotaz. alla Fiera di Buon.*

Formatrice.

SEGNERI, *Incr.*

Espagnol, *formadór*, óra. Gracias à ti, *formadór* mio, porque tus manos me formaron, è hicieron.

FR. L. DE GRANAD., *Guia*, part. I, c. 2.

Ma con falsas visiones, *formadoras*
De las cosas que ofrece al sentimiento.

Fr. Herrer. *sobre Garcil.*, egl. 2.

On a dit aussi, mais moins heureusement, *formeur.*

Remembre-toy de ton *formeour* ès jours de ta jouvente, einz que le tenz de turment viegne.

Anc. trad. de la Bible, *Eccl.*, c. 12, v. 1.

Le souverain des roys, Dieu, le sire du ciel et de la terre, *formeur* et ordonnateur de toutes choses.

Froissart, *Chron.*, vol. IV, c. 43.

Anglais, *former.* The wonderful art and providence of the contriver and *former* of our bodies, appears in the multitude of intentions he must have in the formation of several parts for several uses.

Ray, *on creat.*

FORMULER , *v. a.* Rédiger selon une formule quelconque.

Par ce que dessus ay *formulé* une complainte.

Boutillier, *Somm. rur.*, tit. 32, p. 203.

FORTITUDE, *s. f.* Force d'ame, courage, fermeté, intrépidité.

Socrates ou Platon se mocque de Lachès qui avoit définy la *fortitude*, se tenir ferme en son rang contre les ennemis.

Montaig., *Ess.*, l. I, c. 12.

Platon veut que ce soit pareillement l'office de la *fortitude* combattre à l'encontre de la douleur et à l'encontre des immodérées et charmeresses blandices de la volupté.

Id., *ibid.*, l. III, c. 13.

Latin, *fortitudo. Fortitudo* est considerata periculorum susceptio, et laborum perpessio.

Cicer., *de Invent.* II, c. 54.

Italien, *fortitudine. Fortitudine* è imprendimento di grandi cose, o dispregiamento delle vili, e con ragione di utilitade sostenimento di fatiche.

Ant. comment. sul Dante, *Parad.* 15.

14.

Anglais, *fortitude*. *Fortitude* is the guard and support of the other virtues; and without courage, a man will scarce keep steady to his duty, and fill up the character of a truly worthy man.

Locke.

FORTUITÉ, *s. f.* Qualité de ce qui est fortuit; cas fortuit, accident imprévu.

Plus tost et hastivement doit l'amy courre à l'adversité et *fortuitez* de son amy, pour luy faire aide et secours, que à la félicité ou prospérité pour le conjouïr.

Hist. de la Toison d'or, t. II, fol. 19.

FOSSELU, **UE**, *adj.* Qui a une fossette. Il s'est dit plus particulièrement des joues et du menton.

> A la gorge douillette, au menton *fosselu*.
>
> Jacq. Tahureau, *poés.*, p. 79.

> .... Ce menton *fosselu*
> Poli, grasselet, pommelu.
>
> Rem. Belleau, *Berger.*, t. I, p. 50.

FOURCHURE, *s. f.* Division, bifurcation; point commun où deux chemins viennent aboutir. Il s'est dit aussi des parties du corps où deux autres parties se réunissent, telles que l'angle que forment les deux jambes, la partie de la poitrine nommée vulgairement fourchette ou bréchet, etc.

> Gros fu par les espaulles, greille par la ceinture;
> Jambes out longues, droites, large la *fourchéure*.
>
> *Rom. du Rou*, ms., p. 53.

> Et mult ot large *forchéure*
> Si fu de mult belle stature.
>
> *Rom. de Troyes*, ms.

Italien, *forcatura*. La cui testa era d'oro, le braccia, e'l petto d'argento, poi di rame infino alla *forcatura*.

Comm. sul Dante, Infern. 14.

Espagnol, *horcajadúra*, du mot *horca*, fourche. Trahen

>q por la *horcajadúra* una lista de algodón, no mas ancha que un
>x xeme.

Fr. Lop. de Gómara, *Hist. gen. de las Ind.*, c. 73.

On a dit aussi *fourchée.*

Ledit Pictois retira son baston près de luy de toute sa force,
et le rua de toute sa force entre les jambes du dessus dit, en
intention, comme il pouvoit sembler, de l'empescher en sa
marche, ou de le sourdre ou lever par la *fourchée* des jambes,
à son désaventage.

Oliv. de la Marche, *Mém.*, l. I, p. 315.

Italien, *forcata*, id.

> E puro argento son le braccia, e'l petto,
> Poi è di rame infino alla *forcata.*

Dant., *Infern.*, 14.

Quelques écrivains modernes ont employé dans un
sens à-peu-près semblable le mot *enfourchure*, qui ne se
trouve point dans le Dictionnaire de l'Académie.

C'est ordinairement sur l'*enfourchure* d'un arbre qu'ils
l'établissent.

Buffon, *Quadrup.*, t. II, p. 272, art. *écureuil.*

Italien, *inforcatura.* I quali pezzi in queste parti divideremo,
uno sarà tutta la parte della corporatura.... infino alla *inforcatura.*

Benvenut. Cell., *oref.*, 93.

FRATESQUE, *adj. des deux g.* Propre aux moines;
qui appartient, qui convient aux moines. — Ce mot se
prenait plus ordinairement en mauvaise part.

Le parler que j'ayme, c'est un parler.... non pédantesque,
non *fratesque*, non plaideresque, mais plutôt soldatesque,
comme Suétone appelle celui de Julius César.

Montaig., *Ess.*, l. I, c. 25.

Italien, *fratesco.* Se il prete n'era innamorato prima nell'
abito *fratesco*, cento volte ne fu più nell' abito femminile.

Il Pecoron. giorn. 3, nov. 1.

On trouve aussi dans quelques auteurs le substantif féminin FRATERNE, correction que reçoivent de leurs supérieurs, les frères ou moines qui ont commis quelque faute.

> Qui méritait une bonne *fraterne*.
>
> GARASSE, *Recherch. des recherch.*, épit. au lecteur, p. IX.

FROISSABLE, *adj. des deux g.* Susceptible d'être froissé ; qui court le risque de perdre sa fraîcheur par une pression quelconque, même d'être blessé, offensé.

> Pour ce que la femme est de *froissable* nature et de foible condition, et qu'ele et toutes ses choses sont en gouvernement de son mary.
>
> *Anc. cout. de Bret.*, fol. 171, v°.

FROISSEUR, *s. m.* Celui qui froisse, qui blesse, qui offense ; qui manque de soumission, qui attente au respect dû à une loi ou à un ordre supérieur.

> Qu'il.... adjournent ou facent adjourner à certain et compétent jour ou jours, les injurieux trespasseurs, violeurs ou *froisseurs* de nostre présente sauvegarde.
>
> *Sauveg. de Charles, duc de Normandie*, an. 1363 ; *Ordonn. des rois de Fr.*, t. III, p. 631.

FROISSIS, *s. m.* Action de froisser, bruit que produisent deux choses qui se froissent.

> En ce grand hutin et *froissis*, et pendant que les Navarrois et Anglois entendoyent à suivir la trace du captal.
>
> FROISSART, *Chron.*, vol. I, c. 222.

> Passant un buissonage, entr'ouyrent le *froissis* d'un hallier, comme d'une beste qui brossoit les hayes.
>
> *D. Florès de Grèce*, fol. CXIX, v°.

> Les bris des espées et *froissis* des piques et hallebardes.
>
> SULLY, *Mém.*, t. I, c. 11.

Au reste, je ne propose point de réintégrer ce dernier mot ; le substantif *froissement*, qui existe dans le Dictionnaire de l'Académie, édit. de 1762, offrant à-peu-près le même sens.

FROMENTEUX, EUSE, *adj.* Abondant en froment, fertile en froment.

Æschylus, fils d'Euphorion, natif d'Athènes, est soubs ce tombeau captif inhumé près Gèle la *fromenteuse.*

AMYOT, *Plut. OEuv. Mor.*, t. XIV, p. 324.

Il n'estoit utile qu'une nation toute belliqueuse se mist en possession de terres si grasses, *fromenteuses* et larges.

CL. FAUCHET, *Ant. gaul.*, l. I, c. 15.

Italien, *frumentoso.*

....Io, che la razza mia
Traggo dalla Sicilia *frumentosa.*

BUONAR., *Fier.*, 3, 5, 6.

FULMINATOIRE, *adj. des deux g.* Qui fulmine, qui lance la foudre.

Près d'employer leur bras *fulminatoire,*
A repousser dedans leur territoire
Lours Haynuiers, gent rustique et brutalle.

CL. MAROT, *ballad.* 11; *OEuv.* t. II, p. 22.

APPENDICE.

F.

FACHEUSEMENT , *adv.* D'une manière fâcheuse. AMYOT, *Plut.*, *OEuv. mor.*, tom. XIII, p. 297.—MONTAIG., *Ess.*, l. III, c. 5.

FAITARD, ARDE, *adj.* Lent, oisif, qui ne se met à l'ouvrage que tard. GAUTIER DE COINSI, *Mir. de N. D.*, l. I, c. 18. — *Rom. Rose*, v. 10683. — EUST. DESCHAMPS, *poés. mss.*, fol. 230, col. 2.—VILLON, *OEuv.*, p. 61. — ÉT. PASQUIER, *Rech.*, l. V, c. 11. — PERRIN, *poés.*, fol. 63, v°. — *Voyez* AFFAITARDIR.

FANTASQUERIE, *s. f.* Caractère fantasque ; folie, caprice, imagination déréglée. SULLY, *Mém.*, tom. II, ch. 50. — Italien, *fantasticheria*. BUONAR., *fiera*, 4, 2, 7.

FARCESQUE, *adj. des deux g.* Qui tient de la farce, qui appartient à la farce. MONTAIG., *Ess.*, l. III, ch. 10. — CHARRON, *Sag.*, l. II, ch. 6. — On a dit aussi FARCEREAU, *s. m.* Diminutif et péjoratif de *farceur*. CL. MAROT, *epist.* 13 ; *OEuv.*, tom. I, p. 408. — JAC. TAHUREAU, *Dial.*, p. 52, v°. — FARCER, *v. a.* et *n.* SE FARCER, *v. réfl.* Se moquer, tourner en ridicule, faire des farces. *Jehan de Saintré*, p. 512. — *Perceforest*, vol. III, fol. 25, r°, col. 1.—AMYOT, *Plut. OEuv. mesl.*, tom. XXI, p. 28. — COQUILLART, *Monolog. de la botte de foin.*—MARTIAL D'AUVERGNE, *Arest. amor.*, p. 230, etc. — Le mot *farcer*, *v. n.*, est encore en usage parmi les gens du peuple. Néanmoins je ne pense pas que le verbe *farcer*, ni le substantif *farcereau*, soient de nature à être réintégrés dans le langage moderne.

FARCISSURE, *s. f.* Action de farcir, de rassembler, de réunir, de cumuler ensemble un grand nombre de choses du même genre ou de genres différens. Montaig., *Ess.*, l. I, c. 19. — Id., *ibid.*, l. III, c. 9.

FARDELET, *s. m.* Petit fardeau, petit paquet. Bouteillier, *Somm. rur.*, tit. 3. — Monstrelet, *Chron.*, vol. III, fol. 23. — Villon, *Débat de cueur*, *OEuv.*, p. 99. — *Hist. de Charles VII*, attribuée à Al. Chartier, *OEuv.*, p. 193, etc. — Italien, *fardeletto*, *fardellino*. Fr. Sacchi, *nov.* 84. — Espagnol, *fardelillo*. Siguenz., *Vid. de San Geron.*, l. VII, *disc.* 2. — On a dit aussi Fardeler, *v. a.* Mettre en paquet, emballer. *Perceforest*, vol. III, fol. 65, r°, col. 1. — Juv. des Ursins, *Hist. de Charles VI*, p. 296. — Fardeleur, Fardelier, *s. m.* Celui qui porte des fardeaux, porte-faix. *Lett. de rémiss.*, ann. 1374; *Trés. des Chart.*, reg. 105, c. 275, etc. — Mais quoique les mots *fardeler*, *fardeleur*, se trouvent dans plusieurs anciens écrivains très-estimés, je ne les crois point susceptibles d'être restitués au langage moderne.

FATALISER, *v. a.* Prédestiner, régler par un arrêt irrévocable de la destinée, de la fatalité. *Perceforest*, vol. V, fol. 13, r°, col. 2. — Henri Estienne s'est élevé contre l'introduction de ce verbe, et entraîne dans la même proscription les mots *fatal*, *fatalité*. Voy. *Lang. franç. italian.*, dial. 2, p. 436. — Italien, *fatare*. Fr. Giord., *predich.*

FAVELLE, *s. f.* Éloquence, paroles engageantes, propos séduisans. *Castoiement*, cont. III, v. 21. —

Fabl. mss., *du Roi*, tom. II, p. 225. — Eust. Deschamps, *poés. mss.*, fol. 409, col. 2. — *Partonop. de Blois*, ms. de *S. Germain*, fol. 127, r°, col. 3. — *Anseïs de Carthage*, fol. 65, v°, col. 2. — Italien, *favella*. Petrarch., son. 290. — On a dit aussi Faveller, *v. a.* et *n.* Parler, babiller, flatter, engeoler, séduire par des paroles engageantes. *Rom. du Rou*, ms., p. 89. — Thibaud de Navarre, *Chans.*, tom. II, p. 183. — Eust. Deschamps, *poés. mss.*, fol. 460, col. 1. — Latin barbare, *favellare*. *Instrum. ann.* 715 *apud* Murator., *Antiq. Ital. med. ævi*, tom. VI, col. 377. — Italien, *favellare*. Petrarch., son. 182. — Je crois inutile d'observer ici que le verbe *faveller* me paraît encore moins susceptible que son substantif *favelle*, d'être réintégré dans le langage moderne.

FÉLONNEMENT, *adv.* D'une manière félonne ; durement, cruellement, avec rudesse, âpreté, fureur. *Trad. du livre des Rois*, l. II, c. 3, v. 27. — Hug. Piaucèle, *Fab. d'Estourmy*, v. 170. — Joinville, *Hist.*, p. 89. — Rabel., l. V, c. 15. — H. Estienne, *Apolog. d'Hérodote*, p. 517, etc., etc. — Italien, *fellonescamente*, Paol. Oros.; *fellonosamente*, Giov. Villani, *Stor.*, 7, 65, 2.

FENOUILLÈRE, *s. f.* Lieu semé de fenouil. J. d'Auton, *Ann. de Louis XII*, ann. 1502, p. 177.

FILLATRE, *s. m.* et *f.* Beau-fils ; belle-fille ; fils ou fille d'un autre lit ; gendre ; bru. *Anc. trad. de la Bible*, *Genès.*, ch. 38, v. 24. — Thiébaus de Blasons, *Rec. de poët. franç. avant* 1300, *ms.*, tom. III, p. 1012. — *Rom. Rose*, v. 9569. — *Fabl. de Cortois d'Arras*, v. 510. — *Rom. du Brut*, fol. 55, v°, col. 1. — Ph. Mouskes, *ms.*, p. 174. — S. Julien, *Mesl. hist.*, p. 293. — Ét. Pasquier, *Rech.*, l. VIII, c. 50, etc. — Latin barbare, *filiaster*, *Capitul. Pippini reg.*, ann. 757, § 11, ed. *Baluz.* tom. I, p. 183. — Italien, *figliastro*. Boccac., *nov.* 98, 8.

FILLERET, *s. m.* Petit garçon ; jeune homme mou, efféminé, trop occupé de sa parure, du soin de sa personne ; dameret ; G. BOUCHET, *Sérées*, l. II, p. 38.

FILLET, *s. m.* Diminutif de *fils.* EUST. DESCHAMPS, *poés. mss.*, fol. 161, col. 4. — Latin, *filiolus.* CICER., *ad Attic.*, l. I, *epist.* 2. — Italien, *figlioletto.* BOCCAC., *nov.* 86, 7.

FLAGEOLER, *v. n.*. 1° Jouer de la flûte, du flageolet. *Lett. de rémiss.*, ann. 1369 ; *Trés. des Chart.*, reg. 100, ch. 420. — CHEV. DE LA TOUR, *Guid. des guerres*, fol. 89, r°, col. 1. — 2° Tromper, piper ; dans ce sens, il est quelquefois actif. *Farce de Pathelin*, p. 33. — *Chasse d'amours*, p. 91, col. 2. — 3° Causer, babiller, plaisanter, dire des sornettes, des fariboles. *Rom. Rose*, v. 8939. — *Farce de Pathelin*, p. 95. — COMINES, *Mém.*, l. V, ch. 18. — *Nef des fols*, fol. 47, r°. — CHEV. DE LA TOUR, *Inst. à ses filles*, fol. 16, v°, etc., etc. — FLAGEOLEUR, *s. m.* Joueur de flûte, de flageolet. *Lett. de rémiss.*, ann. 1425 ; *Trés. des Chart.*, reg. 173, ch. 239. — FLAGEOLERIE, métier de joueur de flûte, de flageolet. *Quintil. Censeur*, p. 204. — Ces divers mots sont formés de l'ancien français FLAGEOL, espèce de flûte, d'où le diminutif FLAGEOLET, qui est encore en usage. *Lett. de rémiss.*, ann. 1379 ; *Trés. des Chart.*, reg. 115, ch. 205. — CL. MAROT, *opusc.* 6 ; *OEuv.*, tom. I, p. 196.

FLEURETER, *v. n.* 1° Voltiger de fleur en fleur. S. JULIEN, *Mél. Hist.*, p. 303. — 2° Tenir des discours frivoles, conter fleurettes. COMINES, *Mém.*, l. V, c. 18. — On a dit aussi autrefois FLEURETIS, *s. m.* Ornemens frivoles et superflus dans les discours ou dans les productions de l'art. AMYOT, *Plut.*, *prop. de tabl.*, l. III.

quest. 1. — Ét. Pasquier, *Pourparler du prince*, à la suite des *Rech.*, p. 879. — Fleurotier, ère, *adj.* Qui voltige de fleur en fleur, Rem. Belleau, *poés.*, tom. I, p. 39, v°. Mais ces deux mots, sur-tout le dernier, ne me paraissent point de nature à être réintégrés dans le langage moderne.

• FLUIDEMENT, *adv.* Avec fluidité; et, par extension, facilement, avec aisance. Jac. Tahureau, *poés.*, p. 81. — Ét. Pasquier, *Rech.*, l. VII, c. 6.

FOLLOYER, *v. n.* Être fou, faire des folies; il s'est dit par extension en parlant d'une femme qui s'abandonne à des plaisirs défendus, qui mène une vie déréglée. Berzé, *Bibl.*, v. 823. — Giles de Viés-Maisons, *Rec. de poët. franç. avant* 1300, *ms.*, tom. III, p. 1071. — *Rom. Rose*, v. 6065. — *Castoiement, cont. VIII*, v. 52. — Eust. Deschamps, *poés. mss.*, fol. 242, col. 1. — Froissart, *Chron.*, vol. IV, c. 89. — Ménard, *Hist. de Bertr. Duguesclin*, p. 8, etc. — Italien, *folleggiare.* Davanz., *Tacit.*, ann., 2, 53. — Le verbe *folloyer* a été quelquefois employé à l'actif dans le sens de tromper, entraîner à faire une action folle, déraisonnable. *Lancelot du Lac*, tom. II, fol. 53, v°, col. 2. Mais sous cette forme, le verbe *folloyer* ne me paraît aucunement susceptible d'être restitué au langage moderne. — On a dit aussi, et moins heureusement, Follier; *Aucassin et Nicolette*, *Fabl. Méon.*, tom. I, p. 388. — Eust. Deschamps, *poes. mss.*, fol. 70, col. 2. — Rabel., l. III, c. 36. — Charron, *Sag.*, l. I, c. 4, etc., etc.

FONTAINELETTE, *s. f.* Petite fontaine. Des Accords (*Ét. Tabourot*), *Bigarr.*, p. 137, v°. — On a dit aussi Fontenelle. *Castoiement, cont. XX*, v. 13. — *Rom. Rose*, v. 21801. — Latin, *fonticulus.* Horat., l. I, sat. 1,

v. 56. — Latin barbare, *fontenella. Chart.*, ann. 1256, *ex Chartul. S. Vandreg.*, tom. I, p. 413. — Italien, *fontanella.* Pallad. — Espagnol, *fuentecilla.* Fonseca, *Vid. de Christo*, tom. I., l. 1, c. 7.

FORJUGER, *v. a. Terme de jurisprudence.* 1° Débouter quelqu'un de sa demande ; ôter par un jugement, une sentence, la propriété ou la jouissance d'un bien, d'une terre. Il se dit également et de la personne contre laquelle le jugement est porté, et de la chose jugée. Ghilebert de Berneville, *Rec. de poet. fr. avant* 1300, *ms.*, tom. II, p. 946. — *Partonop. de Blois, ms. de S. Germain*, fol. 169, v°, col. 3. — *Preuv. de l'hist. de Guignes*, etc., etc. — 2° Déclarer contumace, mettre hors de la loi ; bannir par un jugement, une sentence ; punir par la confiscation des biens, *Assis. de Jérusal.*, *ms.*, c. 195. — Britton, *Lois d'Anglet.*, c. 68, fol. 175, v°. — *Perceforest*, vol. VI, fol. 102, r°, col. 1. — Latin barbare, *forisjudicare, forjudicare. Breve, apud* Bractonum, lib. IV, tract. 3, cap. 5, § 2. — *Constit. Neapol.*, lib. I, tit. 54, etc.

FORMARIER (SE), *v. réfl. Terme de jurisprudence féodale.* Contracter un formariage ; épouser une personne d'une condition différente de la sienne, et sans la permission de son seigneur suzerain. *Cout. de Beauvoisis*, ch. 45. — *Coutum. génér.*, tom. I, p. 569. On a dit aussi Formarier, à la forme neutre. *Anc. Cout. d'Orléans.* — Ce verbe est complémentaire du substantif Formariage, qui existe, comme on le sait, dans le *Dictionnaire de l'Académie*, édit. de 1762.

FORMENER, *v. a.* Malmener, maltraiter. Adan d'Arras, *Cong.*, v. 25. — *Lett. de rémiss.*, ann. 1368 ; *Trés. des Chart.*, reg. 99, ch. 450. Le verbe *formener* a signifié aussi mettre dehors, faire sortir. S. Grégoire, *Dial.*, l. II, c. 7. Il est inutile d'observer que, sous ces deux acceptions, le français *formener* a deux origines distinctes.

FORTUNEUX, EUSE, *adj.* Sujet aux vicissitudes de la fortune; qui dépend de la fortune, du hasard. *Danse des Aveugles.* — Froissart, *Chron.*, vol. III, c. 24. — Italien, *fortunoso.* Giov. Villani, *Stor.* 7, 67, 5. — Fortuneusement, *adv.* Par suite des vicissitudes de la fortune; par hasard; à l'aventure. Froissart, *Chron.*, vol. I, c. 234. — Italien, *fortunosamente.* Boccac., *Filocop.* 1, 69. — On a dit aussi en français Fortuner, *v. a.* Rendre fortuné, rendre heureux, enrichir. Cl. Marot, *ps.* 107; *OEuv.*, t. III, p. 343. — Jac. Tahureau, *poés.*, p. 92. — Rem. Belleau, *Berg.*, tom. I, p. 7. — Espagnol, *fortunar.* Queved., *Vid. de Marc. Brut.* — Fortuner, *v. n.* et *impersonnel.* Arriver par un coup de fortune. Thom. Littleton, *Tenures*, fol. 100, v°. — Louis XII, *Lett.*, tom. IV, p. 321. — Anglais, *to fortune.* Shakesp. Mais, sous aucune de ces deux formes, le verbe *fortuner* ne me paraît de nature à être réintégré dans le langage moderne.

FOURVOI, *s. m.* Action de se fourvoyer, de se tromper de chemin. Froissart, *poés. mss.*, fol. 29, col. 2.

FRÉRATRE, *s. m.* Beau-frère; frère de la femme, ou mari de la sœur. *Lett. de rémiss.*, ann. 1478; *Trés. des Chart.*, reg. 206, ch. 393.

FRÉTILLARD, ARDE, *adj.* Léger, vif, qui frétille. P. Énoc, *Opusc.*, p. 109.

FRIANDER, *v. n.* Être friand, rechercher, manger avec plaisir des mets délicats et qui sont hors de la classe des alimens de première nécessité ; se livrer aux jouissances d'une table délicatement servie. Fr. Villon, *OEuv.*, p. 18. — *Triomphes de la noble Dame*, fol. 58. — Friandement , *adv.* D'une manière friande. Alain Chartier , *le Curial, OEuv.*, p. 400. — Amyot, *Plut.*, *OEuv. mor.*, tom. XIII, p. 266. — Friandelet, ette, *adj.* Diminutif de *friand.* Jac. Tahureau , *poés.*, p. 267. — L'adverbe *friandement* et l'adjectif *friandelet* ne me paraissent point de nature à être réintégrés dans le langage moderne.

FRONÇURE, *s. f.* Action de froncer, de se froncer ; état de ce qui est froncé ; pli, ride. Rem. Belleau, *Berg.*, tom. I, p. 117. — Le mot *froncement* existe dans le Dictionnaire de l'Académie , édit. de 1762 ; mais on sait qu'il ne se dit que de l'action de froncer les sourcils. — Latin barbare , *fronsitura. Capitul. gener. S. Vict. Massil.*, ann. 1506, *apud* Cangium. — On a dit aussi *fronce, s. f. Rom. Rose* , v. 859. — *Rom. d'Athis* , *ms.* — Eust. Deschamps, *poés. mss.*, fol. 326 , col. 1. — Id. , *ibid.*, fol. 522, col. 3, etc.

FRUSTRATOIREMENT , *adv.* D'une manière frustratoire ; en vain ; sans aucun fruit. Montaig. , *Ess.*, l. II, ch. 21. — Latin barbare , *frustratoriè. Act. SS. april.* , tom. II, p. 722. — On trouve aussi dans les anciens écrivains français l'adjectif *frustratif, ive* , vain , inutile, frustratoire. — Alain Chartier , *Éspér.*, *OEuv.*, p. 346. Mais cet adjectif ne me paraît point susceptible d'être restitué au langage moderne.

FUMOSITÉ , *s. f.* Qualité de ce qui est fumeux ; vapeur semblable à la fumée. *Triomphes de la noble Dame*, fol. 39. — Italien , *fumosità , fumositate , fumositade.* Boccac. , *nov.* 28, 14. — Espagnol , *fumosidàd.* Fr. L. de Gran. , *Symb.*, part. I, c. 26, § 2.

G.

GARANTISSEUR, *s. m.* Celui qui garantit, qui préserve.

Ils les aiment et adorent, comme vrais, sûrs et chastes gardiens de la chasteté de leurs femmes, et *garantisseurs* de leur honneur.

BRANT., Dam. gal., t. I, p. 153.

GARÇONNET, *s. m.* Petit garçon.

Un jor jouet une grant flote
De garçonnez à la pelote.
GAUTIER DE COINSI, du Varlet qui se maria à N. D., v. 19

S'adressarent à Gargantua, jeune *garsonnet.*

RABEL., l. I, c. 12.

Combien de fois m'a-t-il prins envie, passant par nos rues, de dresser une farce pour venger des *garçonnets* que je voyois escorcher, assommer et meurtrir à quelque père ou mère furieux ou forcenez de colère.

MONTAIG., Ess., l. II, c. 31.

Le confina dans Valence, ne luy donnant qu'un petit *garçonnet* pour le servir.

CL. FAUCHET, Antiq. franç., l. IV, c. 5, OEuv., fol. 116, r°.

Voyez aussi *Faifeu*, p. 14, etc.

Italien, *garzonetto.* E poco appresso, mandato un *garzonetto* a guisa, che stato fosse il cherico.

BOCCAC., nov. 65, 17.

On trouve aussi dans nos anciens écrivains français les mots :

GARÇONNIER, ÈRE, *adj.* Qui mène la vie libre d'un garçon ; libertin, débauché.

Je ne pris pas un don de sel
Home qui est si garçonier.
Const. Duhamel, v. 126.

Si vilains et si *garchonnier*
Si mauvais et si pautonnier.

G. Osmont, *Bestiaire*, *ms.*

Je n'ai pas le cueur *garçonnier*,
Pour amer feme *garçonière*.

Amour et Jalousie, *ms. de S. Germain*, fol. 111, v°, col. 1.

On sait que le mot *garçonnière*, s. f., est encore usité dans le langage populaire, pour désigner une jeune fille qui se plaît à hanter les garçons.

Garçonner, *v. n.* Mener une vie de garçon, une vie déréglée; se conduire avec la légèreté, la liberté qui ne convient qu'à un garçon.

En mon absence qu'il *garçonne*,
Et fasse tout ce qu'il voudra.

Rem. Belleau, *OEuv.*, t. II, p. 138, v°.

Et que mal-aisément, ayant prattiqué les gens de guerre, et qu'elle s'estoit tant accoustumée à *garçonner* avec eux parmi les armes, tentes et pavillons, elle se pouvoit contenir qu'elle ne *garçonnast* aussi entre les courtines, comme cela se voit souvent.

Brant., *Dames gal.*, t. II, p. 326.

Espagnol, *garzonear*, Hazer ostentacion de la bizarria de mancebo ù mozo.

Diccion. de la real Acad. de Madrid.

Se Garçonner, *v. réfl.* S'habiller en garçon, affecter les manières, les habitudes des garçons.

Il n'est bien séant qu'une femme *se garçonne* pour se faire monstrer plus belle.

Brant., *Dam. gal.*, tom. I, p 350.

Car bien qu'elle se fust *garçonnée* et engendarmée, ce n'estoit pourtant pour en faire une nouvelle et continuelle habitude.

Id., *ibid.*, tom. II, p. 307.

Garçonnerie, *s. f.* Garçonnement, *s. m.* Conduite

libre et déréglée ; affectation des mœurs, des habitudes, des manières d'un garçon.

> Si avez fait *garçonnerie*,
> Ma suer par force avez honie.
>
> *Rom. de Perceval.*

Voilà pourquoy je ne veux ni estime trop ce *garçonnement*.

> BRANT., *Dam. gal.*, t. II, p. 302.

Espagnol, *garzonía*, porte, ò modo de obrar de la mocedad.... Andar en *garzonias*, vale vivir, ò hacer acciones de mozo.

> *Diccion. de la real Acad. de Madrid.*

GARÇONNAILLE, *s. f.* Rassemblement de garçons, de valets, de mauvais sujets.

> Moult truva qui lui fist anuy,
> *Garchonaille*, male mesnie,
> Moult mal duite et mal enseignie.
>
> *Vie de S. Alexis.*

Disant qu'ils n'estoient que merdailles et *garçonnailles*.

> *Lett. de rémiss.*, année 1396 ; *Trés. des Chartr.*, reg. 150, ch. 252.

Mais les mots *garçonner*, *garçonnier*, *garçonnerie*, *garçonnement*, ne me paraissent point de nature à être réintégrés dans le langage moderne.

GARDOIRE, *s. m.* Lieu où l'on garde, où l'on conserve ; réservoir.

J'ay veu des *gardoirs* assez, où les poissons accourent pour manger, à certain cry de ceux qui les traictent.

> MONTAIG., *Ess.*, l. II, c. 12.

Luy dit qu'il allast luy-mesme au *gardouer* et vivier, et qu'il apportast la plus belle carpe.

> G. BOUCHET, *Sérées*, l. I, p. 212.

Ce mot a été employé au figuré.

Je m'en vay escorniflant par cy par là des livres, les sentences qui me plaisent, non pour les garder, car je n'ai point de *gardoire*.

> MONTAIG., *Ess.*, l. I, ch. 24.

Le *gardoir* et le magazin où demoure et se garde ceste grande provision, l'estuy de la science et des biens acquis est la mémoire.

CHARRON, *Sag.*, l. III, c. 14.

GARRULITÉ, *s. f.* Qualité de celui qui aime beaucoup à parler ; babil, caquet.

Qui ne demande point de quelque docteur, ou régent, une *garrulité* ordinaire et quotidiane, ou chanson d'escolle, sans usaige ni expérience.

L'Amant ressuscité, l. I, p. 74. *Id.*, édit. in-4°, p. 38.

Latin, *garrulitas*.

Raucaque *garrulitas*, studiumque immane loquendi.

OVID., *Metam.*, l. V.

Italien, *garrulità*. Quì nota l'autore la *garrulità* del popolo Fiorentino.

BUTI, *Comm. sul Dante*, *Purgat.*, G, 2.

Anglais, *garrulity*.

> Let me here
> Expiate, if possible, my crime,
> Shameful *garrulity*.

MILTON, *Agonist.*

GASTROLATRE, *s. m.* Celui qui fait un dieu de son ventre.

Les *gastrolâtres*, d'ung aultre cousté, se tenoient serrez par trouppes et par bandes, joyeulx, mignons, douillets aulcuns, aultres tristes, graves, sévères, rechignez, touts ocieux, rien ne faisans, point ne travaillans, pois et charge inutile de la terre.

RABEL., l. IV, c. 58.

Quoique le substantif *gastronome* n'existe point dans le Dictionnaire de l'Académie Française, édit. de 1762, on sait qu'il est admis de nos jours dans le langage usuel. Je crois devoir faire observer que les mots *gastrolâtre* et *gastronome* offrent deux sens différens qu'il me paraît inutile de spécifier ici.

15.

GAUGE, *s. f.* Trou de la profondeur du fer d'une bêche.

Item les habitans (de Ponpoing) peuent et pourront fouir une *gauge* en parfont en leurs diz marez, pour mareschier et mettre en leurs masures, par-tout où il leur plaira.

Chart., ann. 1364 ; *Trés. des Chart.*, reg. 96, c. 75.

L'ancien français *gauge*, ou, selon quelques écrivains modernes, *jauge*, est encore usité comme terme d'agriculture et de jardinage.

Les jardiniers disent : Labourer *à vive gauge* ou *à vive jauge*, c'est-à-dire fouir très-profondément, soit une terre, soit un potager, soit un carré. Mettre un arbre *en gauge* ou *en jauge*, c'est en placer les racines dans un creux peu profond, que l'on recouvre de terre, et où on le laisse jusqu'au moment de le planter. Je dois observer ici que le mot *jauge* est plus ordinairement employé par ceux qui ont écrit sur l'agriculture et sur le jardinage. Les paysans ainsi que les ouvriers disent *gauge*, et ce dernier mot, qui est le mot primitif, a de plus l'avantage d'établir une distinction nécessaire entre le substantif *gauge*, terme de jardinage, et le substantif *jauge*, terme de commerce, qui sert à désigner une espèce de mesure.

GÉLINETTE, *s. f.* Petite poule : diminutif du vieux français *géline*, mot qui se trouve dans le Dictionnaire de l'Académie, édit. de 1762.

Mais de ce ne fu mie liés
Le fil à la vieille famette,
Quant vit morir sa *ghélinette*.

Herbers, *Rom. de Dolopatos.*

Du vieux français *géline* nos anciens écrivains ont fait aussi les mots suivans, qui ne me paraissent point d'ailleurs susceptibles d'être réintégrés dans le langage moderne.

GÉLINIER, *s. m.* Poulailler.

> Et se il puet trouver le *gélinier*,
> Il s'en vorra o tout les hués aller.
>
> *Fab. d'Audigier*, v. 222.

Latin barbare, *gallinarium.* Item *gallinarium*, quod est juxta grangiam.

> *Chart. Guid. episcop. Eduens.*, ann. 1350. Voyez *Hist. de Bourgogne*, *preuv.*, t. I, p. 114, col. 1.

Italien, *gallinaio.* Nella villa sia buono *gallinaio* volto a levante.

> *Tratt. gov. famil.*

Espagnol, *gallinéro.* Algunas gallínas, despues de comer, subieron à conversacion sobre unas bardas de su *gallinéro.*

> TEJAD., *Leon prodig.*, part. I, apolog. 20.

Gallineria, id. Sea pues el lugár para la *gallinería* en un lugár de la labranza, adonde sea lugár enxúto.

> HERRER., *Agric.*, l. V, c. 16.

GÉLINOIS, *s. m.* Cri de la géline, de la poule; langage que les poëtes prêtent à la poule.

> A la géline lait aler,
> Et ele s'en prent à voler;
> En sou *gélinois* le maudit.
>
> *Fabl. mss.*, p. 285.

GÉLINAGE, *s. m.* Droit qui se paie en gélines ou poules.

Tant en rentes par deniers, fromentages, avenages, *gélinages.*

> *Chart. de l'an* 1316; *Trés. des Chart.*, reg. 53, c. 80.

Latin barbare, *gallinagium, gelignagium.* Alii sibi minaciter expetebant furfuragium, alii *gallinagium.*

> *Chron. Mauriniac.*, l. I, p. 360.

Liberi et immunes ab omnibus toltis, talliis.... polvoragiis,
de somey, de charre, *gelignagiis*.

Libert. Belliv., ann. 1313 ; *Ordonn. des rois de France*, t. VIII, p. 162 ,
art. 21.

GEMME , *s. f.* Pierre précieuse.

Clère esmeraude, clère *gemme*.
GAUTIER DE COINSI , *Mir. de Sainte Léocade*, v. 141.

Quar ele iert bele comme *gemme*.
PH. MOUSKES , *ms.*, p. 323.

Trop plus que l'or aimer doibt toute dame
Honnesteté, car c'est la perle et *gemme*
Que les Dieux ont enchassée en noblesse.
J. MAROT , *poés.*, p. 201.

Sur les colliers sont belles chrysolithes,
Mises par ordre avec *gemmes* eslites.
CL. MAROT , *Métam.*, l. II ; *OEuvr.* , t. III , p. 71.

Voyez aussi *Rom. d'Athis et Profil.*, fol. 45, v°, col. 1.—
J. MOLINET , à la suite des *OEuvres de Crétin*, p. 267, etc.

Latin , *gemma.*

Regalesque accensa comas, accensa coronam
Insignem *gemmis.*
VIRG. , *AEneid.* VII, v. 75, 76.

Italien , *gemma.*

E le chiome ora avvolte in perle e 'n *gemme.*
PETRARCH. , *son.* 163.

Anglais , *gem.*

Stones of small worth may lie unseen by day ;
But night itself does the rich *gem* betray.
COWLEY.

Le français *gemme* est encore employé comme adjectif masculin : on appelle *sel gemme*, le sel qui se tire des mines. Sous cette acception, le mot *gemme* se trouve dans le Dictionnaire de l'Académie , édit. de 1762.

GEMMÉ, ÉE, *adj*. Orné, enrichi de pierres précieuses.

Là ot maint vert heaulme *gemmé*.

        Blanchand., ms. de S. Germain, fol. 188, r°, col. 2.

Voyez aussi *Athis et Profil., ms.*, fol. 71, v°, col. 2.

Latin, *gemmatus*. Additur fabula, quòd vulgo Sabini aureas armillas magni ponderis brachio lævo, *gemmatos*que magná specie annulos habuerint.

        Tit. Liv., l. I, c. 11.

Italien, *gemmato*. Quattro candidissime (colombe), con allegri passi, girando il dipinto collo, sottentrarono al *gemmato* giogo.

        Firenz., *Asin. d'oro*, p. 163.

GEMMEUX, EUSE, *adj*. Qui est de la nature des pierres précieuses, abondant en pierres précieuses.

     Effaçant le haut prix des perles précieuses,
     Que l'Orient admire en ses terres *gemmeuses*.

        Amadis Jamyn, *poés.*, p. 21.

Voyez aussi Loys le Caron, *poés.*, p. 5.

Latin, *gemmosus*. Auro facto, *gemmosis*que monilibus onustas.

        Apul., *Métam.*, l. V.

Anglais, *gemmeous*. Sometimes we find them in the *gemmeous* matter itself.

        Woodward.

GÉNITEUR, *s. m*. Celui qui a engendré; père.

     Jupiter est mon *géniteur* et père.
       Cl. Marot, *Métam.*, l. I; *OEuv.*, t. III, p. 46.

Voyez aussi *Testament de l'an* 1137 cité par Ménage, *Hist. de Sablé*, p. 159.

Le mot *géniteur* a été employé par Voltaire.

     Son *géniteur*, descendant de sa sphère,
     Lui dit: Enfant, tu me dois la lumière.

        Pucelle, ch. IV.

On trouve dans Jean Marot, *poésies*, p. 125, le substantif féminin *génitrice*, qui au reste ne me paraît pas susceptible d'être restitué au langage moderne.

Latin, *genitor, genitrix, genetrix.*

> Matre Palæstinà, dubio *genitore* creatus.
>
>   Ovid., *Metam.*, l. V, v. 145.

> Nec ferro, ut demens *genetricem* occidis Orestes.
>
>   Horat., l. II, *Sat.* 3, v. 133.

Italien, *genitore*, *genitrice*. La sincerità dell' amore, il quale tra i *genitori* nostri, e voi, già lungo tempo fu, ed è indissolubile, insieme con noi perseveri.

     Giov. Villani, *Stor.* 12, 113, 3.

Vendicatore de' fratelli, ammazza la propria *genitrice*.

     F. Redi, *Esper. int. alla gener. degl' insett.*

Espagnol, *genitor.* Pusieron los santos *genitóres* en la primer grada de el templo à la Virgen.

     C. de la Roc., *Vid. de N. Señora*, p. 19.

GLABRE, *adj. des deux g.* Uni, sans poils, sans aspérités.

Ceux qui ont été faits eunuques estans petits garçons, n'engendrent point de poil au menton, et sont *glabres* et sans poil par tout le corps.

     Duverdier, *Biblioth.*, p. 475.

Latin, *glaber.*

> Ore tener, latus pectore, crure *glaber.*
>
>   Martial., l. XII, *epigr.* 38.

Quoique l'adjectif *glabre* ne se trouve ni dans le Dictionnaire de l'Académie, édit. de 1762, ni dans l'édit. de Smits, 1798, ni même dans le Dictionnaire Encyclopédique, ce mot est néanmoins encore usité de nos jours, principalement par les botanistes. M. de Candolle a même fait usage du substantif *glabritie;* et feu M. Richard, de celui de *glabréité*, pour désigner l'état d'une surface glabre. Consultez TOURNEFORT, *Elémens de Botanique, Dictionnaire des termes de Botanique.* — SÉB. GERARDIN, *Dictionnaire raisonné de Botanique, revu par M. Desvaux,* etc., etc. — Les botanistes italiens usent aussi de l'adjectif *glabro,* qui au reste n'a point été admis par MM. de l'Académie della Crusca, édit. de Florence 1731. Voy. J. ALBERTI, *Dizz. crit. encicl.*

GLISSEMENT, *s. m.* Action de glisser; état de la chose, de l'objet qui glisse.

Injures proférées par chaleur, impétuosité de cholère, *glissement* de langue, plustost que par une préméditée délibération.

Cout. de Bouillon, Cout. général, t. II, p. 858, col. 1.

GOUPIL, *s. m.* Renard.

D'un *gopil** conte la manière   (* aliàs *werpil*),
Qui ert issus de sa tanière.

MARIE DE FRANCE, *Fabl.*

Le *goupil* est moult artillos.

GUILL. OSMONT, *Bestiaire.*

Dist li *goupils*, ce sai-ge bien,
Mais je demant un autre rien.

Castoiement, cont. III, v. 117.

Goupil en faiz, et Martin en courage,
Lyèvre en dessoubs, lyon à ton dessus.

EUST. DESCHAMPS, *poés. mss.* fol. 38, col. 2.

Voyez aussi *Anc. trad. de la Bible, prière de Jérémie,* v. 18. — *Rom. du Rou, ms.,* p. 33. — PH. MOUSKES, *ms.,* p. 80 et 345. — GUILL. GUILLEVILLE, *Pélerin. de la vie hum.,* etc., etc.

Ce mot s'est écrit aussi GOLPIL, *Moral. de N. D.* — *Anc. trad. de la Bible; cant. des cant.,* c. 2, v. 15. — GOURPIL. G. DE NANGIS, *Chron. franç., ms.,* ann. 1302. — MARIE DE FRANCE, *Fabl., Lion mal.* — *Imag. du monde.* — EUST. DESCHAMPS, *Poés. mss.,* fol. 514, col. 2. — *Rom.*

des sept sages de Rome. — Werpil, S. Bernard, *Serm. fr.*, *ms.*, fol. 6. — Marie de France, *Fabl.*, etc., etc.

On sait que Piron a employé le vieux français *goupil.*

> Le *goupil* (c'est ainsi qu'on nommoit un renard
> Au bon vieux temps de Charlemagne).
>
> *Fabl.*

On a dit aussi :

Goupille, *s. f.* Femelle du renard.

> Hé! envie, male *goupille.*
>
> *Miserere du Reclus.*

> Louve, *goupille*, et chate, sont trois bestes de proie.
> *Chastie musart*, *ms. de S. Germain*, fol. 107, r°, col. 1.

Mais le mot *goupille*, qui d'ailleurs existe dans le langage moderne sous une acception différente, ne me paraît point susceptible d'être réintégré.

Du substantif *goupil* nos anciens écrivains ont fait les composés suivans dont aucun n'est, selon moi, de nature à être restitué au langage moderne, mais que je crois néanmoins devoir rapporter ici.

Goupiller, *v. n.* Chercher des faux-fuyans, comme le goupil ou renard; ruser, se cacher.

> Donc veissiez chevaliers poindre,
> Les uns torner, les autres poindre,
> Hardiz avant esperonner,
> Couars *goupiller* et trembler.
>
> *Rom. du Rou*, *ms.*, p. 240.

Goupillage, *s. m.* Fourberie, tromperie, faux-fuyans, ruses de goupil ou de renard.

> Mainte visse et maint *goupillage*
> La vi-ge en son iretage.
> Will., Li Viniers, *Rec. de poët. fr. avant* 1300, *ms.*, t. II, p. 832.

Goupilleur, *s. m.* Celui qui chasse au goupil; valet

ou officier de chasse chargé plus particulièrement de ce qui concerne la chasse au renard.

Pour considération des services que Robin Trovart, nostre *goupilleur*, nous a faiz ou dit office.

Chart. de Philippe VI, ann. 1338; *Trés. des Chart.*, reg. 71, c. 215.

GRAPPELÉ, ÉE, *adj.* Garni de grappes.

Le pampre *grapelé* reverdit en sa trace.

AMAD. JAMYN, *poés.*, p. 159, v°.

GRAPPELETTE, *s. f.* Petite grappe.

Ses *grappelettes* grenues
Y renaistront chascun an.

PERRIN, *poés.*, p. 80, v°.

Italien, *grappoletto*. Egli è un frutto d'un albero, che produce alcuni *grappoletti* di coccole.

REDI, *Esp. nat.*, 95.

GRÉCISER, *v. n.* Affecter dans la conversation de se servir de mots et de locutions empruntés de la langue grecque.

Mais est-il permis de dithyrambizer et *gréciser* tout ensemble?

H. ÉTIENNE, *Lang. franç. ital.*, dial. *II*, p. 509.

Ce mot a été employé aussi à la forme active par nos écrivains modernes, et a signifié donner à un nom propre ou à un mot quelconque qui appartient à une langue étrangère, la terminaison grecque.

C'est pour ne point tomber dans cet inconvénient qu'ils avoient, s'il est permis d'user de ce terme, *grécisé* le mot rex, en lui donnant une terminaison grecque.

L'abbé DUBOS, *Hist. de l'établ. de la mon. fr.*, l. III, c. 4, t. II, p. 256.

Ils (les Romains) n'ont pas imaginé que le bœuf sauvage décrit par Aristote, sous le nom de bonasus, pouvait être l'un ou l'autre de ces bœufs dont ils venaient de latiniser et de *gréciser* les noms germains.

BUFFON, *Hist. nat.*, quadrup., t. V, p. 56, art. *Buffle*.

GROSSISSEMENT, *s. m.* Action de grossir, de rendre plus gros ; état de ce qui est grossi.

Ce lourd *grossissement* de pourpoins qui nous faict tous autres que nous ne sommes.

MONTAIG., *Ess.*, l. I, c. 43.

Car ils engendrent ce qui est très-chaud par réfrigération, et ce qui est le plus subtil par *grossissement* et espaississement.

AMYOT, *Plut.*, OEuv. *Mél.*, t. XX, p. 410.

On trouve aussi dans les anciens écrivains français les mots suivans, qui appartiennent à la même famille, mais qui néanmoins ne me paraissent point susceptibles d'être restitués au langage moderne.

GROSSET, ETTE, *adj.* Diminutif de *gros.*

La bouche petite et *grossette*,
Et au menton une fossette.

Rom. Rose, v. 550.

Escrite à la main et en lettre plus *grossette*.

FROISSART, *Chron.*, *avis au lecteur*, vol. I, p. 1.

Si de fortune il s'y rencontre quelque corps un peu plus *grosset* qu'il ne faut pour passer tous ces destroicts qui restent à franchir pour l'expeller au-dehors.

MONTAIG., *Ess.*, l. II, c. 37.

Italien, *grossetto.* Il soppestare è rompere in parti *grossette*, e non ridurre in polvere, come nel pestare.

Ricett. Fiorent., 88.

GROSSEMENT, *adv.* Abondamment ; en gros, sans entrer dans aucun détail, dans aucune particularité.

Bien sçavoit le duc de Guerles que la ville de Grave estoit forte, et si l'avoit fait pourveoir grandement et *grossement*.

FROISSART, *Chron.*, vol. III, c. 110.

Que j'oubliay ma langue maternelle,
Et *grossement* apprins la paternelle.

CL. MAROT, *opusc.* 7 ; OEuv., t. I, p. 215.

Pour nous donner *grossement* à entendre que les mœurs ne sont aultre chose qu'une qualité imprimée de longue main en celle partie de l'ame qui est irraisonnable.

Amyot, Plut. OEuvr. mor., t. XIII, p. 198.

Italien, *grossamente.* Condannógli *grossamente*, e mandógli a' confini.

Giov. Villani, Stor. 9, 284, 2.

GUÉRISSEUR, *s. m.* Celui qui guérit.

> Ayant tel sort qu'il faut que le blesseur
> Loy mesme soit de ce mal *guérisseur.*

J. Marot, Poés., p. 282.

GUETTEUR, *s. m.* Celui qui guette, qui va à la découverte, qui se met en embuscade ; espion.

Ces deux chevaliers, et leurs archers et leurs routes furent escarmouchez, en allant adviser cette place, des *guetteurs* du roy de Castille.

Froissart, Chron., vol. II, c. 92.

Aussi là nous fut dit estre une manière de gens, lesquels ils nommoyent *guetteurs* de chemins et batteurs de pavez.

Rabel., l. V, c. 26.

Voleurs et *guetteurs* de chemins se prennent pour synonymes.

H. Étienne, apolog. d'Hérod., l. I, c. 18.

Voyez aussi *Triomph. de la Nob. Dam.*, l. III, fol. 296, v°.

APPENDICE.

G.

GALLIQUE, *adj. des deux g.* Français, qui appartient aux Gaulois, aux Français. CL. MAROT, *épist.* 4; *OEuv.*, tom. I, p. 383. — ID. *ibid.*, *épist.* 5o, p. 533. — Latin, *gallicus.* MARTIAL.. l. I, *epig.* 93.

GARDABLE, *adj. des deux g.* Facile à garder, à conserver, à défendre. MONSTRELET, *Chron.*, vol. II, p. 33, v°. — On a dit aussi *feste gardable*, pour désigner une fête qu'on est obligé d'observer. BOUTILL., *Somm. rur.*, tit. 91, p. 514. Mais, sous cette acception, le mot *gardable* ne saurait être restitué au langage moderne.

*GASCONNER, *v. n.* et *a.* Agir en gascon, selon le caractère attribué aux gascons. BRANTOME, *Dam. ill.*, p. 221. — GASCONIQUE, *adj. des deux g.* Propre aux gascons, conforme aux manières qui caractérisent les Gascons. RABEL., l. II, ch. 4o.

GATEMENT, *s. m.* Action de gâter, de dévaster, de dissiper, de répandre avec profusion; état de ce qui est gâté. *Vie de J. Christ, ms.* — EUST. DESCHAMPS, *poés. mss.*, fol. 433, col. 1. — Italien, *guastamento.* GIOV. VILLANI, *Stor.* 12, 49, 3. — Espagnol, *gastamiento, Chron. gener.*, part. I, fol. 119. — On a dit aussi, dans le même sens, mais moins heureusement, *gât, gâture; Hist. de Charles VII*, attribuée à ALAIN CHARTIER; *OEuv.*, p. 334. — BRANT., *Dam. ill.*, p. 3o6. — Italien, *guasto*, *guastatura*. *Zibald.* — Giov. Villani, *Stor.* 4, 22, 2. — Espagnol, *Gasto.* Cervant., *Quix.*, tom. II, ch. 1. — Gateur, *s. m.* Celui qui gâte, qui perd, qui dissipe. *Castoiement, cont.* XIX, v. 37. — Italien, *guastatore, trice.* Boccac., *Nov.* 95, 11. — Espagnol, *gastador.* Gracian, *Mor.*, fol. 173.

GAUDISSEUR, ERESSE, *adj.* et *subst.* Plaisant, bouffon, railleur, moqueur; qui ne songe qu'à se divertir, à rire, à se moquer, à tourner les autres en ridicule. *Lett. de rémiss.*, ann. 1465; *Trés. des Chart.*, reg. 194, ch. 72. — Roger de Collerye, *OEuv.*, p. 167. — Amyot, *Plut.*, compar. de Cicéron avec Démosth., ch. 2; *OEuv.*, tom. VIII, p. 145. — Montaig., *Ess.*, l. II, c. 17. — Gaudisserie, *s. f.* Plaisanterie, moquerie, bouffonnerie; paroles ou actions plaisantes et bouffonnes; habitude de se divertir, de railler, de plaisanter. *Don Florès de Grèce*, fol. clv, v°. — Desperriers, *Cont.*, p. 182. — Amyot, *Plut.*, *Agis et Cléom.*, ch. 37; *OEuv.*, tom. VII, p. 358. — Montaig., *Ess.*, l. I, c. 40. — Brant., *Cap. franç.*, tom. IV, p. 306.

GAUFFRAGE, *s. m.* Ouvrage fait en forme de gauffre; action de fabriquer un ouvrage en forme de gauffre. J. Baïf, *OEuv.*, p. 264, r°.

GONNELLE, *s. f.* Robe de femme, jupe : il s'est dit aussi de l'habillement des hommes, et a signifié manteau, casaque, froc. *Anc. trad. franç. du livre des Rois*, c. 13, v. 16. — Joinville, *Hist.*, p. 122. — *Rom. de Renard*, ms. — *Rom. d'Aubery.* — Laurent de Premierfait, *trad. de Boccac.*, nouv. 2, 8e journée. — Guill. Guiart, *ad ann.* 1304, etc., etc. — Latin barbare, *gunella*, *gonella.* Udalric, *Constit. Cluniac.*, l. III, c. 5. — *Stat. Ferrar.*, ann. 1279, apud Murator. *Antiq. Ital. med. æv.*, tom. II, col. 424. — Italien, *gonella.* Boccac.,

Nov. 15, 31. — Le substantif *gonelle* est le diminutif du mot Gonne, qui a la même signification. *Segret. moine,* v. 128. — Froissart, *Chron.,* vol. IV, c. 2, etc. — Grec barbare, γοῦνα. Constantin., *de admin. imp.,* c. 32. — Latin barbare, *gonna. Gesta Guill. maj. episcop. Andegav.,* c. 1 ; — *gunna.* Bonifac. archiep. Mogunt., *epist.* 89. — Italien, *gonna.* Ariost., *Orl. Fur.,* 37, 26. — Anglais, *gown.* Abbot.

GORGELETTE, *s. f.* Diminutif de *gorge.* G. Durant, à la suite des *OEuv.* de Bonnefons, p. 23. — On a dit aussi, mais moins heureusement, Gorgerette. P. Enoc., *Opusc.,* p. 98. — Gorgette. *Anc. poët. fr.,* ms. du *Vatic.,* n° 1490, fol. 132, v°. — Eust. Deschamps, *Poés. mss.,* fol. 173, col. 4. — Jac. Tahureau, *Poés.,* p. 251, etc.

GOURRER, *v. a.* Tromper ; dérober avec adresse. Ce mot est encore usité dans le langage familier. Guill. Bouchet, *Sérées,* l. II, p. 90 ; Id., *ibid.,* p. 109.

GRABEAU, *s. m.* Examen minutieux, discussion, jugement. Rabel., l. III, c. 16. — Ce mot est encore en usage à Genève, pour désigner une certaine loi émanée du petit conseil, et instituée sous l'influence d'un célèbre magistrat de cette ville. Voyez J. J. Rousseau, *Lett. de la montagne.* — Id., *Lett. à M. d'Ivernois,* 8 mars 1768.

GRACELETTE, *s. f.* Diminutif de *grace.* Loys le Caron, *Poés.,* fol. 63, v°.

GRAISSEUR, *s. m.* Celui qui graisse. Rabel., l. II, ch. 30.

GRANGÉE, *s. f.* Ce qui est contenu dans une grange. Montaig., *Ess.,* l. I, c. 30.

GRATTERIE, *s. f.* Action de gratter, de se gratter ;

démangeaison. *Mir. de S. Louis*, ch. 63. — Montaig.,
Ess., l. III, c. 13. — Gratteur, *s. m.* Celui qui gratte,
qui se gratte. *Le Vilain mire*, v. 257.

GRENETÉ, ÉE, *adj.* Enrichi d'ornemens faits en
forme de petits grains. *Invent. ms. des joyaux d'É-
douard I, roi d'Angleterre*, ann. 1297.

GROMMELEUX, EUSE, *adj.* Qui grommèle, qui
gronde. Eust. Deschamps, *Poés. mss.*, fol. 215, col. 3.
— On a dit aussi Grommeleur, Guill. Cretin,
OEuv., p. 69.

GUERDONNEUR, EUSE, *s.* Celui, celle qui guer-
donne, qui récompense. *Le Confesseur, Vie de S. Louis,
prol.* — Eust. Deschamps, *Poés. mss.*, fol. 17, col. 3.
— *Mor. de N. D.* — Al. Chartier, *Espér., OEuv.*,
p. 382. — Cl. Marot, *Epist.* 52, *OEuv.*, tom. I, etc.
— On a dit aussi, et dans le même sens, Reguer-
donneur. S. Grég., *Dial.*, l. IV, c. 18.—Rewerdonneur.
S. Bernard, *Serm. fr, mss.*, p. 17. — Italien, *guider-
donatore, trice.* Boccac., *Fiammett.*, 3, 31.—Guerdon-
nable, *adj. des deux g.* Digne de guerdon, de récompense. Eust. Deschamps, *Poés. mss.*, fol. 17, col. 3.

GUERROYABLE, *adj. des deux g.* Propre à guerroyer,
à combattre. J. Marot, *Poés.*, p. 113. — L'adjectif
guerroyable, joint au substantif *guerre*, a servi aussi
à désigner une guerre ouverte et active. Sully, *Mém.*,
tom. I, ch. 54. — Id., *ibid.*, tom. II, ch. 51. — Mais
cet emploi de l'adjectif *guerroyable* ne me paraît point
admissible.

GUIGNADE, *s. f.* Action de guigner, clin d'œil.
Brant., *Cap. étr.*, tom. II, p. 133. — Espagnol,

guiñada, *guiño*. Alcaz., *Chron.*, *decad.* I, an. 2, cap. 2, § 2. — Le mot *guignade*, *guignado*, existe dans la langue provençale. Voyez Florian, *Estelle*, l. III, *romance*.

H.

HABILLEUR, *s. m.* Celui qui habille. Il s'est dit plus particulièrement de celui qui remet un membre démis ou cassé.

> Estant habillée, elle avoit dit à son *habilleur*, lequel avoit remédié à la dislocation.
>
> GUILL. BOUCHET, *Sérées*, l. I, p. 114.

HÉBERGEMENT, *s. m.* 1° Action d'héberger, de loger ; droit que l'on payait en compensation du logement dû à un seigneur, ou à ses agens.

> Mais luy fera *hébergement*
> Toutes les foys qu'il luy plaira.
>
> *Repues franches, à la suite des œuvres de* FR. VILLON, p. 32.

> Item est prisé un hoste à deux sols et un tenant à douze deniers, et doit l'hommage liege *herbergement* de dix livres.
>
> BOUTILL., *Somm. rur.*, tit. 87, p. 504.

2° Lieu où l'on loge, maison, tente, pavillon.

> L'aisné faisant partage à ses frères puisnez, en succession directe de père ou de mère, ayeul ou ayeule, peut retenir par préciput le lieu chevels, anciennement appelé *hébergement*.
>
> *Coutum. général.*, t. I, p. 1035.

> Entr'aus deux orent à tenir
> Longuement compaignie ensanble ;
> Mès chascun avoit, ce me sanble,
> Par soi le sien *herbergement*.
>
> *Des deux changcors*, v. 10 et suiv.

> Or me convient porter *hébergement*,
> Pour reposer, quand seray endormy.
>
> EUST. DESCHAMPS, *Poés. mss.*, fol. 221, col 1.

16.

On a dit aussi, mais moins heureusement, Héber-
gerie, *s. f.*

> Là où li roiz Henry prist sa *herbergerie.*
>> *Rom. du Rou, ms.*, p. 62.

Voyez aussi *Anséis de Carth.*, fol. 56, v°, col. 1.

Hébergage, Hébergeage, *s. m.*

> A amors pris en moi son *herbergage.*
>> Thibault de Navarre, *Chans. mss.*, t. II, p. 9.

Il est jà tart, que se vous partiés or endroit de chi, vous ne
pourriés hui mais venir à *herbergage* de nulle heure.
>> Rob. de Bouron, *Rom. de Merlin.*

Voyez aussi *Anséis de Carth.*, fol. 4, v°, col. 2, Guill.
Guiart, *Roy. lign.*, ann. 1301.

Hébergeur, *s. m.* Celui qui héberge, qui loge, qui
donne l'hospitalité.

> Qu'il estoient *hébergéor*,
> Et bon terrieu donéor.
>> Guiot de Provins, *Bibl.*, v. 203.

HÉBÉTATION, *s. f.* État de ce qui est hébété,
affaibli, émoussé.

Lequel, comme savez, veult souvent sa gloire apparoistre
en l'*hébétation* des saiges, en la dépression des puissans et en
l'érection des simples et humbles.
>> Rabel., l. III, c. 41.

Latin, *hebetatio.* Medetur et lumborum dolori, oculorum
hebetationi, mente captis et melancholicis.
>> Plin., *Hist. nat.*, l. XXVIII, c. 7.

HELVÉTIEN, ENNE, *s.* Habitant de l'Helvétie, de
la Suisse.

Estant venu à chef des *Helvétiens,* que nous appelons ores
Souisses.
>> Et. Pasquier, *Rech.*, L. I, c. 10.

Latin, *Helvetius*. Acerrimæ nationes et maximæ Germanorum et *Helvetiorum*.

CICER., de Provinc. cons., c. 23.

On trouve fréquemment ce mot dans nos écrivains modernes, ainsi que l'adjectif HELVÉTIQUE, qui sert à désigner ce qui a rapport aux *Helvétiens* ou Suisses.

La simplicité du gouvernement *helvétique* est admirable, et toute la machine est mue par un petit nombre de ressorts.

CONDILLAC, Cours d'études, hist., part. II, c. 2.

Ce dernier mot se trouve dans le Dictionnaire de l'Académie, édition de Smits, Paris, 1798.

HÉRISSEMENT, *s. m.* État de ce qui est hérissé.

> Gémissemens
> Y sont, criz, pleurs, *hérissemens*,
> Et crueulx amortissemens
> De cueurs.

ALAIN CHARTIER, Poés., p. 648.

Italien, *arricciamento*. Uno *arricciamento* de' capelli del capo, che significa la paura.

BUTI, su'l Dante.

HERNIEUX, EUSE, *adj.* et *s.* Affligé de hernie.

> Bien voient tuit cil qui i sout
> Que *hergneux* estoit li vilains.

Castoiement, cont. 5, v. 54.

Dictes en autant.... à un goutteux, à un *hernieux*.

MONTAIG., Ess., l. III, c. 13.

Latin, *herniosus*. Dum sermo esset ortus, quanti *herniosi* essent in urbe Româ.

LAMPRID., Heliogab., c. 25.

Italien, *ernioso*. Ma lo più sicuro aiuto si è, che gli *erniosi* portino il brachiere.

Libr. Cur. Malatt.

HIDEUR, *s. f.* 1° Qualité de ce qui est hideux;

spectacle hideux, effrayant, qui inspire l'horreur, chose horrible, épouvantable à voir ou à entendre.

A l'entrée du pont de Navarret, eut moult grande *hideur*, et moult grande effusion de sang.

Froissart, *Chron.*, vol. I, c. 241.

Et estoit grande pitié et *hideur* de les ouir et veoir.

Id., *ibid.*, vol. IV, c. 52.

Estoient les murs environnez de doubles fossez, dont le moindre avoit deux cens piez de largeur, et si parfond que c'estoit une *hideur* à regarder.

Perceforest, vol. I, fol. 105, v°, col. 2.

D'autant que timidement elles s'estoient approchées du corps, pour la *hideur* de la mort.

L'Amant ressuscité, p. 550.

2° Crainte, frayeur, épouvante que l'on éprouve à la vue d'un objet hideux, d'un spectacle horrible, en entendant des cris douloureux ; horreur qu'inspire une action coupable, atroce ou détestable.

Toutes les autres enfles getoient hors ordures, et fesoient grant *hisdeur* et grant horreur à ceulx qui les regardoient.

Mir. de S. Louis, c. 47.

A pou que je ne pers mon sens,
De peur et de *hideur* que j'ay.

Veng. de J. C., *tragéd.*

Adonc ceux qui estoient devant, et qui sentirent les horions, reculèrent de *hideur* tous à un faix, et chéoient l'un sur l'autre.

Froissart, *Chron.*, vol. I, c. 184.

Il n'estoit homme, tant soit hardy, qui n'ait paour et *hideur* de l'ouyr crier, si fort le contraint sa maladie.

Gérard de Nevers, part. II, p. 56.

Un chascun bon prudhomme catholique, qui aime Dieu et justice, doit avoir grant *hideur* et abhomination d'une si grande et mauvaise trahison.

Preuv. sur le meurtre du duc de Bourgogne, p. 292 et 293.

Voyez aussi *Li Cuens de Bretagne, Poët. fr. avant* 1300, *ms.*, tom. I, p. 77. — *Chastel. de Vergy*, v. 902. — *Testament de Pathelin*, p. 132. — *Marguer. de la Marguerite*, p. 42. — Ménard, *Hist. de Bertr. Duguesclin*, p. 447. — Pasquier, *Lett.*, tom. II, p. 168, etc., etc.

On a dit aussi, mais moins heureusement, Hidisseur, *s. f.*

Il le trouva en terre déserte, au lieu de *hidissour* et de gastine soleté.

> *Anc. trad. de la Bible, Deutér.*, c. 32, v. 10.

Hide, *s. f.*

Li witisme paine de l'enfer est qu'il voient tousdis les diables, et oent leur noise, et ont *hide* et paour outre mesure, si kil ne cessent onques de plourer.

> *Mir. du Chrest.*

> Pour peu li clers ne tourne en fuie,
> De la grande *hide* que il a.
> Gautier de Coinsi, *Mir. de N. D*, l. I, c. 12.

> C'est un péchié mortel dont pou de gens ont *hide*.
> Jehan de Meung, *Codic.*

Voyez aussi Guill. de Guigneville, *Péler. de la vie.* — *Lett. de rémiss.*, ann. 1376; *Trés. des Chart.*, reg. 109, ch. 406, etc.

* HILARITÉ, *s. f.* Enjouement naturel, douce gaieté.

Jà n'est besoing de vous conter la chère que nous feimes : car il est assez à conjecturer que le souper fut plein de *hilarité*.

> Cartheny, *Voyag. du Chevalier errant*, fol. 39, r°.

Ce mot, sur lequel l'abbé Desfontaines s'est efforcé de jeter de la défaveur, en le plaçant dans son *Dictionnaire néologique*, n'en a pas moins été employé assez heureusement par nos écrivains modernes.

Contentez-vous de lui souhaiter, du fond du cœur, prospérité, *hilarité*, succès en tout, et jamais de gravelle.

Volt. , *Lett. à madame la duchesse de Choiseul*, 20 *mai* 1769; *OEuv.*, t. LXXX, p. 127.

L'*hilarité* peinte sur votre visage en couleurs plus vives que celles du mal, vous me dites : Je suis sauvé, et mon exemple en sauvera bien d'autres.

Buffon, *Rép. à Chastelux*, *OEuv.*, t. X, p. 44.

Latin, *hilaritas*. Tristitia deductis superciliis, *hilaritas* remissis ostenditur.

Quintil., l. XI, c. 3.

Italien, *Ilarità*, *ilaritade*, *ilaritate*. Odono le preghiere de' poveri con *ilarità* d'animo e di volto.

Fr. Giord., *Pred.*

Anglais, *hilarity*. Averroes restrained his *hilarity*, and made no more thereof than Seneca commendeth, and was allowable in Cato ; that is a sober incalescence for wine.

Brown.

On trouve dans nos anciens écrivains l'adjectif Exhilaré, gai, joyeux.

Dunkes li devant dit serjans *exhilareis* parce que il trovat al vin, espaurit lo mal cui il avoit fait.

S. Grégoire, *Dial.*, l. II, c. 18.

J. B. Rousseau a dit dans un sens à-peu-près semblable, Hilarieux, euse.

Noblesse d'ame, *hilarieux* génie,
Et don d'esprit, par dessus l'or vanté.

Liv. I, *alleg.* 2.

Mais ni l'ancien français *exhilaré*, ni le mot *hilarieux*, employé par J. B. Rousseau, ne me paraissent de nature à être réintégrés dans le langage moderne.

HONNISSEMENT, *s. m.* Action de honnir, de déshonorer, de couvrir d'opprobre.

Défend iceux que mesnez sont à mort, et ne cesser à ceux delivrer que truit sont à *honissement*.

Trad. de la Bible, *Prov.*, c. 24, v. 11.

HORTULAGE, *s. m.* Plante potagère, légume.

Pour ce que l'une et l'autre de ces herbes-là sont louées d'être fort saines entre les autres *hortulages*.

Amyot, *Plut.*, *OEuvr. mor.* t. XV, p. 77.

Latin barbare, *hortolagium*, *hortulagium*, *hortaligium*.

Plante potagère, légume; redevance qui se paie en plantes potagères, en légumes.

Quæ consistit in *hortolagiis* et aliis obventionibus.

Chart. ann. 1320 apud Gassend. *Notit. eccles. Diniens.*, p. 83.

Bladum, vinum, *hortaligia*, fenum, fructus, etc. clerici decimare non præsumant.

Statut. mss. Auger. II, *episc. Conseran.*, ann. 1280.

Espagnol, *hortaliza*. La huerta para la *hortaliza* quiere estár mui estercolada.

Herr., *Agric.*, l. IV, c. 7.

HYDROMANCE, *s. f.*, ou mieux, *Hydromantie*. Divination au moyen de l'eau.

Je n'ai que faire pareillement de vous raconter les espèces de magie, comme *hydromance*, qui se fait avecques de l'eau; leucanomance, qui se fait avecques des bassins; pyromance, qui se fait avecques le feu.

J. Tahureau, *Dial.* p. 162.

Grec, ὑδρομαντία.

H. Stephan., *Thes. ling. græc.*

Latin, *hydromantia*. Ananchitide in *hydromantiâ* dicunt evocari imagines Deorum.

Plin., *Hist. nat.* l. XXXVII, c. 11.

Voy. Salmas. *in Solin.*, p. 768.

Anglais, *hydromancy*. Divination was invented by the Persians : there are four kinds of divination; *hydromancy*, pyromancy, aeromancy, and geomancy.

AYLIFFE, *Parerg.*

HYMÉNÉAL, ALE, *adj.* Qui a rapport à l'hyménée, au mariage.

Lit *hymenéau.*

BRANT., *Dam. gal.*, t. I, p. 100.

Grec, ὑμενήϊος. Ὑμενήϊος Βάκχος.

Epigramm. apud HENR. STEPHAN., *Thes. ling. græc.*

Latin, *hymenæius.*

Nec mea mella rapis : quænam hæc *hymenæia* lex est.

MARTIAN. CAPELL., l. VII.

Anglais, *hymeneal.*

The suitors heard, and deem'd the mirthful voice
A signal of her *hymeneal* choice.

POPE, *Odyss.*

HYPERBOLISER, *v. n.* Parler par hyperboles, exagérer.

Sçavoir si la licence qu'ont ceux-cy de mentir et d'*hyperboliser* les peut égaler aux autres.

FURETIÈRE, *Rom. Bourgeois*, édit. de Paris 1666, part. II, p. 635.

Italien, *iperboleggiare.*

Vocab. della Crusc.

Espagnol, *hyperbolizar.* Aunque esto del *hyperbolizar*, por el parentesco que tiene con el mentir, en todos tiempos fue agradable.

BARBAD., *el Cortes. descort.*, fol. 17.

APPENDICE.

H.

HAINEUSEMENT, *adv.* Avec haine, d'une manière haineuse, ou propre à attirer la haine. JACQ. TAHUREAU, *Poés.*, p. 132. — On trouve aussi dans nos anciens écrivains le substantif HAINEUR, EUSE, pour désigner celui ou celle qui a conçu et qui conserve des sentimens haineux. CHARRON, *Sag.*, l. I, c. 28. Mais le substantif *haineur, euse*, ne me paraît point de nature à être réintégré dans notre langue.

HAMEÇONNÉ, ÉE, *adj.* Garni d'un hameçon, d'un crochet, fait en forme de hameçon, de crochet. AMAD. JAMYN, *Poés.*, p. 202, v°. — Latin, *hamatus.* CIC., *Acad. IV*, c. 38.

HARANGUEUSE, *s. f.* Celle qui fait une harangue, qui se plaît à faire de longs discours. Il s'emploie aussi adjectivement. CHARRON, *Sag.*, l. III, c. 3.

HARENGER, *s. m.* Celui qui se livre à la pêche et au commerce du hareng ou des autres poissons de mer. *Ordonn. de Jean I ou Jean II, sur la police du royaume*, février 1350, tit. IX, § 99; *Ordonn. des rois de Fr.*, tom. II, p. 359. — *Chart.* de l'an 1350; *Trés. des Chart.*, reg. 78, ch. 178. — On sait que le substantif féminin *harengère* existe dans notre langue. — HARENGERIE, *s. f.* Marché au poisson. *Chart. de Philippe le*

Bel, ann. 1297; *Liv. rouge de la chambre des comptes de Paris*, fol. 18, r°, col. 2.

HARPEUR, *s. m.* Joueur de harpe. Marie de France, *lai de Graëlant.* — *Aucassin et Nicolette*, *Fabl.* Méon., tom. I, p. 385. — *Rom. d'Aubery.* — Le substantif *harpeur* a été employé par nos auteurs classiques modernes. J. B. Rousseau, l. I, *épît.* 4.—Latin barbare, *harpator*, *leg. angl.*, tit. VII, § 23. — On dit maintenant *harpiste;* mot qui, au reste, ne se trouve ni dans le Dictionnaire de l'Académie, édit. de 1762, ni dans l'édition de Smits 1798. Je laisse aux bons écrivains et sur-tout aux poëtes à décider lequel on doit préférer, de l'ancien français *harpeur*, ou du mot très-moderne *harpiste*, emprunté de l'espagnol, *harpista*, *Dicc. de la real Acad. de Madrid.* — Harper, *v. n.* Jouer de la harpe. Gautier de Coinsi, *Mir. de N. D.*, l. II, c. 14. — Robert de Blois, *Chast. des Dames*, v. 1052. — Cl. Marot., *ps.* 137; *OEuv.*, t. III, p. 358, etc. — Ce mot se retrouve quelquefois dans nos auteurs classiques modernes. Voiture, *Poés.*, *OEuv.*, t. II, p. 198. — Latin barbare, *harpare.* — Je doute, au reste, que le verbe *harper* mérite d'être réintégré dans le langage moderne.

HAUTAINETÉ, *s. f.* 1° Qualité de celui qui est hautain, fierté, orgueil. Eust. Deschamps, *Poés. mss.*, fol. 52, col. 4. — *Lett. de rémiss.*, ann. 1395; *Trés. des Chart.*, reg. 148, c. 243. — Juvénal, ou Jouvenel des Ursins, *Hist. de Charles VI*, ann. 1392, p. 88. — Amyot, *Plut.*, *Marius*, c. 13; *OEuv.* tom. IV, p. 214. — Montaig., *Ess.*, l. I, c. 18, etc., etc. — 2° Haute naissance, rang élevé, noblesse, élévation dans les sentimens. Froissart, *Chron.*, vol. III, c. 28. — Brant., *Cap. franç.*, tom. III, p. 390.

HERBIS, *s. m.* Terrain sur lequel il croît de l'herbe ; pâturage. *Rom. Rose*, v. 13249. — Cl. Marot, *Opusc.* 3 ; *OEuv.*, t. I, p. 183. — **Herbeler**, *v. n.* Couper, ou cueillir de l'herbe. Boutill., *Somm. rur.*, l. II, tit. 40, p. 864. — On trouve aussi dans nos anciens écrivains français les mots suivans, dérivés également du substantif *herbe*, mais qui ne me paraissent point susceptibles d'être restitués au langage moderne. **Herbager**, *v. n.* Paître l'herbe dans les prés. *Lett. de rémiss.*, ann. 1480 ; *Trés. des Chart.*, reg. 207, c. 367. — Espagnol, *Herbajar*, *Chron. gener.*, part. IV, fol. 392. — **Herberie**, *s. f.* Connaissance des herbes, des plantes, principalement de celles qui sont d'usage en médecine. Rutebeuf *dit de l'Erberie*. — **Herbelée**, *s. f.* Potion médicinale, faite avec des herbes et des plantes. Gautier de Coinsi, *Mir. de N. D.*, liv. II.

HÉRÉDITABLEMENT, *adv.* A titre d'hérédité. Froissart, *Chron.*, vol. I, c. 232.

HERMINETTE, *s. f.* Diminutif d'*Hermine*. Gautier de Coinsi, *Sainte Léocade*, v. 1259. — Froissart, *Poés. mss.*, fol. 204, col. 2. — **Herminer**, *v. a.* Fourrer d'hermine. *Ordonn. de Jean I ou Jean II, sur la police du royaume.* Février 1350, tit. 35 ; *Ordonn. des rois de Fr.*, tom. II, p. 372. — On a dit aussi *enherminer*. Gautier de Coinsi, *Sainte Léocade*, v. 1256. Mais ce dernier mot ne me paraît point de nature à être réintégré dans le langage moderne.

HIVERNAGE, *s. m.* Temps d'hiver ; lieu où l'on passe l'hiver ; frimas et autres intempéries que l'hiver amène avec lui. *Castoiement*, v. 70 et suiv. — *Rom. Rose*, v. 4434. — *Anc. Poët. fr.*, cité par Ducange, au mot *hybernagium*.

HONTOYER, *v. n.* SE HONTOYER, *v. réfl.* Avoir honte, rougir. *Lett. de rémiss.*, ann. 1389; *Trés. des Chart.*, reg. 157, c. 150. — Ét. Pasquier, *Rech.*, l. VI, c. 10. — On a dit dans le même sens, mais moins heureusement, *honter* à la forme neutre. *Mir. de la Dent*, cité par Barbazan, *Gloss. fr. ms.* — Hontage, *s. m.* Ce qui cause de la honte; action honteuse. — *Rom. Rose*, v. 5858. — Rob. de Blois, *Chast. des Dames*, v. 29. — Le substantif *hontage* ne me paraît pas, au reste, susceptible d'être restitué au langage moderne. Voyez Ahonter, *Append.*

HORRIFIQUE, *adj. des deux g.* Qui inspire l'horreur. Il s'est dit aussi par hyperbole, comme les mots *terrible*, etc., pour désigner une chose excessive ou d'une grandeur démesurée. Rabel., l. I, c. 41. — Idem, l. II, c. 2. — Latin *horrificus.* Virgil., *AEneid. III*, v. 571. — Anglais, *horrifick.* Thomson. — Horrifiquement, *adv.* De manière à inspirer l'horreur. Rabel., l. IV, *Prol.* — Latin, *horrificè.* Lucret., *de Nat. rer.*, l. II, v. 609. — Horribleté, *s. f.* Qualité de ce qui est horrible. Froissart, *Chron.*, vol. IV, c. 23. — Al. Chartier, *Espér.*, *OEuv.*, p. 263. — Italien, *orribilità*, *orribilitade.* Crescenz., *Agric.*, 4, 48, 19. — *Declamaz.*, *Quintil.*

HOUPPETTE, *s. f.* Petite houppe. Froissart, *Chron.*, vol. IV, c. 114. — Matthieu de Coucy, *Hist. de Charles VI*, p. 594, etc. — On a dit aussi, mais moins heureusement, Houppeau, *s. m.* Froissart, *Poés. mss.*, p. 431, col. 2. — J. Baïf, *OEuv.*, fol. 187, r°. — Houppelet, *s. m.* Froissart, *Poés. mss.*, p. 176, col. 1. — * Houppé, ée, *adj.* Garni d'une houppe. Cl. Marot, *opusc.* 2; *OEuv.*, tom. I, p. 161.

I.

IDOLATRÉMENT, *adv*. Avec idolâtrie.

> L'aise enyvroit mon ame, et m'estimois heureux
> D'être *idolatrément* de vos yeux amoureux.
>
> Ph. Desportes , OEuv., p. 342.

Anglais , *idolatrously*. Not therefore whatsoever idolaters have either thought or done ; but let whatsoever they have either thought or done *idolatrously* , be so far forth abhorred.

Hooker.

IDONÉITÉ, *s. f.* Qualité de celui qui est idoine ou propre à quelque chose.

L'*idonéité* dudit suppliant , attestée par lesdits prévosts, jurez et consaulx.

Cout. général , t. II , p. 937.

On a dit aussi, mais moins heureusement, *idoineté*.

Leur science monstre assez leur *ydoincté* , et l'ardeur de leur bon zèle demonstre aussi leur bon vouloir.

Hist. de la Toison d'or , fol. 167.

Latin , *idoneitas. Idoneitatem* servi in passione sanguinis quærit.

Div. August. , Serm. 106 , de Divers. , c. 3.

Voy. *G. J. Voss, de Vit. serm.* , l. III, c. 15, p. 449.

Italien , *idoneità, idoneitate, idoneitade.* Ma più espressamente dir si può, la nostra *idoneità* si è da Dio.

Coll. SS. Pad.

Espagnol , *idoneidád.* Con mucho exámen y escrutinio, inquirir, y satisfacerse de la *idoneidád* de las personas.

Bobad. , Polit. , l. I , cap. 3 , num. 6.

ILLATION , *s. f.* Conséquence , induction , action d'inférer , ou de déduire une conséquence d'un raisonnement antécédent.

Et l'argument et *illation* tirée des élémens, laquelle il semble que Platon mesme obscurément ait touchée, est fort difficile à comprendre.

Amyot, *Plut.*, *OEuvr. mor.*, t. XVII, p. 390.

L'*illation* est captieuse.

Cholières, *Contes*, fol. 73, r°.

Latin, *illatio*. Dico *illationem*, vel illativum rogamentum, quod acceptionibus colligitur et infertur.

Apul., *de Dogm. Plat.*, l. III.

Italien, *illazione*. Tutta volta che io vi neghi che il moto, che voi attribuite ai corpi celesti, non convenga ancora alla terra, la sua *illazione* resta nulla.

Galil., *sist.* 30.

Espagnol, *ilación*. Aunque admito estas legítimas *ilaciónes*, con ellas no se prueba la reducción.

Maner., *Prefac.* § 11.

ILLÉGALITÉ, *s. f.* État ou qualité de ce qui est illégal.

Mal pourvoit à la rigueur des lois qui donne loy à l'*illégalité*.

Al. Chartier, *l'Espér.*, *OEuv.*, p. 353.

Partant se voit l'animosité et *illégalité* manifeste des accusateurs.

Montaig., *Ess.*, l. I, c. 20.

Espagnol, *ilegalidad;* sinrazón falta de ley ó legalidad.

Dicc. de la real Acad. de Madrid.

Anglais. *illegality*. He wished them to consider what votes they had passed, of the *illegality* of all thoses commissions, and of the unjustifiableness of all the proceedings by virtue of them.

Clarendon.

ILLETTRÉ, ÉE, *adj.* Sans lettres, sans études, qui n'est point lettré; ignorant.

Et au surplus, conféroient selon leur grez, le plus de temps à gens laiz et *illettrez*.

Ét. Pasquier, *Rech.*, l. V, c. 12.

M. l'abbé Feraud dit : *illettré* ou *illittéré.* Il ajoute « Que le premier de ces deux mots a été forgé par « l'abbé Desfontaines, et que l'autre a été employé par « plusieurs. L'usage, continue-t-il, n'a encore adopté « ni l'un ni l'autre. » *Dict. crit.* — Je n'ai rencontré dans aucun auteur accrédité l'adjectif *illittéré*, et je ne crois pas que ce mot puisse jamais être admis en français. Quant à l'adjectif *illettré*, qui, comme on vient de le voir, est bien antérieur à l'abbé Desfontaines, j'estime, avec les auteurs du *Dictionnaire de Trévoux*, que ce mot est clair et expressif, que, par conséquent, il mériterait d'être réintégré dans le langage moderne.

Latin, *illitteratus.* Quem cognovimus virum bonum, et non *illitteratum.*

Cicer., de Orat., c. 6.

Italien, *inletterato, inlitterato, illitterato.* I comandamenti, e l'altre simiglianti cose sanno eziandio gl' *inletterati.*

Senec., Pist., 95.

Alcuno *inlitterato* avrebbe fatto il comento latino trasmutare in volgare.

Dant., Conviv., 68.

È rincrescimento à leggere, o udire à leggere alcuna dottrina *illitterata.*

Ret. Tull.

Anglais, *illitterate, unlettered.*

> Th' *illitterate* writer, empirick like, applies
> To minds diseas'd unsafe chance remedies.

Dryden.

When the apostles of our lord were ordained to alter the laws of heathenish religion, S. Paul excepted, the rest were unschooled and *unlettered* men.

Hooker.

ILLIBÉRAL , ALE , *adj.* Qui n'est point libéral, qui n'est point généreux. Il s'est dit aussi des actions, des paroles ou des sentimens contraires à la noblesse, à la dignité qui convient à un homme libre.

Et jaçoit ce ke Erminian fust avaricieux et homme *inlibéral*, il néantmoins avoit en soi aucune estincelle de noblesse, de courage.

LAUR. DE PREMIER FAICT, Trad. de Boccace.

Latin, *illiberalis.* Duplex omninò est jocandi genus, unum *illiberale* , petulans, flagitiosum , obscenum ; alterum elegans, urbanum , ingeniosum , facetum.

CICER. , de Offic. I, c. 9.

Si audierit me à te non impetrasse , non te in me *illiberalem*, sed me in se negligentem putabit.

ID. ad Famil., l. XIII, epist. 1.

Italien, *illiberale.* Le opere puramente servili sono quelle, che per la fatica in esse richiesta, sono proprie non di persone nobili, ma di gente che serve e stenta per mantenersi, come è lavorare la terra, ed esercitare le arte manovali, meccaniche e *illiberali.*

SEGN., Crist. Inst. 1 , 11 , 5.

Anglais, *illiberal.* That earth did not deal out their nourishment with an oversparing or *illiberal* hand.

WOODWARD , Nat. Hist.

ILLIBÉRALEMENT, *adv.* Sans libéralité ; d'une manière indigne d'un homme libre.

En quoi il usa incivilement et *illibéralement* du don que Lucullus luy avoit fait.

AMYOT, Plut., Lucull. c. 34 ; OEuv., t. V, p. 105.

Latin , *illiberaliter.*

Vestram familiam is aspernatur nunc tam illiberaliter.
TERENT. , Phorm., act. II, sc. 3 , v. 24.

Anglais, *illiberally*. One that had been bountiful only upon surprize and incogitancy, *illiberally* retracts.

Decay of Piety.

ILLIBÉRALITÉ, *s. f.* Caractère de celui qui n'est point libéral; avarice, parcimonie. Il a servi aussi à désigner une action, une parole ou un sentiment contraires à la dignité qui convient au caractère d'un homme libre.

Selon Aristote, libéralité est une vertu qui fait du bien par pécune, le contraire de laquelle est *illibéralité*.

Triomph. de la Nobl. Dam., fol. 76.

Latin, *illiberalitas*. Habenda est ratio rei familiaris, sed ita ut *illiberalitatis* avaritiæque absit suspicio.

CICER., *de Offic. II*, c. 18.

Anglais, *illiberality*. The *illiberality* of parents in allowance towards their children, is an harmful error and acquaints them with shifts.

BACON.

IMBERBE, *adj. des deux g.* Dépourvu de barbe, qui n'a pas encore de barbe.

Au départir de mon *imberbe* jeunesse.

P. GRINGORE, *Menus Prop. de Mère Sote.*

Achilles qui estoit en la première et *imberbe* verdeur de son adolescence et le plus beau des Grecs.

MONTAIG., *Ess.*, l. I, c. 27.

Ce mot a été employé par nos écrivains modernes.

J'avais cru long-temps que les Esquimaux étaient excepté de la loi générale du nouveau monde; mais on m'assure qu'ils sont *imberbes* comme les autres.

VOLTAIRE, *Dict. Philos.* (*Barbe.*

Voyez aussi SCARRON, *Rom. com.*, part. 1, c. 16.

Latin, *imberbis*. Non convenire barbatum esse filium, cùm pater *imberbis* esset.

CICER., *de Nat. Deor.*, l. III, c. 34.

Italien, *imberbe.*

Imberbe bello venne ad ultim' ora.

FR. SACCH., *rim.* 40.

17.

IMBOIRE, *v. a.* S'**imboire**, *v. réfl.* **Pénétrer son ame** d'un sentiment, d'une pensée, d'une opinion.

Il faut qu'il *imboive* leurs humeurs, non qu'il apprenne leurs préceptes.

Montaig., Ess., l. I, c. 25.

Ce verbe, dont le participe, *imbu, ue*, est encore en usage, et se trouve dans le *Dictionnaire de l'Académie*, édition de 1762, sous la qualification d'adjectif, a été employé par J. J. Rousseau.

Un solitaire, qui, vivant peu avec les hommes, a moins d'occasions de s'*imboire* de leurs préjugés, et plus de temps pour réfléchir sur ce qui le frappe quand il commerce avec eux.

Émile, l. II.

IMMÉRIT, ITE, *adj.*, ou **IMMÉRITE**, *adj. des deux g.* Qui ne mérite pas. Il s'est pris en bonne et en mauvaise part.

Mesmement à gens ou à personnes de petit estat, et *immérites*.

Lett. de Charles VI, 20 avril 1402. *Ordonn. des rois de Fr.*, t. VIII, p. 496.

Vostre très-humble serviteur et *immérit* greffier, Guillaume de Badouillet.

Pièce de l'an 1495, rapportée par **Godefroy**, *Observ. sur Charles VIII*, p. 720.

Latin, *immeritus*.

Delicta majorum *immeritus* lues.

Horat., l. III, od. 6, v. 1.

Italien, *immerito*. Tu, *immerito* del preclarissimo nome, del santo imperio ti fai vicario.

Mat. Villani, Stor., 7, 24.

Espagnol, *immérito*. Padeciendo la infeliz, quanto *immérita* dama, la fortuna de su ciudád.

Tejad. Leon. Prodig., part. I, apolog. 50.

IMMISÉRICORDE, *s. f.* Manque de miséricorde, de compassion ; cruauté.

Et si vous parlez de Parjure, c'est un mauvais paillard trompeur et hay de tout le monde, comme ést *Immiséricorde.*
> *Triomph. de la Noble Dame*, fol. 271, v°.

Latin, *immisericordia.* Numquid et extra limites circi, furori studemus, et insolentiæ extra stadium, et *immisericordiæ* extra amphitheatrum ?
> Tertull., *de Spectac.*, c. 20.

IMMODÉRATION, *s. f.* Défaut de modération.

L'*immodération* vers le bien mesme, si elle ne m'offense, elle m'estonne, et me met en peine de la baptizer.
> Montaig., *Ess.*, l. I, c. 29.

Voyez aussi *Triomph. de la nobl. Dame*, fol. 54, v°.

Latin, *immoderatio.* Interdum effertur *immoderatione* verborum.
> Cic., *pro Syll.*, c. 10.

Italien, *immoderanza.* Dee moderare le passioni, e le *immoderanze* delli suoi creati.
> Vinc. Martelli, *lett.* 70.

Espagnol, *immoderación*, excesso, y demasía, falta de moderación.
> Dicc. de la Real Acad. de Madr.

IMPÉDITEUR, *s. m.* Celui qui empêche, qui met des empêchemens, des obstacles, des entraves.

> Ils ne me sont de rien redébiteurs,
> Ains de plaisir et joie *impéditeurs.*
> Rog de Collerye, *OEuv.*, p. 177.

Sans nulle infraction et quelconques rebelles ou *impéditeurs :* si aucuns venoient, ledit exécuteur aye à compeller soy à en désister.
> *Testament de Jeanne de Bretagne*, cité par Barbazan, *Gloss. fr. ms.*

Latin , *impeditor*. Plus utique valeret beneficus purgator animæ, quàm malevolus *impeditor*.
S. Aucust., *de Civit. Dei*, l. X, c. 10.

Italien , *impeditore*. In cambio d'*impeditori* della guerra, tornarono ambasciadori dello acquisto, et della gloria avuta.
Segret. Fiorent., *disc.* 2, 33.

Impédition , *s. f.* Empêchement , obstacle , entrave.

Lui fust remonstré par ledit conseil l'*impédition* qu'il avoit faicte en la comté de Hainault.
Monstrelet, *Chron.*, vol. II, p. 25, v°.

IMPÉRIT , ITE , *adj.* , ou **IMPÉRITE ,** *adj. des deux g.* Argué d'impéritie ; inhabile, ignorant.

Lesquelles à présent plus est facile, par les usaiges communs du vulgaire *impérit*, desirer que rencontrer.
Rabel., l. V, c. 20.

La veüe n'est capable que de choses corporelles et d'individus, et encore de leurs croustes et superficie seulement; c'est l'outil des ignorants et *impérites*.
Charron, *Sagesse*, l. I, c. 13.

Il faut donc, tant qu'il est possible, fuyr la hantise du peuple, sot, *impérit*, mal complexionné.
Id., *ibid.*, l. II, c. 1.

Une troupe *impérite* et furibonde de méchans garnemens, sorbonistes corrompus et achetez par ceste Scythe de Guisars.
La Fulminante , contre Sixte V.

Latin, *imperitus. Imperiti* homines, rerum omnium rudes, ignarique.
Cic., *pro Flacc.*, c. 7.

Italien, *imperito.* Avendo.... condotti pochi fanti utili, ma molta turba imbelle, ed *imperita*.
Guicc., *Stor.* 18 , 76.

Espagnol, *imperito.* Los Afros gentes son mui *imperitas*, que de casas y hierro padecen inópia.
Comm. sob. las 300, *copl.* 49.

* **IMPERMÉABLE**, *adj. des deux g.* Impénétrable, inaccessible.

Icelle moyennant, sont les nations que nature sembloit tenir absconses, *imperméables* et incongneues, à nous venues, nous à elles.

RABEL., l. III, c. 51.

Ce mot a été employé par nos écrivains modernes.

Il me paroît qu'elles (les glaises) contiennent une matière grasse qui les rend *imperméables* à l'eau.

BUFFON, *Hist. nat. min.*, t. I, p. 250, art. *argiles et glaises.*

IMPERSUASIBLE, *adj. des deux g.* Qu'on ne peut persuader, qui est rebelle aux conseils, aux exhortations.

O gens testus, de dur cervel, obstinez et *impersuasibles*, qui estes circoncis du corps, mais non pas du cueur.

Hist. de la Toison d'or, tom. II, fol. 145.

Italien, *impersuasibile.* Quali sorte di scempiezze bastano a rendre contumace e *impersuasibile* il vulgo.

GALIL., *Sistem.*, 324.

Espagnol, *impersuasible.* Algunos creen que el amenazar es osadía, y el ser intratable é *impersuasible* es ser esforzado y valiente.

GRAC., *Moral.*, fol. 169.

Anglais, *impersuasible.* If it be his fortune to have as *impersuasible* an auditory, if he cannot avert the deluge, it will yet deliver his own soul, if he cannot benefit other men's.

Decay of Piety.

IMPITIÉ, *s. f.* Manque de pitié, dureté, cruauté.

Et la dure *impitié* dont son ame est couverte.
PH. DESPORTES, *Poés.*, p. 24.

Voyez aussi MELIN DE SAINT GELAIS, *Poés.*, p. 91.

On trouve dans nos anciens écrivains l'adjectif IMPI-

TEUX, EUSE; qui n'a point de pitié, dur, cruel; mot qui s'est dit également des personnes et des choses.

> Las ! faudra-il qu'un gendarme *impiteux*
> Tienne ce champ tant culte et fructueux !
>   CL. MAROT, *Eclog. de Virg.*; *OEuv.*, t. III, p. 9.

> Et toujours Rodomont *impiteux* le poursuit.
>   PHIL. DESPORTES, *Poés.*, p. 464.

Je n'eusse jamais pensé (dit-elle) que la reyne ma sœur eust voulu acquiescer à un acte tant *impiteux*.
>   ÉT. PASQUIER, *Rech.*, l. VI, c. 15.

Voyez aussi GUILL. DURANT, *Poés.* à la suite des *OEuv. de Bonnefons*, p. 94. — MONTAIG., *Ess.*, l. II, c. 37; l. III, c. 5. — REGNIER, *Sat.*, etc., etc.

IMPITEUSEMENT, *adv.* Sans pitié, durement, cruellement.

Mère des deux petits princes par luy *impiteusement* mis à mort.
>   ÉT. PASQUIER, *Rech.*, l. V, c. 5.

Mais l'adjectif *impiteux*, et l'adverbe *impiteusement*, avantageusement remplacés par les mots *impitoyable*, *impitoyablement*, ne me paraissent point de nature à être réintégrés dans le langage moderne.

IMPLANTER, *v. a.* Planter, insérer profondément une chose dans une autre. Il s'est pris quelquefois au figuré.

Alector, tout joyeux, que plus ne pourroit estre, la remercia très-affectueusement, en luy *implantant* baisers sur baisers.
>   *Alector*, *Rom.*, fol. 5, v°.

Ce mot, encore en usage, principalement dans le style didactique, a été employé par plusieurs écrivains modernes.

Vous trouverez une petite glande *implantée* sur le réceptacle, entre l'étamine et le germe.
>   J. J. ROUSSEAU, 4ᵉ *lett. sur la Botan.*

Deux grands muscles partent de sa racine, embrassent le larynx, et, couronnant la tête, vont.... s'*implanter* dans le front.

BUFFON, *Hist. nat.*, *Ois.*, t. XIII, p. 133, art. *Torcol.*

C'est qu'il doit tirer sa nourriture du grand arbre dans lequel il est *implanté*, et dont il est une partie intégrante.

BONNET, *Contempl. de la nature*, 6ᵉ part., c. 6, *OEuv.*, t. VII, p. 326.

Voyez aussi *Dict. encyclop.*

Italien, *impiantare.* Con molte sottili ramificazioni s'*impiantano* nel tronco principale degli ureteri maestri.

REDI, *Osserv.*, 198.

Anglais, *to implant.* There grew to the outside of the arytenoïdes another cartilage, capable of motion by the help of some muscles that were *implanted* in it.

RAY.

God having endowed man with faculties of knowing, was no more obliged to *inplant* those innate notions in his mind, than that, having given him reason, hands, and materials, he should build him bridges.

LOCKE.

IMPLORATEUR, *s. m.* Celui qui implore.

Te suppliant qué cest *implorateur*
Soit accepté pour le tien serviteur.

Triomph. de la Nobl. Dam., l. II, fol. 141, vᵒ.

J. J. Rousseau a dit *imploreur.*

On m'a détaché de temps en temps de petits chercheurs de places, de petits *imploreurs* de recommandations, pour savoir par eux s'il ne restait personne qui eût pour moi de la bienveillance, et travailler aussitôt à me l'ôter.

Lett. à M. de Saint-Germ., 26 fév. 1770, *Corresp.*, t. VII, p. 193.

Mais, malgré la juste autorité de J. J. Rousseau, j'estime que le vieux français *implorateur* serait préférable au mot *imploreur*, qui au reste se retrouve dans l'anglais, *implorer*.

> Mere *implorers* of unholy suits,
> Breathing, like sanctified and pious,
> The better to beguile.
>
> SHAKSP., *Hamlet*.

IMPLORATION, *s. f.* Action d'implorer.

Enfans, dit-il à ses soudars, d'icy sortir ne vous fault espérer par vœnz et *imploration* des dieux.

> RABEL., l. IV, c. 23.

Latin, *imploratio*. Si te illius acerba *imploratio* et vox miserabilis non inhibeat.

> CIC., *in Verr.*, c. 63.

Espagnol, *imploracion*, encarecido y humilde ruego, con que se pide algun favór ó patrocinio.

> *Dicc. de la Real Acad. de Madr.*

IMPLOYABLE, *adj. des deux g.* Qui ne peut se ployer, et au figuré, inflexible, immuable, rigide.

Ayant eu à desdaing les larmes et les pleurs, de se rendre à la seule révérence de la saincte image de la vertu, que c'est l'effet d'une ame forte et *imployable*.

> MONTAIG., *Ess.*, l. I, c. 1.

Leurs historiens disent que la persuasion estant populairement semée entre les Turcs de la fatale et *imployable* prescription de leurs jours aide apparemment à les assurer aux dangers.

> ID., *ibid.*, l. II, c. 30.

M. de Marmontel aurait desiré qu'on ne laissât pas tomber ce mot en désuétude. « Inflexible, dit-il, ne « laisse-t-il jamais regretter *imployable?* » *Élém. de littérature*, art. *Usage; OEuv.*, t. X, p. 431.

IMPOLLU, UE, *adj.* Qui n'a point été pollué,

exempt de profanation, de tache, de souillure; qui a conservé sa chasteté, sa virginité.

> Léandre adonc la ceincture *impolluë*
> Qu'elle portoit, soudain lui a tolluë
> D'autour du corps.
>
> Cl. Marot, *Hist. de Léand. et Hér.* ; *OEuv.*, t. III, p. 133.

Ayant tout perdu, au moins fust mon corps *impollu* et net de toute violence.

> Amyot, *Plut. OEuv. mor.*, t. XVI, p. 191.

Fut adverti en songe par Apollo de la laisser *impolluë* et intacte.

> Montaig., *Ess.*, l. II, c. 12.

Voyez aussi Jacq. Tahureau, *Dial.*, p. 114, etc.

Latin, *impollutus*. Eò provectas Romanorum cupidines, ut non corpora, nec senectam quidem aut virginitatem *impollu-tam* relinquant.

> Tacit., *Ann.*, l. XIV, c. 35.

Espagnol, *impolúto*. O vientre *impolúto*, que contiene en sí la redondez de los cielos.

> Nieremb., *Aprec.*, l. I, c. 15.

Impollument, *adv.* Purement, sans tache, sans souillure.

Il faut estimer grandement cette princesse, d'avoir esté si belle, et gardé sa viduité jusqu'à son tombeau, et révéré si inviolablement et *impollument* la foi aux mânes de son mari.

> Brant., *Dam. Gal.*, t. II, p. 117.

L'adverbe *impollument* ne me paraît point susceptible d'être réintégré dans le langage moderne.

IMPRÉMÉDITÉ, ÉE, *adj.* Qui n'est point prémédité, qui est produit par le hasard, ou par des circonstances imprévues.

Là où mon dessein est de représenter en parlant une profonde nonchalance d'accent et de visage, et des mouvemens

fortuits et *imprémeditez* comme naissans des occasions présentes.

MONTAIG., *Ess.*, l. III, c. 9.

IMPRÉMÉDITÉMENT, *adv.* Sans préméditation.

Les occasions me surprenans et agitans *imprémeditément*.
MONTAIG., *Ess.*, l. II, c. 17.

***IMPROBITÉ**, *s. f.* Défaut de probité, de déli-
catesse, d'honnêteté, de vertu.

Il est donc très-dangereux de juger de la probité ou *improbité* d'un homme par les actions : il faut sonder au dedans
quels ressorts causent ce mouvement et donnent le bransle.
CHARRON, *Sagesse*, liv. II, c. 3.

Le substantif *improbité* se trouve dans le Dictionnaire
de Trévoux. Les auteurs ajoutent que ce mot « n'est pas
« inhabile à devenir regnicole, mais qu'il n'est pas en-
« core naturalisé. »

Latin, *improbitas*. Cùm te alicujus *improbitas* perversitasque
commoverit.
CIC., *ad Q. fr.*, l. I, epist. 1, c. 13.

Italien, *improbità*. Il quale con tanta maggiore *improbità* si
dispreggia.
CAVALC., *Frutt. ling.*

Anglais, *improbity*. He was perhaps excommunicable, yea,
and cast out for notorious *improbity*.
HOOKER.

IMPROPÉRATION, *s. f.* Reproche, opprobre, paroles désagréables, dures, injurieuses.

Coustume que ont aucuns de dire injurieuses et villaines
paroles de *impropérations* et d'obprobres et qui ne peuvent ne
ne savent dire bien d'autruy.
Hist. de la Toison d'or, t. II, fol. 157.

On a dit aussi dans le même sens IMPROPÈRE, *s. m.* et *f.*

> Mais ung desir de venger l'*impropère*
> Faicte jadis au roy Loys, ton père.
>
> J. MAROT, *Poés.*, p. 236.

> Mais quand je pense à si grand *impropère*.
> CL. MAROT, *opusc.* 7, *OEuv.*, t. I, p. 207.

Ains, au contraire, s'estonner pour le bruit et l'estime d'une commune, ou pour les *impropères* et calumnies des hommes.

> AMYOT, *Plut.*, *Fab. Maxim.*; *OEuvr.*, t. II, p. 251.

Voyez aussi MELIN DE SAINT GELAIS, *OEuv.*, p. 244. — ÉT. PASQUIER, *Rech.*, l. IX, c. 30, etc.

Latin, *improperium*. Sempiternum incussit *improperium* paludatis.

> *Trib. Mar.* (Declam. Quintil. attrib.), c. 1.

Italien, *improperio*. Questi tali riprendono à furore, e con *improperj*, sicchè guastano e non racconciano.

> CAVALC., *Frutt. ling.*

Espagnol, *impropério*. La injúria de palabras ó señales con que se dà en rostro à uno, con algun bien que le hizo estando en alguna necessidad se llama *impropério*.

> NAVARR., *Man.*, c. 18.

IMPROPÉRER, *v. a.* et *n.* Reprocher, adresser des reproches, des paroles dures, injurieuses.

Davantage ceulx qui directement veulent injurier quelqu'un luy *impropèrent* qu'il est ou querelleux, ou téméraire, ou injurieux, s'ils ont la langue effrénée.

> AMYOT, *Plut. OEuv. mesl.*, t. XX, p. 9.

Chose que ce pauvre seigneur ne prit en payement, ains lui *impropéra* sa mort et de plusieurs autres.

> ÉT. PASQUIER, *Rech.* l. V, c. 11.

Latin, *improperare*. Non *impropero* illi.

> PETRON. *Frag.*, c. 38.

Italien, *improperare*. Per lo amore del tuo signore tribolato, afflitto, *improperato*, battuto.

Fiorett. di S. Franc., 172.

Espagnol, *improperar*. Insiste contra todo nuestro dictámen, en que es permitido à la historia *improperar* a los escritóres y sus patrias.

Moret., *Antig.* cong., 4, num. 4.

IMPROPICE, *adj. des deux g.* Qui n'est point propice, funeste, malheureux.

> Et en après, voy l'autre cas
> Qui leur est dur et *impropice*.

Eust. Deschamps, *Poés. mss.*, fol. 552, col. 1.

Anglais, *unpropitious*.

> 'Twas when the dog-star's *unpropitious* ray
> Smote ev'ry brain, and wither'd ev'ry bay.

Pope.

IMPROSPÈRE, *adj. des deux g.* Qui n'est point prospère, malheureux, malencontreux.

> S'éperdit, trop *improspère*,
> Au ciel qu'il n'embrassoit pas.

Loys le Caron, *Poés.*, fol. 54, v°.

Latin, *improsper*. Orta insidiarum magna moles, sed *improspera*.

Tacit., *Annal.*, l. IV, in fin.

Espagnol, *impróspero*. A quien nada sucedia *impróspero*, porque trahia de su parte la voluntád divina.

Zuñig., *Annal.*, añ. 1365, num. 2.

Anglais, *improsperous, unprosperous*.

> Seven revolving years are wholly run,
> Since the *improsperous* voyage we begun.

Dryden.

The winter had been very *unprosperous* and unsuccessful to the king.

Clarendon.

IMPUTABLE, *adj. des deux g.* Que l'on peut imputer.

Par obmissions à eux de droit *imputables* de ce qui estoit du devoir de leurs offices, ou entremise.

Cout. gener. , t. II, p. 90 , col. 1.

Italien, *imputabile*. È confortato chi nell' opera ha parte di tal maniera, che à lui dentro al suo genere sia *imputabile*.

Segner. , *Mann. novemb.* , 4 , 3.

Espagnol, *imputable*, lo capaz de ser atribuido con razón.

Dicc. de la Real Acad. de Madr.

Anglais, *imputable*. That first sort of foolishness is *imputable* to them.

South.

INAMENDABLE, *adj. des deux g.* Qui n'est point susceptible d'être amendé, d'être rectifié ; incorrigible.

Vice constant, *inamendable*, et, selon nous, grands estimateurs de la beauté, d'important préjudice.

Montaig., *Ess.*, l. II, c. 8.

Latin, *inemendabilis*. *Inemendabilis* affectus, cùm ex irâ in odium occalluit.

Senec. , *de Irâ* , l. III, c. 41.

Italien, *inammendabile*. Dell' *inammendabile* malizia delle spirituali nequizie.

Collaz. SS. Pad.

Anglais, *unamendable*. He is the same man; so is every one here that you know : mankind is *unamendable*.

Pope *to Swift*.

INANITÉ, *s. f.* Vide ; et, dans le sens figuré , apparence vaine et trompeuse.

Et qu'est-il de plus vain que de faire l'*inanité* mesme, cause de la production des choses ?

Montaig., *Ess.*, l. II, c. 12.

Si les autres se regardoient attentivement comme je fays, ils
se trouveroient comme je fay pleins d'*inanité* et de fadaise.

ID., *ibid.*, l. III, c. 9.

Et quelle vanité et sotte *inanité* en nos desirs et souhaits,
d'où naissent les créances et espérances encore plus vaines !

CHARRON, *Sagesse*, l. I, c. 3.

Ce mot a été employé par les écrivains classiques
modernes.

L'ame ne retient rien, ne prévoit rien ; elle est humiliée par
la confusion de ses idées, par l'*inanité* qui lui reste.

MONTESQ., *Essai sur le Goût.*

Où est la loi de la nature dans le sentiment que j'éprouve ?
Où est la chaleur vivifiante dans l'*inanité* de mes vains desirs ?

J. J. ROUSSEAU, *Pygmalion.*

Latin, *inanitas.*

Mihi *inanitate* jamdudum intestina murmurant.

PLAUT., *Casin.*, act. IV, sc. 3, v. 5.

Ut sapiens solùm, amputatà, circumcisàque *inanitate* omni
et errore, naturæ finibus contentus, sine ægritudine possit et
sine metu vivere.

CIC., *de Finib.*, I, c. 13.

Italien, *inanità.* A voi pare una gran cosa ch'io abbia tro-
vato modo di cavare tante creature dall' *inanità* e vacuità de'
buccheri.

MAGAL., *Lett.*

Anglais, *inanity.* This opinion excludes all such *inanity*
and admits no vacuities, but so little ones as no body, whatever
can come to, but will be bigger than they, and must touch
the corporal parts which those vacuities divide.

DIGBY, *on Bodies.*

INAPERCEVANCE, *s. f.* Défaut de la faculté d'a-
percevoir.

Bien sert à la décrépitude de nous fournir le doux bénéfice

d'*inappercevance* et d'ignorance et facilité à nous laisser tromper.

MONTAIG., *Ess.*, l. II, c. 8.

Voyez APERCEVANCE.

INASCENSIBLE, *adj. des deux g.* Où l'on ne peut monter ; inaccessible.

Lieux aspres *inascensibles*.

Baron D'OPPÈDE, *Trad. des Triomphes de Pétrarque.*

*** INCARCÉRER**, *v. a.* Mettre en prison, renfermer, retenir en prison.

Le suppliant a esté de ce punitz et *encarcerez* au pain et eaue.

Lettr. de rémiss., ann. 1392 ; *Trés. des Chartr.*, reg. 143, ch. 32.

Moy estant en Espagne, il n'y avoit pas long-temps qu'il avoit esté *encarceré*.

BRANT., *Cap. étrang.*, t. I, p. 40.

Ce mot a été employé par nos bons écrivains modernes.

Si des citoyens se présentaient au Conseil pour demander pareille chose, vous ne seriez pas surpris qu'on les *incarcérât*.

J. J. ROUSSEAU, *lett. à M. Marc Chappuis*, mai 1763, *Corr.*, t. I, p, 74

Italien, *incarcerare*. E molti ne presero, ed *incarcerarono*.

GIOV. VILLAN. *Stor.* 9, 232, 1.

Espagnol, *encarcelar*. Defendémos que no sean osados de hacer execucion en los bienes de los legos, ni prender, ni *encarcelar* sus persónas.

Recopil. l. IV, tit. 1, ley 14.

Anglais, *to incarcerate*. Contagion may be propagated by bodies, that easily *incarcerate* the infected air; as woollen clothes.

HARVEY.

INCARCÉRATION, *s. f.* Action de mettre ou de retenir en prison; emprisonnement.

Estoit une manière d'*incarcération* et de la retenir prisonnière.

JOUVENEL ou JUVENAL DES URSINS, *Hist. de Charles VI*, p. 47.

Latin barbare, *incarceratio*.

LUDEWIG, *Reliq.* t. VI, p. 124.

Italien, *incarcerazione*, *incarceragione*. Per la morte d'alquanti cittadini, e la 'ncarceragione di messer Jacopo de' Peppoli.

MAT. VILLAN. *St.* 2, 4.

INCHASTETÉ, *s. f.* Défaut de chasteté; action contraire à la chasteté.

Nul, fors son mari ne cogneut,
D'*inchasteté* voulenté n'eut.

EUST. DESCHAMPS, *Poés. mss.*, fol. 565, col. 2.

Italien, *incastità*, *incastitate*, *incastitade*. La *incastitade*, si è abito, per lo quale l'uomo pecca nelle cose dilettevoli, senza grande instanza di tentazioni.

BRUNETT. LAT., *Tesor.*, 6, 39.

INCIRCONSCRIT, ITE, *adj.* Qui n'est point circonscrit, sans bornes, sans limites.

Mais partant ke tu ne dotes pas Deu estre créant et gouvernant, et enplissant et environ embrachant, sormontant et sostenant, et *incirconscript* et non véable.

S. GRÉGOIRE, *Dial.*, l. IV, c. 6.

Latin, *incircumscriptus*.

Incircumscriptus dominus.

PRUDENT., *Apotheos.*, v. 931.

Italien, *incircoscritto*. Ragguardare il volto prezioso di Dio, vedere quel lume *incircoscritto*.

Omel. di S. Gregor.

Espagnol, *incircunscripto*. Aquel eterno fuego, que precedia à los reyes de Persia, symbolo del otro *incircunscripto* de quien recibe sus rayos el sol.

Saav., *Empres.* 26.

Anglais, *uncircumscribed*. The sovereign was flattered by a set of men into a persuasion, that the regal authority was unlimited and *uncircumscribed*.

Addison.

INCOMPOSÉ, ÉE, *adj.* Qui n'est point composé, simple ; qui n'est point disposé dans l'ordre convenable.

Car le demy ton ès meses est *incomposé*.
Amyot, *Plut.*, *de la Musique*, c. 18; OEuv. mesl., t. XXII, p. 107.

Latin, *incompositus. Incomposito* agmine negligentius ab re benè gestâ euntem adorti Æqui, terrore injecto, in proximos perpulere tumulos.
Tit. Liv., l. V, c. 18.

Italien, *incomposito, incomposto*. Ma nel cospetto mio, sozza ed *incomposita* turba ruinava, senza commandamento aspettare.
Boccac., *Lett. al Prior. di S. Apost.*, 293.

Anglais, *uncompounded*. Hardness may be reckoned the property of all *uncompounded* matter.
Newton.

INCONSOMPTIBLE, *adj. des deux g.* Qui ne peut être consumé.

Et quoyque gommeuse et onctueuse soit, est *inconsumptible* par le feu.
Rabel., l. III, c. 52.

Anglais, *inconsumptible*. Before I give any answer to this objection of pretended *inconsumptible* lights, I would gladly see the effect undoubtedly proved.
Digby.

INCONTAMINÉ, ÉE, *adj.* Qui n'est point contaminé, qui n'est point souillé, pur, sans tache.

Et voyant qu'il ne nous pouvoit induire à suivre ses raisons.

18.

et que nous poursuivions nostre chemin, il nous pria de le laisser pur et *incontaminé* du sang de ses citoyens.

Amyot, *Plut.*, *Œuvr. Mesl.*, t. XX, p. 183.

Latin, *incontaminatus*. Ne quid sinceri, ne quid *incontaminati* sit.

Tit. Liv., l. IV, c. 2.

Italien, *incontaminato*. Egli ci ha rigenerato in isperanza viva, per la risurrezzione di Gesù-Cristo dalla morte, in eredità incorruttibile, ed *incontaminata*.

Mor. di S. Gregor.

Espagnol, *incontaminado*, lo que no està manchado ni sucio.

Dicc. de la real Acad. de Madr.

INCONVENABLE, *adj. des deux g*. Qui ne peut convenir; contraire aux convenances.

Ou beste qui ait jambe brisiée, ou qui soit déshonorable ou *inconvenable* à vendre.

Confirm. du réglement de l'évesq. de Langr. pour la commun. des bouchers, juill. 1381; *Ordonn. des Rois de France*, t. VI, p. 608.

Je n'oseroye escrire les horribles faits et *inconvenables*, qu'ils faisoient aux dames.

Froissart, *Chron.*, vol. I, c. 182.

Italien, *inconvenevole*. Inconvenevole cosa è, che l'uomo s'allegri del mal d'altri.

Vit. di Plutarch.

Si l'Académie Française eût sanctionné l'adjectif *inconvenant*, *ante*, dont on se sert dans le langage usuel, je n'eusse point proposé de réintégrer le vieux français *inconvenable*.

INCONVENABLEMENT, *adv*. D'une manière non convenable; contre les convenances.

S'il advenoit que le tuteur ou curateur dissipast le sien mesme, ou *inconvenablement* les biens du pupille.

Boutillier, *Somm. rur.*, tit. 13, p. 60.

INCORRIGÉ, ÉE, *adj.* Qui n'a point été corrigé, rectifié.

J'eus plus de despit encore que de compassion de le voir (le Tasse) à Ferrare en si piteux estat, survivant à soy-mesme, mescognoissant et soy et ses ouvrages ; lesquels sans son sceu, et toutes fois à sa venë, on a mis en lumière *in-corrigés* et informes.

Montaig., Ess., l. II, c. 12.

Italien, *incorretto*.

Peccatori *incorretti*.

Buonar., Fier., 5, 3, 6.

Anglais, *uncorrected*. I have written this too hastily and too loosely : it comes out from the first draught, and *uncorrected*.

Dryden.

INCORROMPU, UE, *adj.* Qui n'est point corrompu, qui n'est point vicié ; qui est resté dans toute sa pureté, dans toute son intégrité première. Il s'est dit également des objets physiques et des choses morales ou intellectuelles.

Or ce qui est plongé et enfoncé dedans le corps s'appelle ame ; mais ce qui est entier et *incorrompu*, le vulgaire l'appelle l'entendement.

Amyot, Plut., OEuv. mor., t. XX, p. 229.

Richelet trouve ce mot « un peu hasardé, » et selon Furetière « il ne peut être employé tout au plus que « dans le style dogmatique. » Quoi qu'il en soit, Pascal n'a pas craint de s'en servir.

Les uns considérant la nature comme *incorrompue*, les autres comme irréparable, ils n'ont pu fuir ou l'orgueil ou la paresse, qui sont les deux sources de tous les vices.

Pensées, part. II, art. 5.

Latin, *incorruptus*. Nec minus spina celebratur, quoniam *incorrupta*, etiam in aquis, durat.

Plin., Hist. nat., l. XIII, c. 9.

Cæsar autem rationem adhibens, consuetudinem vitiosam et corruptam, purà et *incorruptá* consuetudine emendat.

Cicer., *de clar. Orat.*, 261.

Italien, *incorrotto*. Ne cavarono fuori il corpo intero e *incorrotto*.

Serd., *Stor.*, 15, 614.

Comparisca avanti ad uno giudice *incorrotto*, e amatore della giustizia.

Fr. Giord., *Predich.*

Espagnol, *incorrúpto*. Sin necessidad de bálsamo, ú otros preservativos de corrupcion, los conserva *incorrúptos* y secos.

Ov., *Hist. Chil.*, l. I, c. 11.

Anglais, *uncorrupted*.

Such a hero never springs,
But from the uncorrupted blood of kings.

Roscommon.

* INCROYABLEMENT , *adv.* D'une manière incroyable.

Qu'il y avoit un souverain maistre, qui estoit *incroyablement* plus que lui.

André de la Vigne., *Voyage de Charles VIII à Naples*, p. 123.

Latin, *incredibiliter*. Quibus ego *incredibiliter* delector.

Cicer., *de Senect.*, c. 15.

Italien, *incredibilmente*. Rendono i corpi loro *incredibilmente* agili.

Serd., *Stor.*, 1, 49.

INCULCATION , *s. f.* Action d'inculquer, de répéter une chose pour mieux la graver dans l'esprit.

Je me desplais de l'*inculcation*, voire aux choses utiles, comme en Sénèque.

Montaig., *Ess.*, l. III, c. 9.

Latin, *inculcatio*. Disciplinam, præceptorum *inculcationibus*, densamus.

Tertull., *Apolog.*, c. 39.

INCURIEUX , EUSE , *adj.* Qui n'est point curieux; négligent, nonchalant , inattentif, insouciant; qui ne prend aucun soin.

Combien et aux lois de la religion et aux loix politiques se trouvent plus dociles et aisez à mener les esprits simples et *incurieux ,* que ces esprits surveillants et pédagogues des causes divines et humaines.

Montaig. , Ess., l. II, c. 12.

Voyez aussi *Ordonn. de l'Eschiq.* à la suite de l'*Ancienne Cout. de Normandie ,* fol. 38 , v°, col. 2.—Des Accords (*Ét. Tabourot*) , *Touches ,* p. 10 , v°, etc.

Latin , *incuriosus.* In capite comendo tàm *incuriosus.*

Sueton. , August. , c. 79.

Espagnol , *incurioso,* poco curioso , ú descuidado en las cosas.

Dicc. de la real Acad. de Madr.

Anglais , *incurious.* The creator did not bestow so much skill upon his creatures , to be looked upon with a careless , *incurious* eye.

Derham.

Incurieusement , *adv.* Négligemment, nonchalamment, sans curiosité, sans soins, sans attention.

Et a-l'on de quoy couler plus *incurieusement ,* en la pauvreté qu'en l'abondance justement dispensée.

Montaig. , Ess., l. II , c. 33.

Voyez aussi Des Accords (*Ét. Tabourot*) , *Escr. Dijonn. ,* p. 44 , v°.

Latin, *incuriosè.* Castra in hostico *incuriosè* posita.

Tit. Liv. , l. VIII , c. 38.

Italien, *incuriosamente.* Ma questa è la natura degli uomini trascurare *incuriosamente* le maraviglie palesi , e avidamente correre alle nascoste.

Segner., Panegir.

*INCURIOSITÉ , *s. f.* Absence de curiosité; négligence, insouciance.

Oh! que c'est un doux et mol chevet et sain que l'ignorance et l'*incuriosité*, à reposer une teste bien faicte!

MONTAIG., *Ess.*, l. III, c. 13.

Toutesfois cecy, comme plusieurs autres faits de nostre antiquité, demeurera ensevely sous l'*incuriosité* et négligence de nos prédécesseurs.

CL. FAUCHET, *Antiq. franc.*, l. VII, c. 4, *OEuv.*, fol. 245, r°.

Jamais ne s'habilla que fort austèrement et religieusement avec son voile, et ne montrant jamais ses cheveux, et coiffée plus négligemment, montrant pourtant, avec son *incuriosité*, une grande beauté.

BRANT., *Dames gal.*, t. II, p. 130.

Voyez aussi DES ACCORDS (*Ét. Tabourot*), *Bigarr.*, l. IV, p. 32, v°.

Ce mot a été employé par nos bons écrivains du siècle dernier.

Celles de nos langues modernes qui se sont le plus tôt fixées, sont l'espagnol et l'italien; l'une à cause de l'*incuriosité* naturelle des Castillans, et de cette fierté nationale qui, dans leur langue, comme en eux-mêmes, fait gloire d'une noblesse pauvre, et dédaigne de s'enrichir.

MARMONT., *Élém. de Litt.*, art. *Usage; OEuvr.*, t. X, p. 410.

Italien, *incuriosità*. Che a somiglianza di Simon Salo, avesse il santo, per umiltà, da Dio chiesto nella maggior parte degli uomini questo inganno, o questa *incuriosità*.

SEGNER., *Paneg.*

INDÉFENSIBLE, *adj. des deux g.* Que l'on ne peut défendre.

Ceux qui le prennent pour une trop hautaine confiance ne m'en veulent guère moins de mal, que ceux qui le prennent pour foiblesse d'une cause *indéfensible*.

MONTAIG., *Ess.*, l. III, c. 12.

Molière a dit, dans le même sens, *indéfendable*.

Cette pièce, à le bien prendre, est tout-à-fait *indéfendable*.
Crit. de l'École des Femm., sc. 6.

On lit dans quelques éditions, *indéfensable*. Voy. MÉ-
NAGE, *Observ. sur la lang. franç.*, part. II, c. 84,
p. 359.

Anglais, *indefensible*. As they extend the rule of consulting
scripture to all the actions of common life, even so far as to
the taking up a straw, so it is altogether false or *indefensible*.
SANDERSON.

* INDEMNE, *adj. des deux g.* Exempt de dommage,
de perte, de frais.

En baillant toutes fois caution pour ledit retrayeur de rendre
indemne le premier acheteur.
Cout. génér., t. I, p. 461.

Il a fait duement apparoir de ses pouvoirs qu'il a exhibez,
et a promis acquitter et rendre *indemnes* lesdits consuls de
Limoges.
Transact. entre la royne de Navarre et les consuls de Limoges,
3 juillet 1567, ms. Colbert, t. V.

Ledit chapitre, demandeur à, ce que ledit prieur avoit requis
qu'il fût condamné les garentir acquitter et rendre *indamnes*
de certaine somme qu'ils avoient esté condamnez payer au
curé de Monsoult.
Arrêt du Parlem., 11 décemb. 1568.

Latin, *indemnis*. Illæsus et *indemnis* evasit.
SENEC., *epist.* 9, ad fin.

Italien, *indenne*.
Cioè vi cadde, ma ne restò *indenne*,
E non perivvi dentro.
BUONAROTT., *Fier.* 3, 5, 2.

Espagnol, *indemne*. Aunque fuesse verdád, quedaban
indemnes y interíssimos los créditos de su virtúd.
CORNÉJ., *Chron. de S. Francesc.*, t. III, l. 3, c. 15.

Indemnément, *adv.* Sans perte, sans dommage, sans frais.

Indemnément et sans aucune coulpe.

PONTH, DE THIARD, *Disc. du temps*, fol. 16, v°.

L'adverbe *indemnément* ne me paraît pas susceptible d'être restitué au langage moderne.

INDEVINABLE, *adj. des deux g.* Que l'on ne peut deviner.

Il y a des parties secrettes aux objets qu'on manie, et *indivinables*.

MONTAIG., *Ess.*, l. III, c. 2.

Ce mot a été quelquefois employé par nos écrivains classiques modernes.

Soyez impénétrable, soyez *indevinable*, dépaysez les curieux.

VOLT., *lett. à M. Thiriot*, 1er juin 1731 ; *OEuv.*, t. LXVIII, p. 95.

INDIGESTIBLE, *adj. des deux g.* Qui ne peut se digérer, et, au figuré, que l'on ne peut arranger dans son esprit selon l'ordre convenable ; que l'on ne peut supporter.

Les nostres ne s'advisent pas que qui pourvoid à tout ne pourvoid à rien : que la totale police de ce petit monde leur est *indigestible*.

MONTAIG., *Ess.*, l. II, c. 37.

Y a-il quelque pensée locale qui vous ulcère, extraordinaire, *indigestible*, ou cuidez-vous pouvoir estre sans empeschement et sans destourbier ?

ID., *ibid.*, l. III, c. 9.

Latin, *indigestibilis*.

THEOD. PRISCIAN., *de Diæt.*, c. 6.

Italien, *indigestibile*. La loro carne si judica esser troppo manmeonica e *indigestibile*.

CRESCENZ., *Agric.*, 9, 66, 3.

Espagnol, *indigestible.* Hallé el carro de mi capitán, adonde
yo llevaba la *indigestible* mercancía, mui vacío.

Estev., c. 5.

Anglais, *indigestible.* Eggs are the most nourishing and exal-
ted of all animal food, and most *indigestible :* no body can
digest the same quantity of them as of other food.

Arbuthnot, *on Diet.*

INDILIGENT, ENTE, *adj.* Qui n'est point diligent,
qui manque de diligence, d'attention, de soin, d'activité.

C'est l'*indiligent* lecteur qui perd mon sujet, non pas moy.

Montaig., *Ess.*, l. III, c. 9.

Latin, *indiligens.*

Vereor ne *indiligens* nimium sies.
Terent., *Adelph.*, act. I, sc. 5, v. 50.

*** INÉLÉGANT, ANTE,** *adj.* Qui n'est point élégant,
qui manque d'élégance, de grace, soit dans la forme,
soit dans les discours, soit dans les manières.

Nòstre jurisprudence, en laquelle les juges et advocats
tirent leurs principales maximes des jurisconsultes qui ont
escrit d'un style non *inélégant.*

Ét. Pasquier, *Rech.*, l. VIII, c. 14.

Ce mot se trouve dans le Dictionnaire de Trévoux,
et les auteurs citent à l'appui l'abbé de Pons, lettre sur
l'Iliade de Lamotte. Féraud, *Dict. crit.*, dit que l'abbé
de Fontenay s'en est également servi, mais il ajoute
que cet écrivain « l'a mis en italique, pour prouver qu'il
« le hasardait. »

Latin, *inelegans.* Ineratque et ingenium satis acre, et ora-
tionis non *inelegans* copia.

Cic., *Brut.*, c. 82.

Anglais, *inelegant.* This very variety of sea and land, hill

and dale, which is here reputed so *inelegant* and unbecoming
is indeed extremely charming and agreeable.

WOODWARD.

Modern criticks having never read Homer but in low and
inelegant translations, impute the meanness of the translation
to the poet.

BROWN.

INÉLÉGAMMENT, *adv.* Sans élégance, sans grace.

Aussi ne parla pas impertinemment ny *inélégamment* celuy
qui dit que le dormir estoit les petits mystères, comme s'il
eust voulu dire le modèle et le préambule de la mort.

AMYOT, *Plut.*, *OEuv. mor.*, t. XVI, p. 227.

Latin, *ineleganter*. Historia non *ineleganter* scripta.

CIC., *de claris Orat.*, c. 26.

L'adverbe *inélégamment* ne me paraît pas, vu son
défaut d'harmonie, susceptible d'être restitué au langage
moderne.

INÉLOQUENT, E, *adj.* Qui n'est point éloquent.

S'ils ont pris en hayne un advocat, le lendemain, il leur
devient *inéloquent.*

MONTAIG., *Ess.*, l. III, c. 10.

Latin, *ineloquens*. Tullius, eloquentiæ unicum exemplar,
ab indoctis et *ineloquentibus*, qui tamen pro vero nitebantur,
sæpe superatus est.

LACTANT., *de Opif. Dei*, cap. ult.

*INERTE, *adj. des deux g.* Sans énergie, sans force,
sans activité, sans mouvement, sans industrie.

Touchant devant soy trois vedeaulz à rouge museau, et
traînant après cinq ou six maistres *inerts*, bien crottez à proufit
de mesnaige.

RABEL., l. I, c. 18.

Feu M. Linguet a employé le mot *inerte*. « L'enfance

« débile, la vieillesse presque aussi *inerte*. » Voyez Fé-
raud, *Dict. crit. de la langue française.*

Latin, *iners*. Quæ vitia sunt non senectutis, sed *inertis*,
ignavæ, somniculosæ senectutis.

Cic., *de Senect.*, c. 11.

Italien, *inerte*. Egli prima l'asino vile e *inerte*, piu di ro-
more pieno, che d'effetto, indegno di queste cose il condanna.

Boccac., *Amet.*, 89.

Espagnol, *inerte*.

Dañaba la tardanza floxa, *inerte*.
Garcilass., *Eglog.* 2

Anglais, *inert*.

Informer of the planetary train !
Without whose quickening glance their cumb'rous orbs
Were brute unlively mass, *inert* and dead.
Thomson.

INEXÉCUTÉ, ÉE, *adj.* Qui n'est point exécuté, qui
reste sans exécution.

Vous demurastes cinq ou six jours après lui, afin de pourvoir à plusieurs choses demeurées *inexécutées* touchant les
finances et le payement des gens de guerre en campagne.

Sully, *Mém.*, t. I, c. 81.

L'abbé Féraud observe « qu'un anonyme a dit *inexé-
« cuté : si ce traité demeure inexécuté.* » Il ajoute que
« c'est un néologisme. » *Dict. crit. de la langue française,*
au mot *inexécution.* Il eût été plus exact de dire que
l'adjectif *inexécuté* est tombé en désuétude. L'abbé de
Saint-Réal condamne l'usage de ce mot, et enveloppe
dans la même proscription les mots *peinturer, fatuité,
déchirement, incontradiction, invitation, inexact, incor-
ruption, intenable, inforçable,* etc. Voyez *de la Critique,* ch. 10, OEuv. t. IV, p. 276, 277. Quoi qu'il en

soit, j'estime qu'il serait bon de restituer au langage moderne l'adjectif *inexécuté.*

*INFANTICIDE , *adj. des deux g.* Coupable du meurtre d'un enfant.

Ny à la perversité des femmes adultères, vénéficques, *in-fanticides.*
RABEL., l. V, c. 11.

Ce mot, qui se trouve dans le Dictionnaire de Furetière et dans le Dictionnaire Encyclopédique, n'a jamais cessé d'appartenir à notre langue, quoique l'Académie ne l'ait point admis dans son dictionnaire, édit. de 1762. — Il s'emploie aussi substantivement, et signifie à-la-fois le meurtre d'un enfant, et celui qui se rend coupable de ce crime.

Latin, *infanticida.* Incestus sum; cur non requirunt? *infanticida :* cur non extorquent?
TERTULL. , *Apologet.*, c. 4.

Infanticidium. Quot quisque *infanticidia* degustasset; quot incesta contenebrasset.
ID. , *ibid.*, c. 2.

Italien , *infanticida.*

Ce mot n'a point été admis par MM. de l'Académie della Crusca, dans leur vocabulaire, édit. de Florence, 1729 , mais il se trouve dans le Dictionnaire critique-encyclopédique de J. ALBERTI , qui le qualifie terme de jurisprudence.

Espagnol , *infanticida.* Aunque nos teneis por péssimos *infanticidas*, no quereis que confessémos el nombre, para que nadie vea nuestras culpas.
MANER. , *Apolog.*, c. 2.

Infanticídio. Siendo ansi que no olvidaron los Romános el *infanticídio.*
PELLICER. , *Syncél.* , num. 37.

*INFÉLICITÉ , *s. f.* État contraire à la félicité ; malheur, infortune.

Crainte le fit tourner vers soy-mesme à congnoistre sa propre fragilité, et pitié l'inclina à considérer par compassion l'*infélicité* d'autruy.

Al. Chartier , Espér., OEuv., p. 334.

Le temps estoit encores ténébreux, et sentant l'*infélicité* et calamité des Goths qui avoient mis à destruction toute bonne littérature.

Rabel., l. II, c. 8.

> Quel charme, ou quel dieu plein d'envie,
> A changé ma première vie ,
> La comblant d'*infélicité*.

Phil. Desportes , Poés., p. 174.

Ce mot, qui se trouve dans le Dictionnaire de Furetière, dans celui de Trévoux, et dans celui de l'abbé Féraud , a été employé par quelques écrivains modernes.

Tout le monde connoît le livre qui a pour titre de l'*Infélicité* des gens de lettres ; mais il n'en a pas encore paru qui traitât de leur bonheur.

Huetian., § 84, p. 210.

Latin , *infelicitas*. Beatè autem vivere alii in alio, vos in voluptate ponitis, item omnem *infelicitatem* in dolore.

Cic., de Finib., l. II, c. 27.

Italien , *infelicità*, *infelicitate*, *infelicitade*. Materia così fiera , come è quella *infelicità* degli amanti.

Boccac., ediz. de' Giunt., vol. IV, fol. 1.

Quando certa felicitade ? quando non vera *infelicitade* ?

Giov. Villan., Stor., 11 , 3, 15.

Espagnol , *infelicidad*. Acordarse de *infelicidades* el que está caido , puede traherlo à desperación.

Espin., Escud., Relac., 1, Desc., 4.

Anglais, *infelicity*. Whatever is the ignorance and *infelicity* of the present state, we were made wise and happy.

GLANVILLE.

INFESTATION, *s. f.* Action d'infester, de ravager : dégâts, vexation, incursion.

Et aussi par *l'infestation* des gens de nostre hostel et autres.

Lett. de Charles V aux présid. du Parlem., juillet 1370 ; *Ordonn. des rois de Fr.*, t. V, p. 323.

Succéda au siège apostolicque Estienne, troisième de ce nom, lequel fust par *infestation* et mauvaistié de Astulphus, roi de Lombardie, contraint de partir et vuider hors de la ville et cité de Rome.

Hist. de la Toison d'or, t. I, fol. 62.

N'ayant maintenant à craindre aucunes agressions, attaquemens, ni *infestations*, soit du dehors, soit du dedans.

SULLY, *Mém.*, t. II, ch. 51.

Latin, *infestatio*. Sectæ hujus *infestatio* obruit defensioni.

TERTULLIAN., *Apolog.*, c. 1.

Italien, *infestazione*, *infestagione*. Quando i fuchi, che sono api maggiori, con grande *infestazione* le perturbano.

CRESC., 9, 103, 1.

Espagnol, *infestación*. Por la *infestación* y persecucion rabiosa de la gente pagána, España estaba yá casi despoblada de christianos.

MORET., *Annal.*, l. VIII, c. 5.

* **INFIME**, *adj. des deux g.* Qui est dans le lieu le plus bas, et, au figuré, placé au dernier rang, en quelque genre que ce puisse être ; sans prix, vil, méprisable.

Jusques à quand, ô Dieu grand et sublime,
Laisseras-tu ceste gent tant *infime*,
Et faux pasteurs, parjures et meschans,
Dessus troupeaux dominer en tes champs ?

CL. MAROT, *Opusc.* 11 ; *OEuv.*, t. I, p. 268.

Le plus petit, le dernier et l'*infime*.

> *Marguer. de la Marguer.*, p. 39.

N'y ayant souvent nul moyen entre la suprême et *infime* fortune.

> Montaig., *Ess.*, l. I, c. 40.

Voyez aussi *Légend. de Faifeu*, p. 13.

Ce mot se retrouve dans nos meilleurs écrivains modernes.

Le militaire, dans le grade le plus *infime*, le plus dépourvu de lumières, se croit fort au-dessus du magistrat le plus élevé, du génie le plus sublime, du citoyen le plus utile et le plus industrieux.

> Dumars., *Ess. sur les préj.*, c. 5.

Enfin, dans les insectes, qu'on doit regarder comme les espèces *infimes* de la nature, chacune est accompagnée de tant d'espèces voisines, qu'il n'est plus possible de les considérer une à une:

> Buffon, *Hist. nat.*, *Quadrup.*, t. III, p. 105, art. *Lion.*

Marmontel regrette que l'usage ait privé la langue française de l'adjectif *infime*, et propose comme exemple de l'emploi qu'on en pourrait faire la phrase suivante : « D'élever un homme dans un instant, du rang *infime* au rang suprême, ce n'est qu'un jeu pour la fortune. » *Élém. de Litt.*, art. *usage ; OEuv.*, t. X, p. 435.

Latin, *infimus*. Omnia supera esse meliora : terram autem esse *infimam*, quam crassissimus circumfundat aër.

> Cic., *de Nat. Deor.*, l. I, c. 6.

Est autem *infima* conditio et fortuna servorum.

> Id., *de Offic.*, l. I, c. 13.

Italien, *infimo*.

> E se l'*infimo* grado in se raccoglie
> Si grande lume.
> Dante, *Parad.*, 30.

Espagnol, *ínfimo*. Esto último conviene à hombres pusilá-
nimes, *ínfimos*, viles y abatidos.

Grac., *Moral.*, l. VIII, c. 6.

INFLATION, *s. f.* Action d'enfler, de s'enfler ; état
de ce qui est enflé.

Ainsi semble-il qu'il ait préoccupé toutes responses ;
Straton par addition ou substraction, ou transposition, ou
inflation de vents.

Amyot, *Plut. OEuvr. mesl.*, t. XXI, p. 218.

Latin, *inflatio*. Pythagoricis interdictum putatur, ne fabâ
vescerentur, quòd habet *inflationem* magnam is cibus.

Cic., *de Divinat.*, I, c. 30.

Espagnol, *inflacion*, el efecto de hincharse una cosa con
el áire.

Dicc. de la real Acad. de Madr.

Anglais, *inflation*. Wind coming upwards, *inflations* and
tumours of the belly, are signs of a phlegmatick constitution.

Arbuthnot, *on diet.*

INFONDRE, *v. a.* Insinuer, introduire, fondre,
mêler une chose avec une autre.

Ains y a une grande portion de vie animale et de divinité, que
Dieu y a *infondue* et meslée de sa propre nature et substance
en la matière.

Amyot, *Plut., OEuv. mesl.*, t. XIX, p. 260.

Comme l'aimant attire non-seulement une aiguille, mais
infond encores en icelle sa faculté d'en attirer d'autres.

Montaig , *Ess.*, l. I, c. 36.

Latin, *infundere*. Ut illi non *infundere* in aures tuas oratio-
nem, sed in animo videantur inscribere.

Cic., *de Orat.*, II, c. 87.

Italien, *infondere*. Per la virtù del cielo, la quale *infonde*
vita vegetabile à tal mistura.

Crescenz., 2, 2, 1.

Espagnol, *infundir*. Le *infundió* el conocimiento de la sagrada escritúra, y de los mysterios inefables de nuestra santa religion.

Ribad., Fl. Sanct., Vida de S. Franc. de Assis.

INFORTIFIABLE, *adj. des deux g.* Qui n'est point susceptible d'être fortifié.

Il n'y avoit que Pamiez qui luy donnoit de la peine, pour ce que c'est une grande ville *infortifiable*, mal peuplée.

Mém. du duc de Rohan, l. IV, p. 317.

INGÉNIOSITÉ, *s. f.* Qualité de ce qui est ingénieux, habileté, adresse, artifice, subtilité.

Tesmoin Simon Turq, en la ville d'Anvers, qui tua ou fit tuer en sa présence (il y a environ quinz' ans) un autre Italien, dedans une chaire faicte avec une très-malheureuse *ingéniosité*.

H. Estienne, Apolog. d'Hérodot., p. 401.

Latin barbare, *ingeniositas*. Sangambassa pontem mirâ *ingeniositate* fabricari fecit.

Expugn. Constantin. apud Marten., Collect., t. V, col. 790.

Espagnol, *ingeniosidád*. Como si la *ingeniosidád* pudiesse formar doctos, sin darse la mano con la aplicacion.

Corn., Chron., t. IV, l. 2, c. 41.

Anglais, *ingeniousness*. The greater appearance of *ingeniousness* is in the practice I am disapproving, the more dangerous it is.

Boyle.

INGLORIEUX, **EUSE**, *adj.* Qui est sans gloire, qui n'a acquis aucune gloire; qui ne procure point de gloire. Il s'est dit également des personnes et des choses.

En cest an Édouard, roi d'Angleterre, contre les Escos, en Escoce, pou ou néant, tout le temps d'esté, proufita, et s'en revint sans rien faire, *inglorieux* et sans honneur.

Guill. de Nangis, Chron. Fr., ann. 1301 ; ms. de la Biblioth. du Roi, n° 8312, fol. 130, r°, col. 2.

19.

Ce mot a été employé par nos meilleurs écrivains modernes.

> Trop heureux de cacher dans un asyle sùr
> Mes jours *inglorieux* et mon destin obscur.
>> DELILLE, *Trois Règnes*, ch. III.

Latin, *inglorius*. Beati, qui honorati sunt, videntur; miseri, qui sunt *inglorii*.
>> Cic., *de Legib.*, c. 11.

Brevi et *inglorio* imperio perfunctus est.
>> TACIT. ; *Ann. XII*, c. 14.

Italien, *inglorioso*.

> Non farà già, che, senza opçar la spada,
> *Inglorioso*, e inveudicato io cada.
>> TASS., *Gierus.*, 6, 5.

Anglais, *inglorious*.

> I did not from the fight *inglorious* come.
>> DRYDEN.

INGUÉABLE, *adj. des deux g.* Qu'on ne peut passer à gué.

Landé qui étoit au bas de la montagne, à un pont, avec les trois cornettes de cavalerie, ne crut pas le pouvoir défendre, quoique la rivière fût *inguéable*.
>> *Mémoires du duc de Rohan*, t. I, p. 163.

Espagnol, *invadeable*.
>> *Dicc. de la real Acad. de Madr.*

INHABILITER, *v. a.* Rendre ou déclarer inhabile.

En oultre les diz commissaires *inhabilitèrent* le suppliant d'office de recepte.
>> *Lett. de rémiss.*, ann. 1386; *Trés. des Chart*, reg. 129, c. 45.

Latin barbare, *inhabilitare*. Stephanus de Guiryaco officio suo privaretur, et ad alia officia regalia in futurum obtinenda *inhabilitaretur*.
>> *Arrest du Parlem.*, ann. 1394, cité par le P. MENESTRIER, *Hist. de Lyon*, preuv., p. 74, col. 2.

Italien, *inabilitare*. San Marco anacoreta arrivò fino à tagliarsi un de' diti grossi per *inabilitarsi* all' ordine sacro.

SEGN., *Crist. instr.*, 3, 24, 20.

Espagnol, *inhabilitar*. Sin otra senténcia ni declaracion alguna, los *inhabilitámos* de los dichos oficios.

Recopil., l. V, tit. 19, ley 2.

Voyez DÉSHABILITER.

INHABITUÉ, ÉE, *adj.* Qui n'est point habitué.

Entend mieux tout le fait du monde que moy encore tout neuf et *inhabitué* en tels actes.

ÉT. PASQUIER, *Pourparler du prince*, à la suite des *Rech.*, p. 872.

*INNAVIGABLE, *adj. des deux g.* Sur lequel on ne peut naviguer.

Fust-ce un endroit d'*innavigable* gouffre,
Voire fust l'eau bouillante en feu et soufre.
CL. MAROT, *Hér. et Léand.; OEuv.*, t. III, p. 129.

Voyez aussi G. DURANT, à la suite des *OEuv. de Jean Bonnefons*, p. 109, etc.

Latin, *innavigabilis*. Adeò ut viæ clausæ, Tiberis *innavigabilis* fuerit.

TIT. LIV., l. V, c. 13.

Italien, *innavigabile*.

Onda di pena, *innavigabil* stagno.
CHIABRER., *Rim.*

Espagnol, *innavegáble*. Y assi solo sirven de hacer el rio de todo punto *innavegáble*.

SANDOV., *Hist. de Ethiop.*, l. I, c. 8, § 2.

Anglais, *innavigable, unnavigable*.

If you so hard a toil will undertake
As twice to pass th'*innavigable* lake.
DRYDEN.

The Indian seas were believed to be *unnavigable*.

ARBUTHNOT.

INNUMÉRABILITÉ , *s. f.* Qualité de ce qui est innombrable ; grand nombre , quantité incommensurable.

Par une *innumérabilité* de fautes et vices , il estoit tout infait et déguisé.

Triomph. de la Nobl. Dam. , épit. dédic.

Latin , *innumerabilitas.* Tamen pleraque dicit eadem , atomos , inane , imagines , infinitates locorum , *innumerabilitatem-*que mundorum.

Cic. , *de Nat. Deor.* , l. I , c. 26.

On a dit autrefois *innumérable* au lieu d'*innombrable.* Le célèbre Patru pensait même que l'on devait conserver ce mot dans le genre sublime , comme plus sonore et plus majestueux ; mais , malgré cette autorité , le mot *innombrable* a prévalu. Voyez Vaugelas , *Rem. sur la langue franç. avec notes de Th. Corneille* , p. 412. — *Observ. de l'Acad. sur les rem. de Vaugelas* , p. 265 , etc.

*INSCIEMMENT , *adv.* Sans le savoir ; sans réflexion , imprudemment ; en ignorant , en homme peu intelligent.

Les péchez qui se commettent *insciemment* ne sont tant graves comme les volontaires.

Straparole , *Nuits* , t. II , p. 400.

Latin , *inscienter.* Ut si partiri velis tutelas , *inscienter* facias , si ullam prætermittas.

Cic. , *Topic.* , c. 8.

Inscient , ente , *adj.* Qui ignore une chose ; qui n'a point de science , d'intelligence.

Les gens communs sont simples et *inscients.*

Eust. Deschamps , *Poés. mss.* , fol. 232 , col. 1.

Mais bien pourveu d'astuce et de finesse ,
Souvent se joue et faict de l'*inscient.*

Cl. Marot , 8ᵉ *Chant roy. ; OEuv.* , t. II , p. 52.

Par quoi commanda que , sans procéder plus avant , qu'on

s'en enquist, et trouva-t-on qu'ils estoient innocens et *inscienx* de la feste, comme il est vrai.

> BRANT., *Cap. franç.*, t. IV, p. 158.

Latin, *insciens*. Nihil in eâ re per collegam meum, me *insciente*, esse factum.

> CIC., *Famil. 5*, *epist. 2*.

Italien, *insciente*. Non fosse *insciente*, ma bene ammaestrato di questo sacrificio.

> SALVIN., *Cical.*

INSCIENCE, *s. f.* Défaut de connaissance, de science ; ignorance, incapacité.

Et ainsi par leur *inscience* et fole entreprise, grans périlz et inconvéniens irréparables se pourroient ensuir envers les diz crestiens nos subgiez.

> *Lett. de Jean I*, ou *Jean II*, *sur les Juifs*, *décembre* 1362 *; Ordonn. des rois de Fr.*, t. III, p. 603.

Les quotidiens labeurs de mon *inscience*.

> J. MAROT, *Prolog. à la royne ; OEuv.*, p. 8.

Ma conscience ne falsifie pas un iota ; mon *inscience*, je ne sçay.

> MONTAIG., *Ess.*, l. I, c. 20.

Voyez aussi EUST. DESCHAMPS, *Poés. mss.*, fol. 544, col. 4. — *Triomph. de la Nob. Dam.*, fol. 124, etc.

Ce mot a été employé par nos écrivains modernes.

Ces gens stupides et ignorans, qui vivent dans une *inscience* universelle, sans avoir jamais eu les moyens d'être instruits ni informez de quoi que ce soit.

> S. RÉAL, *lett. 2 ; OEuv.*, t. IV, p. 121.

L'innocence et l'*inscience* gardent les mœurs plus sûrement que des préceptes et des controverses.

> RAYNAL, *Hist. philos.*, l. XVIII, c. 5.

Toutefois, je ne pense point que l'adjectif *inscient*, et même le substantif *inscience*, soient de nature à être réintégrés dans le langage moderne.

INSECOURABLE, *adj. des deux g*. Qui ne peut, ou qui ne véut point secourir; incapable de donner ou de recevoir aucun secours.

> Chercha le bien de poison favorable,
> Qu'autre venin rendit *insecourable*.
>
>   Loys Le Caron, *Poés.*, fol. 26, v°.

INSIDIATEUR, *s. m*. Celui qui dresse des embûches.

Voilà comment ce povre prescheur (car il me fait pitié d'avoir esté ainsi métamorphosé), d'un zélateur de la foy, devint en un instant *insidiateur* de la foy.

>   H. Estienne, *Lang. franç. italian.*, *Dial.* 2, p. 601.

Latin, *insidiator*.

>   Si vafer unus et alter
> *Insidiatorem* præroso fugerit hamo.
>
>   Horat., l. II, *Sat.* 5, v. 25.

Italien, *insidiatore*. I gelosi sono *insidiatori* della vita delle giovani donne.

>   Boccac., *Nov.*, 65, 2.

Le P. Bouhours a condamné les mots *insidiateur*, *insidiatrice*, dont s'était servi un célèbre traducteur de son temps, que d'ailleurs il ne nomme pas. Ménage a pris, avec justice, la défense de ces deux mots. Voy. *Observ. sur la lang. franç.* tom. II, c. 85, p. 362 et suiv.

Insidiation, *s. f*. Embûche, embuscade; action de dresser des embûches.

Batailler contre la villenie et ordure de la chair, contre les malices du monde, et contre les *insidiations* du diable.

>   *Triomph. de la Noble Dame*, fol. 23, v°.

Je ne crois point ce dernier mot susceptible d'être réintégré dans le langage moderne.

On a dit, encore moins heureusement : **Insidie**, *s. f*.

Ceux qui font les eschauguettes et *insidies* en guerre

>   *Triomph. de la Noble Dame*, fol. 190.

Latin , *insidiæ*. Marcellus *insidiis* interfectus est.

> Cic., *ad Attic.*, 13 , *epist.* 10.

Italien , *insidia*. Nè altra cagione alcuna mi fece mai alla tua vita , nè alle tue cose, *insidie*, come traditor, porre.

> Boccac., *Nov.* 16 , 26.

Espagnol, *insidia*. Diestro yá en el arte de quebrantar *insidias*, con no quererlas entender.

> Solis , *Hist. de Nuev. Esp.*, l. III , c. 8.

INSTABLE , *adj. des deux g.* Qui n'est point stable, qui n'a pas une base ferme et assurée.

> Ainsi pour lors estoit la terre *instable*,
> L'air sans clarté, la mer non navigable.
> Cl. Marot , *Métam.*, l. I ; *OEuv.*, t. III , p. 14.

Comparez-luy la tourbe de nos hommes, stupide, basse, servile , *instable* et continuellement flotante en l'orage des passions diverses.

> Montaig., *Ess.*, l. I, c. 42.

Ce mot, que Th. Corneille, *not. sur les rem. de Vaugelas*, partie II, p. 1027, signale comme n'existant pas dans notre langue, est un de ceux dont Marmontel regrette la perte. « Si l'on disait, observe-t-il, que tout « ce qui dépend de la fortune ou de l'opinion est « *instable* comme elles.... parlerait-on une langue « étrangère? ne serait-on pas entendu? » *Élém. de Litt.*, art. *usage*, *OEuv.*, t. X, p. 434.

Latin , *instabilis*.

> Sic erat *instabilis* tellus , innabilis unda.
> Ovid., *Metam.*, l. I , v. 145.

Italien , *instabile*.

> E come sono *instabili* sue ruote.
> Petrarc., *Trionf. d'Am. capit.* 3.

Espagnol, *instáble.* Mal amante llama **Platón** al que ama el cuerpo mas que el alma, haciendo argumento de que ama cosa *instáble.*

Lop. de Vega, *la Dorot.*, fol. 85.

Anglais, *unstable.* A popular state not founded on the general interests of the people, is of all others the most uncertain, *unstable*, and subject to the most easy changes.

Temple.

INSTAURATEUR, *s. m.* Celui qui élève un monument, ou qui rétablit, qui répare une chose détruite.

Comme depuis ont, à son imitation, touts aultres fondateurs, et *instaurateurs* des villes imposé leurs noms à icelles.

Rabel., l. V, c. 35.

Latin, *instaurator.* Nomen proprium inscribebat, non ut veterum *instaurator*, sed conditor.

Ammian., l. VII, c. 3.

Instaurer, *v. a.* Élever un monument; rétablir une chose détruite.

Maintenant toutes disciplines sont restituées, les langues *instaurées.*

Rabel., l. II, c. 8

Latin, *instaurare.* In villâ suâ, Academiâ nomine, Cicero monumentum sibi *instauraverat.*

Plin., l. XXXI, c. 2.

Espagnol, *instaurar.* De suerte que sobre él, sin embargo de la cosa juzgada, se pueda formar y *instaurar* nuevo pléito.

Solorz., *Polit.*, l. III, c. 31.

***INSTRUCTEUR**, *s. m.* Celui qui instruit.

D'avoir maistre et *instructeur* à ce appartenant.

Boutill., *Somm. rur.*, art. adjoust., édit. de Charond., p. 882.

Chacun poise sur le péché de son compagnon, et eslève le sien. Les *instructeurs* mesmes les rangent souvent mal à mon gré.

Montaig., *Ess.*, l. II, ch. 2.

L'*instructeur* de Cyrus, en Xénophon, pour sa leçon lui propose ce faict.

CHARRON, *Sagesse*, l. III, c. 14.

Voyez aussi *Marguer. de la Marguer.*, fol. 180, v°.

M. de Voltaire a employé le substantif *instructeur*.

De leur siècle profane *instructeurs* généreux.
Le Russe à Paris, dial.; OEuv., t. XIV, p. 184.

Toutefois, il observe dans une note que ce mot n'est point d'un usage général.

« Peu d'auteurs, dit-il, se sont servis du mot *instruc-* » *teur*, qui semble manquer à notre langue; on voit « bien que c'est un Russe qui parle. Ce terme répond à « celui de coukaski, qui est très-énergique en slavon. »

Au reste, le mot *instructeur* est en usage comme terme militaire. *Un sergent instructeur.*

Espagnol, *instructor*, el que enseña, dá reglas y documentos.

Dicc. de la real Acad. de Madrid.

Instruidor. Y por esta instrucción se contrahe parentesco espiritual entre el *instruidór* y el instruido.

NAVARR., *Man.*, c. 22.

Anglais, *instructor*.

Poets, the first *instructors* of mankind,
Brought all things to their native proper use.
ROSCOMMON.

INSTRUISABLE, *adj. des deux g.* Que l'on peut instruire, susceptible de recevoir de l'instruction.

Les belles ames, ce sont les ames universelles, ouvertes et prestes à tout : sinon instruites, du moins *instruisables*.

MONTAIG., *Ess.*, l. II, c. 17.

Peut-être serait-il mieux de dire *instruisible*.

INSUBSTANTIEL, ELLE, *adj.* Qui n'est point substantiel, qui manque de consistance, de solidité, qui ne tombe point sous les sens.

Ces subtilités aiguës, *insubstantielles*, ausquelles la philosophie s'arreste parfois.

Montaig., Ess., l. II, c. 11.

Anglais, *unsubstantial.*

Welcome, thou *unsubstantial* air that I embrace!

Shakesp.

***INSURRECTION**, *s. f.* Mouvement séditieux, rébellion, révolte.

La conclusion fut d'envoyer devers le roy, pour l'advertir de l'*insurrection* du peuple, qui avoit ainsi tué et chassé les nobles de la ville de Gênes.

Jean d'Auton, Ann. de Louis XII, 1506 et 1507, p. 53.

Ce mot, qui se trouve dans le Dictionnaire de Trévoux et dans le Dictionnaire critique de l'abbé Féraud, a été employé par nos écrivains classiques modernes.

Les Crétois, pour tenir les premiers magistrats dans la dépendance des lois, employoient un moyen bien singulier; c'étoit celui de l'*insurrection.*

Montesq., Esp. des Lois, l. VIII, c. 11.

Anglais, *insurrection. Insurrections* of base people are commonly more furious in their beginnings.

Bacon.

INSUSCEPTIBLE, *adj. des deux g.* Qui n'est point susceptible.

Avoient toujours supposé le corps de ceux de la religion *insusceptible* de division.

Mém. du duc de Rohan, t. II, p. 37.

INTEMPESTIVEMENT, *adv.* Hors de saison, à contre-temps; mal-à-propos.

Si nous entrons en colère, ou contre les importuns, ou

contre les survenans *intempestivement* ou contre ceux qui nous prient impudemment.

> *L'Amant ressuscité*, l. IV, p. 290. Id., in-4°, p. 154.

Latin, *intempestivè*, *intempestiviter*. Si irascamur aut *intempestivè* accedentibus, aut impudenter rogantibus.

> Cic., *de Offic.*, l. I, c. 25.

Qui dixerant joca quædam *intempestiviter*.

> A. Gell., l. IV. cap. ult.

Italien, *intempestivamente*. Per cagione delle medecine *intempestivamente* pigliate.

> *Libr. cur. malatt.*

Espagnol, *intempestivamente*. Si el principe *intempestivamente* usare de sus favóres y de sus desdénes, será temido ; pero no estimado.

> Saavedr., *Empres.* 31.

Quoique l'adjectif *intempestif* ne se trouve ni dans le Dictionnaire de l'Académie, édition de 1762, ni dans l'édition de 1798, ni enfin dans les Dictionnaires de Richelet, de Trévoux, de Furetière, de l'abbé Féraud, etc., etc., ce mot, emprunté du latin, et qui appartient à plusieurs langues modernes, est maintenant d'un usage général.

Latin, *intempestivus*. Amicitia nunquam *intempestiva*, nunquam molesta est.

> Cic., *de Amicit*, c. 6.

Italien, *intempestivo*.

> La misera si strugge, come falda
> Strugger di neve *intempestiva* suole.
>
> Ariost., *Orl. fur.*, 19, 29.

Voyez aussi Algarotti, *Congresso di Citera*.

Espagnol, *intempestivo*. No yá con assaltos *intempestivos*, sino con bien ordenada paciencia.

> Baren., *Guerr. de Flandr.*, p. 116.

INTENABLE, *adj. des deux g.* Qui ne peut tenir contre une attaque, incapable de soutenir un siège.

L'ayant recognuë, il la jugea *intenable*, et dès lors il la condamna au feu et à toutes sortes de cruautez ; aussi ne se pouvoit-elle défendre qu'à force d'hommes.

Mém. du duc de Rohan, l. IV, p. 359.

* **INTENSE**, *adj. des deux g.* Qui a de l'intensité, de la force, qui est porté au plus haut degré.

> Ceste bonté fut si *intense*,
> Si communal et si extense,
> Par le monde généralment.

J. de MEUNG, *Testam.*, v. 1284, etc.

Ce mot, qui se trouve dans le Dictionnaire de Trévoux, a été employé par nos meilleurs écrivains modernes.

Quelque *intense*, quelque grande que soit une chaleur renfermée dans un vaisseau bien clos, elle ne produira l'inflammation que quand elle touchera quelque matière enflammée.

BUFFON, *Introd. hist. min.*, part. 2 ; *OEuv.*, t. VI, p. 145.

Latin, *intensus*. Acrior spiritus est, *intensior* impetus, rupturus se, nisi eruperit.

SENEC., *de Irâ*, l. II, c. 35.

Italien, *intenso*.

> Nel cor dà loco à que' conforti, e scema
> L'impeto interno' dell' *intensa* doglia.

TASS., *Gierus.*, 12, 89.

Espagnol, *intenso*. El clavo de esta isla es de mas activa virtúd, y de olór mas *intenso*.

ARGENS., *Maluc.*, l. III, fol. 96.

Anglais, *intense*. To observe the effects of a distillation, prosecuted with so *intense* and unusual a degree of heat, we ventured to come near.

BOYLE.

INTERVALLAIRE, *adj. des deux g.* Disposé par intervalles ; placé dans les intervalles.

La voulte estoit double , soustenue sur quarante piliers de pierre grise, à sçavoir douze à chascun costé, et douze au milieu départissant les deux voultes, et deux *intervallaires* en front et en fond.

Alector, Rom., p. 127, v°.

*****INVAINCU, UE**, *adj.* Qui n'a jamais été vaincu.

Son courage toujours demeure *invaincu,* et ne se peut perdre pour quelque étonnement de la mort , tant espouvantable puisse-t-elle estre.

Merlin Coccaie (*Théoph. Folengo*), t. I, p. 128.

Voyez aussi *Mém. de Blaive de Montluc*, l. II, p. 573. — J. Molinet, p. 128, 153. — *Printemps d'yver*, fol. 67, v°, etc.

On sait que P. Corneille a employé très-heureusement l'adjectif *invaincu.*

> Ton bras est *invaincu,* mais non pas invincible.
>
> *Le Cid*, act. II, sc. 2.

> Ce bonheur a suivi leur courage *invaincu,*
> Qu'ils ont vu Rome libre autant qu'ils ont vécu.
>
> *Horac.*, act. III, sc. 6.

Il se trouve aussi dans quelques autres écrivains.

> Ce que Diomède n'a pu,
> Ni le Péléide *invaincu.*
>
> Scarr., *Virg. trav.*, ch. 2.

Furetière condamne l'usage de ce mot, qui, dit-il, « est à peine supportable en poésie, par opposition à « *invincible.* » M. de Voltaire ne partage point cette opinion. « Ce mot *invaincu,* observe-t-il, n'a été em-« ployé que par Corneille, et devrait l'être par tous nos « poëtes. » *Comment. sur Corneille , rem. sur les Hor.*

OEuv., t.LXV, p. 405. Aussi n'a-t-il fait aucune difficulté de s'en servir.

> Que mes braves guerriers et vos Grecs *invaincus*
> Une seconde fois fassent trembler l'Euphrate.
>
> *Olympie*, act. I, sc. 2.

M. l'abbé Féraud, *Dictionnaire critique*, considère l'adjectif *invaincu* comme étant de l'invention de P. Corneille ; mais il est facile de se convaincre par les passages cités plus haut, que ce mot est antérieur à l'illustre père de la tragédie en France. On peut appliquer ici la judicieuse remarque de Ménage. « Si on lisoit avec « application tous nos anciens auteurs, on y trouveroit « beaucoup d'autres mots qui passent aujourd'hui pour « nouveaux. » *Observ. sur la langue franç.*, part. II, c. 84, p. 347.

Latin, *invictus.* Nec qui se *invictum* à labore præstiterit, vinci à voluptate.

> Cic., *de Offic. I*, c. 58.

Italien, *invitto.*

> Ov' or trionfa, ornata dell' alloro
> Che meritò la sua *invitta* onestate.
>
> Petrarch., *son.* 273.

Espagnol, *invicto.* Si el señor licenciado supiera, que por esse *invicto* brazo habian sido libertados los galeótes, el se diera tres puntos en la boca.

> Cervant., *Quix.*, t. I, c. 30.

Anglais, *unvanquished.* Victory doth more often fall by errour of the *unvanquished*, than by the valour of the victorious.

> Hayward.

INVALABLE, *adj. des deux g.* Qui n'est point valable ; qui ne peut être reçu en justice.

Invalable, et de nul effet.

> *Cout. du Buel, Nouv. Cout. général*, t. II, p. 1237, col. 2.

* **INVESTIGATION**, *s. f.* Recherche laborieuse et suivie, dont le but est de découvrir une vérité, ou de s'assurer de l'exactitude d'un fait.

Les grands esprits, plus rassis et clairvoyans, font un autre genre de vrais croyans, lesquels, par longue et religieuse *investigation*, pénètrent une plus profonde et abstruse lumière ès escritures.

Montaig., Ess., l. I, c. 54.

Ce mot, qui se trouve dans le Dictionnaire de Furetière et dans celui de Trévoux, mais seulement comme terme de grammaire, a été employé dans le sens générique par nos meilleurs écrivains modernes.

Que de dangers, que de fausses routes dans l'*investigation* des sciences !

J. J. Rousseau , Disc. sur le rét. des sciences, part. I.

Pour réduire en règles l'*investigation* des vérités physiques, le critique devrait tenir le milieu et les extrémités de la chaîne.

Marmont., Elém. de Littérature, art. critique; OEuv., t. VI, p. 229.

Quelques grammairiens un peu trop sévères ont reproché à J. J. Rousseau l'usage du mot *investigation*. « Je puis répondre, dit-il, que, quand j'ai hasardé le « mot *investigation*, j'ai voulu rendre un service à la « langue, en essayant d'y introduire un terme doux , « harmonieux, dont le sens est déja connu, et qui n'a « point de synonyme en français. » *Lett. sur une nouv. réfutat.; Mélang.*, t. IV, p. 348.

Latin, *investigatio.* Quâ ex cognitione facilior facta est *investigatio* rerum occultissimarum.

Cic., de Finib., V, c. 4.

Italien, *investigagione , investigazione.* Infirmato appieno per solenne *investigagione* di quelli, che ne' detti casi avieno errato.

Matt. Villani, Stor. 11, 15.

In se si rallegra ; poi con più sottile *investigazione* ricercan-
dosi, danna la rozzezza della sua forma.

Boccac., *Amet.*, 9.

Espagnol, *investigación*. Pudo tanto su diligéncia, que la
descubrió y verificó , por *investigación* y experiencias de
muchas noches claras.

Argens. , *Maluc.*, l. IV, p. 128.

Anglais, *investigation*.

> Progressive truth , the patient form of thought
> *Investigation* calm , whose silent powers
> Command the world.

Thomson , *Seas. ; summer.*

On trouve dans nos anciens écrivains l'adjectif *investigable.* Mais ce mot ne doit point être considéré
comme complémentaire du substantif *investigation* ,
puisqu'il sert à désigner une chose que nous ne pouvons
découvrir malgré toutes nos recherches.

> Vos sentiers , selon tous nos possibles ,
> A tous nos sens *investigables* sont.

Marguer. de la Marguer. , p. 32 , v°.

Les Italiens et les Espagnols l'ont employé dans le
même sens.

Italien, *investigabile.* Sono incomprensibili gli giudizj di Dio,
e *investigabili* le sue vie.

Dialog. di S. Gregor. , 2 , 19.

Espagnol, *investigáble.* ·

> O! señor qué *investigábles*
> Son tus caminos !

Calder. , *Aut. el arca de Dios cautiva.*

Le latin *investigabilis*, duquel ces mots sont formés,
se dit au contraire d'une chose que l'on peut trouver,

découvrir, à force de soins et de recherches, signification qui est plus conforme aux règles de l'analogie.

Alioqui *investigabilia* si ex materiâ sunt investigata et in-
venta.

Tertull., *adv. Hermog.*, c. 45.

Consult. sur ce passage la *not.* 160 de *Jac. Pamelius*.

Anglais, *investigable*. Id. Finally, in such sort they are *investigable*, that the knowledge of them is general.

Hooker.

Quoi qu'il en soit, l'adjectif *investigable* ne me paraît
point de nature à être réintégré dans le langage moderne.

INVIGILANCE, *s. f* Défaut de vigilance.

Vos amis mesmes s'amusent à accuser vostre *invigilance* et
improvidence plus qu'à vous plaindre.

Montaig., *Ess.*, l. II, c. 16.

INVIOLÉ, ÉE, *adj.* Qui n'a point été violé, qui
n'a reçu aucune atteinte, qui a conservé toute sa pureté.

Obliger les roys futurs par l'authorité du saint siège aposto-
lique, à les conserver (les privilèges) *inviolez*, sans les entamer
par aucun sacrilège.

Ét. Pasquier, *Rech.*, l. III, c. 7.

Ce mot a été employé par nos écrivains classiques
modernes.

Cela est inviolable et *inviolé*, et je vous en réponds sur ma
vieille petite tête.

Voltaire, *lett. au comte d'Argental*, 7 juillet 1769; *OEuv.*, t. LXXX,
p. 157.

Latin, *inviolatus*. Nihil divinarum humanarumque rerum
inviolatum vobis est.

Tit. Liv., l. XXVIII, c. 28.

Italien, *inviolato*. S'accorse benissimo, quanto intera e *in-
violata* voglia Iddio che si mantenga la fede.

Serd., *Stor.*, 7, 266.

20.

Espagnol, *invioládo*. Y se declara su catholica indignación contra los sectários, y el zelo de conservar invioládos los fieles de sus Indias.

ARGENS., *Maluc.*, l. IV, fol. 127.

Anglais, *inviolate, unviolated*.

My love your claim *inviolate* secures.

DRYDEN.

He, with singular constancy, preserved his duty and fidelity to his majesty *unviolated*.

CLARENDON.

INVOCATEUR, *s. m.* Celui qui invoque.

Or pour achever sa meschanceté, s'acointa d'un invocateur nommé Gallery.

Contes de la roine de Navarre, Paris, 1559, nouv. 1, fol. 9, v°.

Le mot *invocateur* signifie ici *magicien*.

Italien, *invocatore, invocatrice*. Come avvenne ad uno *invocatore* di questo benedetto santo.

Zibald.

O superbia.... *invocatrice* d'ira, e suscitatrice di briga.

BOCCAC., *Filocop.*, 7, 143.

IRRACONTABLE, *adj. des deux g.* Qu'on ne peut raconter.

La mauvaistié *irracontable* desdits traistres.

GODEFR., *Annot. sur l'Hist. de Charles VI*, p. 681.

IRRECEVABLE, *adj. des deux g.* Qui n'est point recevable ; qu'on ne peut recevoir, qu'on ne peut admettre.

J'en sers plus gayement mon prince, parce que c'est par libre réflection de mon jugement et de ma raison, et que je n'y suis pas rejecté, ni contraint pour estre *irrecevable* à tout autre party et mal voulu.

MONTAIG., *Ess.*, l. III, c. 9.

Il abhorroit bien autant ces gros mousquets que l'on a veu depuis, car ils estoient si grands et si puissans, si pesans et si démesurez qu'ils estoient insupportables et *irrecevables* pour tout, et fort peu maniables.

Brant. Cap. franç., t. IV, p. 302.

Ce mot a été employé par quelques jurisconsultes modernes. Voy. Bornier, *sur l'ordonn. civ.*, tit. 5, art. dernier. — Les auteurs du Dictionnaire de Trévoux en proscrivent l'usage.

IRRÉCUPÉRABLE, *adj. des deux g.* Que l'on ne peut recouvrer ; perdu sans retour.

Desvoyans par temptacions de choses mondaines vos pensées divines, desirans pour la perdicion de sa gloire *irrécupérable.*

Eust. Deschamps, Poés. mss. fol. 401, col. 1.

Ha ! ha ! royaume d'Escoce, vous clinerez d'un costé à cause de ceste *irrécupérable* perte.

Perceforest, vol. IV, fol. 23, v°, col. 2.

Non point seulement pour la perte, qui dès lors luy estoit advenue, de tant de grosses villes qu'elle avoit perdues, qui luy estoient *irrécupérables* par force, veu la forte main en quoy elles estoient.

Comines, Mém., l. V, c. 17.

Latin, *irrecuperabilis.* Immunditiâ *irrecuperabili* tabiosum cadaver.

Tertull., de Pudicit., c. 14.

Italien, *inrecuperabile.* Chi piange cosa perduta, e *inrecuperabile.*

Boccac., Filocop. 5, 127.

Espagnol, *irrecuperáble.* Diciendo, que era casi locúra llorar lo *irrecuperáble.*

Calist. y Melib. tragicom., fol. 173.

Anglais, *irrecoverable.* Time, in a natural sense, is *irrecoverable :* the moment just fled by us, it is impossible to recall.

Rogers.

IRRÉMITTENT, ENTE, *adj.* Qui ne se relâche point.

D'une haleine et d'une obligation constante et *irrémittente.*

MONTAIG., *Ess.* l. I , c. 20.

ITALIANISER , *v. n.* Se servir dans le discours d'expressions ou de locutions empruntées de la langue italienne.

Je ne suis pas si scrupuleux : au contraire je di qu'il y a certains cas esquels il est permis d'*italianiser.*

H. ESTIENNE, *Lang. franç. ital.*, *dial. I* , p. 40.

Ceux qui ne sont pas accoustumez à cette façon de parler italienne : Stare in cervello, ne cognoistront pas que ceux qui disent, tenir quelqu'un en cervelle, *italianisent.*

ID. , *ibid.* , *dial. I*, p. 86.

Les auteurs du Dictionnaire de Trévoux observent que le verbe *italianiser* est quelquefois actif, et se dit des Italiens qui admettent des mots étrangers dans leur langue, en leur donnant la terminaison et l'inflexion propres à la langue italienne. — D'Alembert a appliqué à la musique le verbe *italianiser*, pris activement, pour exprimer l'action de donner à une partie du chant la manière propre aux Italiens.

Dans les endroits au contraire où le musicien s'était écarté des tons de la déclamation, c'est-à-dire du sentiment et de la nature, rien de plus désagréable et de plus affreux que le récitatif français *italianisé.*

Liberté de la mus. ; OEuv. , t. III , p. 379.

Italien , *italianare.* Bianciafiore , Blanchefleur , che altri malamente ha mutato per *italianar*lo , in Biancofiore.

SALVIN. , *sulla fiera di Buonar.*

ITALIANISME, *s. m.* Expression ou locution qui appartient à la langue italienne.

Vostre seigneurie , ou sa seigneurie , trottoit par sa

bouche, et in ogni, item de bone voglie, et le prime del mondo , et plusieurs autres *italianismes* , entre lesquels estoient aucuns de ceux que j'ay ouys de vous.

H. Estienne, Lang. franç. italian., dial. I, p. 76.

Italien, *italicismo*.

Algarott., Lett.

Italianisation, *s. f.* Affectation de se servir de locutions et de tournures empruntées de la langue italienne.

Plusieurs néantmoins s'accommodent à ceste *italianisation* aussi bien qu'à plusieurs autres.

H. Estienne , Lang. franç. italian. , dial. I, p. 39.

Italianiseur, ou mieux **Italianisateur**, *s. m.* Celui qui affecte de se servir de phrases et de locutions empruntées de l'italien.

Le gentil *italianisateur* vous donna bien un quiproquo.

H. Estienne, Lang. franç. italian., dial. I, p. 77.

Je ne doute pas toutesfois que telle faute n'ait beaucoup de compagnes, parmi une telle ignorance de ces *italianiseurs* ou *italianisateurs*.

Id. , ibid., dial. I, p. 111.

APPENDICE.

I.

ICHTHYOMANCE, ou mieux ICHTHYOMANTIE, *s. f.* Divination qui se faisait au moyen des poissons, soit en examinant leurs entrailles, soit en observant leurs mouvemens, la manière dont ils dévoraient les viandes sacrées qui leur étaient présentées, etc. Rabel., l. III, c. 25.—Ce mot n'a jamais cessé de faire partie de notre langue, quoiqu'il ne se trouve ni dans le Dictionnaire de l'Académie, édit. de 1762, ni dans l'édition de 1798. —Voyez *Dict. Encyclopédique; Dict. de Trévoux*, etc. Consultez sur l'espèce de divination nommée *ichthyomantie*, Athen., l. VIII, c. 2.—Plin., *Hist. nat.*, l. XXXII, c. 2. — Ælian., *de Animal.*, l. XII. — Bullenger., *de rat. divinat.*, l. III, c. 20, etc., etc.

ILLIQUIDE, *adj. des deux g. Terme de jurisprudence.* Ce mot a servi à désigner une créance, une dette, une somme d'argent quelconque, sujette à contestation, ou résultant d'un compte qui n'est pas encore liquidé. *Coutum. génér*, t. I, p. 294, col. 2.

ILLUMINEUR, ou mieux, ILLUMINATEUR, *s. m.* Celui qui illumine, qui éclaire. *Jehan de Saintré*, p. 460. —Latin, *illuminator.* Lactant., l. VI, c. 18. —Italien, *illuminatore, trice. Comment. su'l Dante, Parad.* 10. — Espagnol, *illuminador.* Maner., *apolog.*, c. 21.

IMAGINATEUR, *s. m.* Celui qui imagine, qui se livre aux écarts de son imagination. H. Estienne, *Lang.*

franç. italian., dial. 2, p. 488. — Id., *ibid*, p. 491. — Italien, *immaginatore, trice*. Tass., *dial. Gonz.* — Anglais, *imaginer*. Bacon.

IMMÉMORIALEMENT, *adv.* De temps immémorial. *Cout. génér.*, t. II, p. 368.

IMMONDICITÉ, *s. f.* Qualité de ce qui est immonde; impureté; chose sale, impure. Cl. Marot, *opusc.* 8; *OEuv.*, tom. I, p. 227.

IMMORTALISATION, *s. f.* Action d'immortaliser, de déclarer immortel; apothéose. Montaig., *Ess.*, l. III, ch. 13. — Immortaliseur, *s. m.* Celui qui immortalise, qui déclare immortel. *Quintil. censeur*, p. 213. Ce dernier mot ne me paraît pas susceptible d'être restitué au langage moderne.

IMPARITÉ, *s. f.* Qualité de ce qui n'est point pareil; différence, inégalité. Amyot, *Plut.*, *OEuv. mor.*, t. XVI, p. 68. — Anglais, *imparity*, Bacon. On trouve aussi dans les anciens écrivains français l'adjectif Impareil, eille, qui n'est point pareil. Joach. Dubellay, p. 328, v°. — Brant., *Cap. franç.*, tom. II, p. 209; etc. — Latin, *impar, imparilis*. Virg., *Georg.*, l. IV, v. 245. — Horat., l. I, *epist.* 1, v. 96. — Aurel. Vict., *de Cæs.*, c. 14. Mais je doute que ce dernier mot puisse être réintégré dans la langue.

IMPOSITEUR, *s. m.* Celui qui asseoit les impôts, qui est chargé de la répartition des contributions. *Cout. génér.*, t. I, p. 507, col. 1. — *Lett. de rémiss.*, ann. 1408; *Trés. des Chart.*, reg. 163, ch. 190.

IMPOTENCE, *s. f.* État de celui qui est impotent. *Sent.* de l'ann. 1337; *Arrests du parlem. de Paris*, t. IV. — *Ordonn. de Philippe VI (de Valois)* 19 mars 1341;

Ordonn. des rois de France, t. II, p. 172. — Latin, *impotentia*, impuissance, mot employé par les écrivains de la basse latinité dans le même sens que le vieux français *impotence. Lett. de rémiss.*, ann. 1362 ; *Trés. des Chart.* reg. 93, c. 115.

IMPOURVU, UE, *adj.* Qui n'a pas été pourvu, à qui l'on n'a point fourni les choses nécessaires. *Lett. de Charles V*, ann. 1370 ; *Arrests du parlem.*, vol. VI. — *Cout. de Clermont; Cout. génér.*, tom. II, p. 879, col. 1. — *Hist. de Jean Boucicaut, Paris*, 1620, in-4°, l. II, p. 261. — Le mot *impourvu* qui, au premier aspect, paraît entièrement synonyme de l'adjectif *dépourvu*, offre néanmoins une nuance assez marquée. — **Impourvument**, *adv.* Sans être pourvu, sans avoir pris les précautions nécessaires. **Eust. Deschamps**, *Poés. mss.*, fol. 324, col. 3. — Je ne crois pas au reste que cet adverbe soit de nature à être réintégré dans le langage moderne. — On a dit autrefois *à l'impourvu*, subitement, sans préparation, lorsqu'on y pense le moins, et cette locution était encore en usage au milieu du dix-septième siècle. Voyez **Vaugelas**, *Rem. sur la langue françoise*, édit. de *Th. Corn.*, p. 324. Mais la locution *à l'improviste*, empruntée de l'italien, (*All' improvista*, **Firenz.** *Asin.*, 315, etc.) a prévalu, et est maintenant la seule en usage.

IMPUGNATION, *s. f.* Action d'impugner, d'attaquer, de combattre ; attaque ; accusation. *Procès-verbal dè Pierre de Vaudetar*, 13 oct. 1502. ms. de Colbert, t. IV. — Latin, *impugnatio.* **Cicer.** *ad Attic.*, l. IV, *epist.* 3. — Italien, *impugnazione.* **Galil.**, *Sist.* 130. — Espagnol, *impugnacion, Pad.* **Bern. Sartolo**, *Vid. del P. Suarez*, l. II, cap. 3.

INADVERTAMMENT, *adv.* Par inadvertance, in-
considérément. Montaig. , *Ess.*, l. I, c. 56. — Ét.
Pasquier, *Rech.*, l. III, c. 9, etc. — Italien, *inavverten-
temente.* Varch. , *lezz.* 308. — Espagnol, *inadvertida-
mente.* Espin. , *Escud. relac.* 1 , desc. 2. — Anglais,
inadvertently. Richards., *Clariss.*

INARTIFICIEL, ELLE, *adj.* Sans artifice, sans art,
naïf, naturel. Montaig., *Ess.*, l. III, c. 12. Nos anciens
jurisconsultes nommaient *preuves inartificielles* celles qui
reposent sur des faits, par opposition aux *preuves arti-
ficielles*, qui ont pour fondement des raisons de philosophie, de droit, etc. Voyez Boutillier, *Somm. rur.*,
tit. 105, p. 619. Les écrivains latins ont dit dans le
même sens, *probationes inartificiales.* Quintil. , l. V,
c. 1 , 5, 10. — Anglais, *inartificial. Decay of Piety.*

INCONVINCIBLE, *adj. des deux g.* Que l'on ne
peut convaincre ; qui refuse de se rendre à l'évidence,
à des preuves convaincantes. *Marg. de la Marg.*,
fol. 192, v°.

INDICIBLEMENT, *adv.* D'une manière indicible,
inexplicable. *Marg. de la Marg.*, fol. 65, r°. — Italien,
indicibilmente. Vita di S. Giov. Batt. — Espagnol, *inde-
ciblemente.* Moret., *Antig.* congress. 1 , num. 4.

INEPTEMENT, *adv.* D'une manière inepte ; sans
aptitude, sans talent ; sottement. Montaig., *Ess.*, I. III,
c. 9. Ce mot se trouve dans le *Dictionnaire de Furetière*,
qui observe d'ailleurs qu'il est de peu d'usage. — Latin,
ineptè. Cicer., *de clar. Orat.*, c. 82. — Italien, *inetta-
mente.* J. Albert., *Dizz. crit. encicl.* — Espagnol, *inepta-
mente.* Lagun. *sobr. Dioscor.*, l. IV, c. 30. — Anglais,
ineptly. Glanville.

INEXPERT , ERTE, *adj.* Qui n'est point expert; qui manque d'expérience, de connaissances, de talent. SULLY , *Mém.* , tom. II, ch. 47. — Latin , *inexpertus.* HORAT., l. I, *epist.* 18, v. 86. — Italien , *inesperto.* BERN., *Orl.* 1 , 17. — Espagnol , *inexperto.* SAAV., *Empres.* 56. — Anglais , *unexpert.* PRIOR.

INFIXER , *v. a.* Insérer, fixer une chose dans une autre. *Chart. de l'an* 1376 , citée par CARPENTIER , *suppl. au gloss. de Du Cange.* — Anglais , *to infix.* DRYDEN.

INFORMATEUR , *s. m.* Celui qui est chargé de prendre des informations , de faire une enquête , d'informer sur un fait. FROISSART , *Chron.* , vol. IV, ch. 7. — Espagnol , *informante. Recopil.* , l. I, tit. 7 , ley 25.

INFRACTIF , IVE , *adj.* Qui enfreint, qui viole. JUVENAL ou JOUVENEL DES URSINS , *Hist. de Charles VI*, p. 272.

INOPPORTUNÉMENT , *adv.* D'une manière qui n'est point opportune , hors de propos , à contre-temps. MONTAIG. , *Ess.* , l. I, c. 20 — Italien , *inopportunamente.* BUONAROTT. , *Fier.* , 5 , 2 , 8.

INQUINATION , *s. f.* Action de souiller , de salir, de tacher ; ce qui souille, ce qui tache. AMYOT , *Plut.* , *OEuv. mor.* , tom. XV, p. 82. — Anglais , *inquination.* BACON. — On trouve dans quelques anciens écrivains le verbe *inquiner. Sat. Ménipp.* , t. I, p. 81. Ce mot a été employé par SCARRON , *Virg. travest.* ; mais il ne me paraît pas susceptible d'être réintégré dans le langage moderne, et, comme l'observent très-judicieusement les auteurs du Dictionnaire de Trévoux, il conviendrait tout au plus au style burlesque. — Latin , *inquinare.* PLAUT. , *Captiv.* , act. II, sc. 2, v. 17. — Italien , *inquinare. Vit. SS. Pad.* — Anglais , *to inquinate.* BROWN.

INTERMINÉ, ÉE, *adj*. Qui n'a point de terme, de bornes, de limites; infini. Amyot, *Plut.*, *OEuv. mesl.*, tom. XIX, p. 262. — Latin, *interminatus*. Cic., *de nat. Deor.*, l. I, c. 20. — Italien, *interminato*. Galil., *Sist.* 128. — Anglais, *interminate*. Chapm., *Odyss.*

IVOIRIN, INE, *adj*. D'ivoire, semblable à l'ivoire; dont la nature ou la couleur se rapproche de celle de l'ivoire. Jac. Tahureau, *Poés.*, p. 79. — Ph. Desportes, *OEuv.*, p. 227. — Duverdier, *Bibl.*, art. *Cl. de Pontoux*, p. 191. — Latin, *eburnus*, *eburneus*. Ovid., *Amor. III, eleg.* 7, v. 7. — Espagnol, *eburneo*. Garcil., *Eglog.* 2.

J.

JALOUSEMENT, *adv.* D'une manière jalouse; par jalousie, par envie.

> Fait loiautez amer *jalousement*,
> Et faintis est cil qui aime autrement.
>
> *Anc. poët. fr.*, *mss. du Vatican*, n° 1521, fol. 168, r°, col. 1.

> Las! quantes fois, *jalousement* malade,
> Courant partout, ainsy qu'une Ménade,
> Ay-je suivy, sans crainte du moqueur,
> Cet inhumain qui m'emportoit le cueur.
>
> JOACH. DU BELLAY, p. 493.

> *Jalousement* épris de passions cruelles.
>
> R. BELLEAU, *Poés.*, t. I, p. 32, v°

> Ce grand Montmorency, que l'impiteuse guerre
> Nous a *jalousement* ravi de ceste terre.
>
> ÉT. PASQUIER, *OEuv. mesl.*, p. 521.

Italien, *gelosamente*. In questo si è cosa buona vivere *gelosamente* e con riguardo di diligenza.

> *Tratt. di piet.*

JÉSUITIQUE, *'adj. des deux g.* Relatif aux jésuites, qui a le caractère attribué aux jésuites. — Les auteurs du Dictionnaire de Trévoux prétendent que ce mot ne se prend qu'en mauvaise part. Cette règle n'est cependant pas sans exception.

> Il la mésestimoit comme foible et dénuée de personnes recommandables, mais de laquelle il eust bien desiré l'amitié, en la séparant, sinon de l'affection, au moins de la faction romaine, espagnole, et *jésuistique* qu'il hayt infiniment.
>
> SULLY, *Mém.*, t. II, c. 20.

L'adjectif *jésuitique* a été employé par nos écrivains classiques modernes.

C'est dans cette vue qu'il lui donna ces fameuses constitutions, perfectionnées depuis, et toujours sur le même plan, par deux successeurs bien supérieurs à Ignace, par les deux généraux Lainez et Aquaviva , si célèbres dans les annales *jésuitiques*.

D'ALEMBERT, *Destruct. des Jésuit. ; Œuv.*, t. V, p. 16.

L'esprit *jésuitique* dans la manière d'enseigner la religion, est assez bien représenté par la définition que l'abbé Boileau donnait de ces PP. Ce sont, disait-il, des gens qui alongent le symbole, et accourcissent le décalogue.

ID., *ibid.*, p. 44.

Un seigneur russe, indigné de cette insolence *jésuitique*, qui s'étend au bout du monde, même après l'extinction de cette société.

VOLT., *Dict. phil.*, art. *ana*, *anecdotes*.

Espagnol, *jesuítico*. Comenzó à trabajar aquellos tomos admirables de Gratia, en que tanto ilustra las senténcias *jesuíticas*, con los rayos de su prodigiosa erudición y sutiléza.

P. BERN. SARTÓLO, *Vid. de Suarez*, l. II, c. 16.

***JONGLERIE**, *s. f.* Profession de jongleur ; farces que faisaient ou racontaient les jongleurs, et par extension, contes frivoles, badinage, babil, moquerie, mensonge, médisance, tromperie.

Cil qui sevent de *jonglerie** (* alias *jouglerie*)
Vielent par devant le conte ;
Aucuns i a qui fabliaus conte,
Où il ot mainte gaberie.

Dit du Buffet, v. 140 et suiv.

Si avez loz de toute gent
D'estre lasche et négligent,
Et que vous croyez *janglerie*.

Rom. Rose, v. 3794.

Traïson vient en sursault,
Par derrière honneur assault,
Et nuist par sa *janglerie*.

EUST. DESCHAMPS, *Poés. mss.*, fol. 78, col. 4.

A la quarte raison, tu dis que la *janglerie* des femmes ne se puet celer, fors de ce qu'elles ne scevent.

> Chevalier de la Tour, *Instr. à ses filles*, fol. 74, v°, col. 2.

Voyez aussi *Fabl. mss. de S. Germ.*, fol. 46, v°, col. 3. — Sicile, *Blason des couleurs*, fol. 31, r°, etc.

On a dit dans le même sens, mais moins heureusement :

Jangle, *s. f.* Janglois, *s. m.*

> S'elle l'a dicte par sa *jangle*.
>
> Rom. Rose, v. 7754.

> Car nul, tant ait paroule ou *jangle*,
> Qui double chaperou n'aura,
> Vers le feu son lieu ne sera.
>
> Eust. Deschamps, *Poés. mss.*, fol. 308, col. 1.

S'il venoit jusques à nous comptant *jangles* et bourdes, il adviseroit et imagineroit nostre force et nos gens.

> Froissart, *Chron.*, vol. I, c. 221.

> Que tu ne soies dégabez,
> Et par ton *genglois* desjouglez.
>
> Castoiement, cont. *XVIII*, v. 17.

Voyez aussi *Poët. fr. avant* 1300, *ms.*, t. IV, p. 1511. — Henri d'Andely, *bat. des vins*, v. 71. — *Lett. de rémiss.*, ann. 1402 ; *Trés. des Chart.*, reg. 157, ch. 183, etc.

Jongler, *v. n.* Parler comme un jongleur ; babiller, causer, s'entretenir de bagatelles, dire des fadaises, des mensonges.

> Et se prueves aviez ores,
> Ne se tairoit-il pas encores ;
> Se plus prouvez, plus *janglera*.
>
> Rom. Rose.

On ne peut pas bien défendre le chien à abaier, ne le menteur à *jaingler*.

> Anc. prov. cité per Barbazan, *gloss. franç. ms.*

> Mais j'apperçoy que qui *jangle* et qui ment,
> Qui s'orgueillist, qui grandement se vest,
> Seulz ont estat.
>
> Eust. Deschamps, *Poés. mss.* fol. 13, col. 2.

Ils mirent leurs informations sur le bord de la table , et d'adventure en *janglant* et caquetant ensemble avec aucuns des solliciteurs et conducteurs de la besogne, lesdites informations cheurent à terre.

Juvénal ou Jouvenel des Ursins, Hist. de Charles VI, p. 98.

Leurs contes (des jongleurs) estant mesprisez à cause des menteries trop évidentes et lourdes, quand on vouloit parler de quelque chose folle et vaine, l'on disoit : Ce n'est que jonglerie ; estant enfin *jongler* ou *jangler* pris pour bourder et mentir.

Cl. Fauchet , Lang. et poés. fr., l. I, c. 8; OEuv., fol. 551, v°.

Voyez aussi Froissart, *Chron.*, vol. I, ch. 207.— *Lett. de rémiss.*, ann. 1389; *Trés. des Chart.*, reg. 136, ch. 27.— *Quinze joies du mariage*, p. 49.— Cartheny, *Voy. du Chev. err.*, fol. 33, v°, etc.

JONGLERESSE, *s. f.* et *adj.* Ce mot a servi à désigner une femme qui a le babil, la frivolité et l'indiscrétion des anciens jongleurs.

Si est li quens et la contesse
Qui n'ert fole ne jangleresse.
Garin, chevalier qui faisoit parler, etc., v. 361.

Que nules femmes leurs maistresses
Ne soient, quant sont jangleresses.
Rom. Rose, v. 17254.

Cela peut estre entendu d'aucunes mauvaises femmes *jangleresses* et baveuses.

Le Chev. de la Tour, Instruct. à ses filles, fol. 74, v°, col. 2.

Le substantif *jongleresse* ne me paraît point susceptible d'être restitué au langage moderne.

JOUVENCELLE, *s. f.* Jeune fille ; mot qui appartient plus particulièrement au style marotique et à la poésie légère.

Venez à moi, je vous attens;
Venez (ce dit la jouvencelle),
Mes amours durent en tout temps.
Cl. Marot, Chant 8; OEuv., t. II, p. 50.

Le substantif féminin *jouvencelle*, qui se trouve dans le Dictionnaire de Furetière, dans celui de Trévoux, et dans celui de l'abbé Féraud, a été employé par Scarron.

> Votre petite *jouvencelle*,
> Si gaie, si spirituelle.
>
> *Poés. divers.*, *OEuvr.*, t. VII, p. 145.

Latin barbare, *juvencella*. Item dicti domini consules fuerunt invitati ad nuptias Antonii Cayroli, qui nubiit in uxorem quamdam *juvencellam* de S. Egidio.

> *Comp. ann.* 1403. Voy. *Hist. de Nemours*, *preuv.*, t. III, p. 176, col. 1.

JOVIALITÉ, *s. f.* Caractère de celui qui est jovial; gaieté, plaisanterie.

Ce n'estoit qu'une pure fiction inventée à plaisir, par *jovialité*, qui se rencontre.

> *Caquets de l'Accouchée*, p. 165.

Italien, *giovialità*. Il sig. Carlo si conserva colla sua solita amabilissima *giovialità*.

> RED., *Lett.*

Espagnol, *jovialidad*, alegria, apacibilidad y buen genio.

> *Diccion. de la real Acad. de Madrid.*

APPENDICE.

J.

JAPPILLER , *v. n.* Fréquentatif et diminutif de *japper*. **C**HARLES IX , *de la chasse*, p. 137. — **J**APPEUR , *s. m.* Celui qui jappe, et, au figuré, celui qui crie, qui dispute d'une manière bruyante. **J**AC. **T**AHUREAU , *Dial.*, p. 68

JARGONESQUE , *adj. des deux g.* Qui tient du jargon, qui ressemble au jargon. H. **E**STIENNE , *Apolog d'Hérodote*, p. 138.

JUDICATOIRE , *adj. des deux g.* Qui appartient, qui convient à un juge ; qui sert à juger, qui a la faculté de juger. **M**ONTAIG., *Ess.*, l. II, c. 12. — Latin , *judicatorius.* S. **A**UGUST. , *epist.* 54. — Italien , *giudicatorio.* Comm. su'l Dante, *Parad.* 7.

LAIDEMENT , *adv.* D'une manière laide , désagréable, fâcheuse, contraire aux lois de l'honneur, de la délicatesse.

> Ha ! Diex , que porrai devenir,
> Et quant porra ça revenir
> Cil qui trahis est *laidement ?*
>
> Huon le Roy , *Vair palefroy*, v. 619.

Depuis, il luy mesprint moult *laidement ,* comme vous pourrez ouïr.

Froissart, *Chron.* , vol. I , c. 2.

Ledit Guichard vendit ladite cité au duc de Bourgoingne , et la mit en la main de messire Jean de Luxembourg , dont il fit *laidement* contre son honneur.

Hist. de Charles VII, attribuée à Alain Chartier , *Œuv.* , p. 78.

Voyez aussi Baude Fastoul d'Arras, *Congié*, v. 506. — Rob. de Blois , *Chastis. des Dames*, v. 536. — *Chron. de S. Denis*, tom. I , fol. 126 , etc. , etc.

Ce mot a été quelquefois employé par nos écrivains modernes.

> De horions *laidement* l'accoutra.
>
> La Fontaine , *Cont.* , Coc. batt. et cont.

LAPIDATEUR , *s. m.* Celui qui lapide.

Si les pierres lapidatoires méritoyent estre adorées, combien plus les *lapidateurs.*

H. Estienne, *Apolog. d'Hérod.* , part. II , c. 38, p. 230.

Latin, *lapidator.* Percussor, *lapidator*, fori depopulator, obsessor Curiæ.

Cic. , *pro Dom.* , c. 5.

Italien, *lapidatore.* Santo Stefano pregò Iddio per li suoi
lapidatori, più efficacemente che per se medesimo.

> CAVALC., *Frutt. ling.*

LARRIS, *s. m.* Terres incultes, landes, bruyères
contiguës à une forêt.

> Cil ceval fuient par plains et par *larris.*
> Rom. d'Anséis de Carthage, ms., fol. 64, v°, col. 1.

> Tout au long d'un *larris* sauvage.
> GUILL. GUIART, *Roy. lign.*, ann. 1304.

Tant chevaulcha par plains, par bois, par *larris*, par
champs et par forests estranges, qu'il vint en une grande ville.

> Gérard de Nevers.

Voyez aussi *Charte de l'ann.* 1268, *Chartul. de l'hôtel-Dieu
de Pontoise.* — *Rom. de Garin le Loherans, ms.* — *Rom.
d'Athis et Profilias, ms.,* fol. 48, v°, col. 2. — *Anc. aut. fr.,
ms. de la Clayette,* in-4°, fol. 329, col. 1, etc.

Latin barbare, *larricium.* Circiter arpenum et dimidium de
larricio, quod habemus apud Bestins de Feodo Valesio.

> *Chart. Philipp. Aug.,* ann. 1215 apud CANGIUM.

LARRONNER, *v. a.* et *n.* Exercer le métier de
larron, aller à la maraude, piller, dérober.

Tant feirent et tracassèrent, pillant et *larronnant,* qu'ils
arrivèrent à Séville.

> RABEL., l. I, c. 27.

Ils regardent plus à piller, dérober, *larronner*, et à faire
leur profit qu'à gagner de l'honneur.

> BRANT., *Cap. fr.,* t. IV, p. 122.

A son voyage d'Italie, il fit pendre deux soldats, l'un pour
avoir *larronné* une seule pièce de lard, et l'autre pour quelque
autre chose légère.

> ID., *ibid.,* t. IV, p. 225.

Voyez aussi G. BOUCHET, *Sérées,* l. II, p. 85, etc., etc.

Latin, *latrocinari*. Catilina *latrocinantem* se interfici mallet, quàm exulem vivere.

Cic., *Catilin*. II, c. 7.

LARRONNERIE, *s. f.* Métier de larron; vol, pillage, brigandage.

> Ce saciez qu'à *larronnerie*
> Atorna son cors et sa vie.

HERBERS, *Rom. de Dolopatos.*

Car se n'estoit justice, les royaumes ne seroient que *larronneries*.

MONSTRELET, *Chron.*, vol. III, fol. 78, r°.

Italien, *ladroncelleria*. Messo in prigione, perchè egli confessasse le *ladroncellerie* di questo suo padrone.

FIRENZ, *Asin.*, 189.

Espagnol, *ladronéra, ladronia.*

Dicc. de la real Acad. de Madr.

LARRONNAILLE, *s. f.* Troupe de larrons, de brigands.

Icelluy Thomas dist plusieurs grans injures et vilenies, en les appelant *lairrenaille*.

Lett. de rémiss. aun. 1384; *Trés. des Chart.*, reg. 125, c. 146.

Voyez aussi *Lett. de l'an* 1373; *Trés. des Chart.*, reg. 105, ch. 120. — *Journ. de Paris sous Charles VI et VII*, ann. 1415, p. 28.

Italien, *ladronaia*. Disposto il nostro comune à spegnere quella *ladronaia.*

MORELL., *Cron.*, 230.

LARRONIQUE, *adj. des deux g.* Propre aux larrons, aux voleurs; qui a le caractère des larrons, des voleurs.

Mais pour retourner aux habiletez *larroniques.*

H. ESTIENNE, *Apol. d'Hérod.*, t. I, 2e part., c. 15, p. 223.

Italien, *ladronesco*. Il ditto Ascanio con finte e *ladronesche* lacrime mi disse.

Vit. di Benven. Cellin., 434.

Les mots *larronnaille, larronique*, ne me paraissent

pas au reste susceptibles d'être réintégrés dans le langage moderne.

LAVATION, *s. f.* Action de laver.

> Et nous sauva par certain convenant
> Que de baptême ayons *lavacion*.
>
> Eust. Deschamps, *Poés. mss.*, fol. 117, col. 1.

Latin, *lavatio*. Post quæ ad cibum conficiendum, vasa ut assolent, constituebantur : inde quæ ad *lavationem*, quæ ad exornationem.

> Columell., l. XII, c. 3.

Italien, *lavazione*. Siccome sono le medicine, che sono lavate con superflua *lavazione*.

> Serap., *Tratt. delle medic. simpl.*, 12.

Anglais, *lavation*. Such filthy stuff was by loose lewd varlets sung before the chariot, on the solemn day of her *lavation*.

> Hakewill.

Lavatoire, *s. m.* Lieu où l'on se lave.

Et n'y avoit vestement, linge, baing, *lavatoire*, ni viande mesme qui ne fust incontinent remplie du flux de ceste ordure et villenie.

> Amyot, *Plut.*, *Sylla*, c. 73; *OEuvr.*, t. IV, p. 467.

Latin barbare, *lavatorium*. Veniunt in pyrale, et inde *lavatorium*, nec non proximum pyrali scriptorium.

> Eckeard., Jun. *de casib. S. Galli*, c. 11.

Italien, *lavatojo*. E d'una donna (dicesi) : ella fa, come la putta al *lavatojo*; tratto da quelle che lavano i bucati cinguettando.

> Varchi, *Ercol.* 52.

Espagnol, *lavadéro*. Tiene algunos batánes y *lavadéros* para las raxas, lanas y paños que se fabrican en esta ciudad.

> Gil. Gonz., *Theat. de Avil.*, l. I, c. 2.

Le substantif *lavoir*, ne signifiant que le lieu où l'on lave le linge, et, seulement dans quelques communautés.

le lieu où les religieux se lavent les mains (voy. *Dict. de l'Acad.*, édit. de 1762), ne doit point, selon moi, empêcher la réintégration du vieux mot français *lavatoire*, dont la signification est plus étendue.

LAVANDERIE, *s. f.* Lieu où les lavandières lavent la lessive.

Elle prit son tour à aller à la fontaine de la *lavanderie*, et quand elle fut illec à la fontaine, il se mit outre li.

Vie d'Isabelle, *à la suite de Joinville*, éd. de du Cang., p. 178.

Latin barbare, *lavandaria*.

Statut. Corbeiens., p. 2.

Espagnol, *lavandería*. Como quien entra en una casa de un batán, ò de una *lavandería*.

Fr. L. de Gran., *Escal.*, c. 8.

LAXITÉ, *s. f.* État ou qualité de ce qui est relâché, de ce qui n'a point de fermeté, de densité. — Ce mot est encore en usage dans le style didactique, et sert à désigner une disposition de diverses parties des fibres, qui les rend susceptibles d'alongement.

Voyez *Dict. encyclop.*, *Dict. de Trévoux*, etc.

Ce qui ne se fait pas ès arbres perdans leurs feuilles, à cause de la *laxité* et largeur des pertuis d'en hault.

Amyot, *Plut. prop. de tabl.*, l. III, *quest.* 2 ; *OEuvr.* t. XVIII, p. 134.

Latin, *laxitas*. Liber membris cum mollibus fingitur, et liquoris feminei dissolutissimus *laxitate*.

Arnob., l. VI, p. 197.

Anglais, *laxity*. The former causes could never beget whirlpools in a chaos of so great a *laxity* and thinness.

Bentley.

Laxity of a fibre, is that degree of cohesion in its parts which a small force can alter, so as to increase its length beyond what is natural.

Quincy.

LÉGALITÉ, *s. f.* Qualité de ce qui est légal ou conforme aux lois, authenticité. — Le substantif *légalité* a signifié autrefois loyauté, droiture, probité, fidélité, soumission aux lois, aux principes de la morale.

Tant estoit le peuple athénien amateur de justice, et tant il avoit de confiance en la *légalité* et preudhommie d'Aristides.
AMYOT, *Plut.*, *Aristid.*; *OEuv.*, t. III, p. 375.

Je ne veux devoir ma seureté ny à la bonté et bénignité des grands, qui s'agréent de ma *légalité* et liberté, ny à la facilité des mœurs de mes prédécesseurs et miennes.
MONTAIG., *Ess.*, l. III, c. 9.

Le mot *légalité* a conservé long-temps cette acception, sous laquelle on le trouve dans le *Dictionnaire de Richelet* et dans celui de l'*Académie*, édition de 1718; mais cette illustre société l'a entièrement retranché de son édition de 1762. — P. Corneille a employé le substantif *légalité* dans ce même sens de loyauté, probité, droiture.

Rome l'eût laissé vivre, et sa *légalité*
N'eût point forcé les lois de l'hospitalité.
Nicom., act. I, sc. 5.

M. de Voltaire a condamné avec justice ce passage du Sophocle français. « *Légalité*, dit-il, n'a jamais signifié « justice, équité, magnanimité; il signifie authenticité « d'une loi revêtue d'une forme ordinaire. » *Comment. sur Corn. Nicom.* — Il n'est pas, comme on l'a vu par ce qui précède, très-exact de dire que le mot *légalité* « n'a jamais signifié justice, équité. » Néanmoins, j'adopte sur tout le reste la juste critique de M. de Voltaire, et c'est seulement sous l'acception de *conformité aux lois*, *authenticité*, et par opposition au mot *illégalité*, employé par ALAIN CHARTIER, MONTAIGNE, etc., que je propose de restituer au langage moderne le substantif *légalité*.

Ce mot se retrouve dans plusieurs langues étrangères.

Italien, *legalità.* Autenticando le lor parole colla solenne *legalità.*

CARL. FIORETTI, *Consid.*

Espagnol, *legalidád.* Computo que sirve à la *legalidád* de esta historia.

ALV. CIENFUEG., *Vid. de S. Borj.*, l. I, c. 3, § 1.

Le docteur Johnson a admis aussi dans son Dictionnaire le mot *legality*, mais sans citer d'ailleurs aucune autorité pour en justifier l'usage.

LÉNITÉ, *s. f.* Douceur ; qualité de celui dont le caractère est doux, égal et facile ; indulgence.

Dieu parle en toy, non de parole vaine,
Mais vérité, douceur, et lénité.

Marguer. de la Marguer., orais. de l'ame fid., édit. de J. de Tournes,
part. I, p. 127.

Latin, *lenitas.* Non est jam *lenitati* locus; severitatem res ipsa flagitat.

CIC., *Catil.*, *II*, c. 4.

Italien, *lenità, lenitate, lenitade.* Con ispirito di *lenitade*, e di carità, e di pietà.

CAVALC., *Med. cuor.*

Espagnol, *lenidád.* Viendo los médicos la *lenidád* y blandúra maravillosa, que en sus palabras y en sus obras usaba, les parecia que era de complexion flemático y frio.

RIBAD., *Vid. de S. Ignacio*, l. V, c. 5.

Anglais, *lenity.*

Henry gives consent,
Of meer compassion, and of lenity,
To ease your country.

SHAKSP.

LÉTIFIER, *v. a.* Donner de la joie, réjouir.

Qui assez bon gré vous savoit,
Et tout son cueur létifioit
De l'assault qu'avoit son mari.

EUST. DESCHAMPS, *Poés. mss.*, fol. 425, col. 1.

Latin, *lætificare*.

> Nunc alii eo *lætificantur* meo damno et malo.
>
> PLAUT. , *Aulul.*, act. IV, sc. 9 , v. 15.

Italien, *letificare*. Le tue consolazioni, signore Dio, hanno *letificata* l'anima mia.

> CAVALC. , *Med. cuor.*

Espagnol, *letificar*. El impetuoso corriente de su divinidad encaminò Dios, à *letificar* esta mystica ciudad del alma santissima de Maria.

> M. AGRED. , *Myst. ciud. de Dios* , t. I, num. 224.

LILIGÈRE, *adj. des deux g.* Qui porte des lis.

> Et me semble qu'après Octavien, qui en nostre art prospère, doibz obtenir le pris au verger *liligère*.
>
> *Lett. de J. Molinet à G. Cretin ; OEuv. de* CRETIN, p. 267.

LILIAL, **ALE**, *adj.* Qui appartient aux lis.

> Princesse cordiale,
> Tige partant de la fleur *liliale*.
>
> CL. MAROT , *Epist.* 3 ; *OEuv.* , t. I, p. 381.

LISSEUR, *s. m.* Ouvrier qui travaille à lisser, à calandrer les étoffes.

> Enguerran Flomenes, drappier et bourgeois de ladite ville, qui, avec ce qu'il estoit drappier, estoit tondeur, *licheur*, pareur de draps.
>
> *Lett. de Charles VI*, août 1410. *Ordonn. des rois de Fr.*, t. IX., p. 536.

Ce mot est écrit *lisseur* dans des *Lett. de rémiss.*, ann. 1445; *Trés. des Chart.*, reg. 176, ch. 370.

Italien, *lisciatore*.

> J. ALBERT. , *Dizz. crit. enciel.*

LIVRESQUE, *adj. des deux g.* Qui appartient aux livres, qu'on ne trouve que dans les livres.

> Fascheuse suffisance, qu'une suffisance pure *livresque*.
>
> MONTAIG. , *Ess.*, l. I, c. 25.

Les sçavants a qui appartient la jurisdiction *livresque*, ne cognoissent autre prix que de la doctrine.

Id., *ibid.*, l. II, c. 17.

LOCATEUR, *s. m.* Celui qui donne à loyer.

Le *locateur* pourra par justice faire mettre ses meubles sur les carreaux.

Cout. génér., t. I, p. 111.

Latin, *locator. Locator* domûs.

Digest., l. XIX, tit. 2, leg. 60.

*LOGEUR, *s. m.* Celui qui loge, qui est chargé de pourvoir au logement.

Ceste façon de logis estoit que toutes ses compaignies chascune avoit un maistre *logeur*.

Le Jouvencel, fol. 53, r°.

*LOQUACITÉ, *s. f.* Caractère et qualité de celui qui aime à parler, bavardage, babil.

Et en ceste part, je ne veux omettre, en passant, de défendre à ces miens amans la grande *loquacité* de babil.

L'Amant ressuscité, édit. iu-4°, p. 76.

Le substantif *loquacité* se trouve dans le *Dictionnaire critique* de l'abbé Féraud, qui prétend que « ce mot « n'est bon que pour le style critique et polémique. » — Quoi qu'il en soit, il a été employé assez heureusement par nos meilleurs écrivains modernes.

On peut juger sur ces principes, combien il y a loin de la véritable éloquence à cette *loquacité* si ordinaire au barreau, qui consiste à dire si peu avec tant de paroles.

D'Alembert, *Réflex. sur l'éloq. orat.*; Œuv., t. I, p. 168.

Un défaut, plus fatigant encore, est cette *loquacité* importune, qui s'est introduite parmi nous dans le barreau e^t dans la chaire.

Marmont., *Élém. de littér.*, art. *Abondance*; Œuv., t. V, p. 11.

Latin, *loquacitas*. Facit autem non *loquacitas* mea, sed benevolentia longiores epistolas.

> Cic., *Famil.*, l. VI, *epist.* 4.

Italien, *loquacità*, *loquacitade*. Sempre dipoi i conviti seguita la *loquacità*, cioè disordinato parlare.

> Mor. di S. Greg., 1, 8.

Acciocchè esse femmine, che trovarono quell' idolo, non fossono reputate aver falsamente composto tanto miracolo con femminina *loquacitade*.

> S. Agost., *Civ. D.*

Espagnol, *loquacidád*. Y esconde su cara de la *loquacidád*, bullicio y conversaciones indiscrétas.

> M. Agred., *Mist. ciud. de Dios*, t. I, num. 385.

Anglais, *loquacity*. Too great *loquacity*, and too great taciturnity by fits.

> Arbuthnot.

Loquèle, *s. f.* Long discours, propos diffus.

> Je n'aurai trop soif, ne trop fain,
> Tant com j'oie cele *loquèle*.
>
> Cortois d'Arras, v. 79.

Le mot *loquèle* ne me paraît point de nature à être réintégré dans le langage moderne, quoiqu'il ait été employé par Scarron.

> Vous aurez avec moi disette de *loquèle*.
>
> D. Japhet d'Armén., act. I, sc. 2.

Latin, *loquela*.

> Almæ nutricis blanda atque infracta *loquela*.
>
> Lucret., *de Nat. Rer.*, l. V, v. 231.

Italien, *loquela*.

> La tua *loquela* ti fa manifesto
> Di quella nobil patria natio.
>
> Dant., *Infern.*, 10.

LUCIDITÉ, *s. f.* Qualité de ce qui est lucide, clair, lumineux. — On a dit autrefois *dilucidité*.

Thucydides est tousjours après ceste *dilucidité* d'oraison, taschant à rendre l'auditeur par ses paroles comme spectateur.

Amyot, Plut., OEuv. mesl., t. XIX, p. 11.

Le mot *lucidité* a été employé par nos écrivains modernes.

Il ne faut pas non plus y négliger la clarté des mots en eux-mêmes, et la *lucidité* de l'expression en général.

Marmont., Élém. de littér., art. Narration ; OEuv., t. VIII, p. 497.

Italien, *lucidità*, *luciditade*. Non mi lascia discerner con quella *lucidità*, che suole esser propria delle ragioni matematiche, la chiarezza e necessità della conclusione.

Galil., Sistem., 193.

LUCIDEMENT, *adv.* D'une manière lucide, claire, lumineuse. — On a dit autrefois *dilucidement*.

Davantage faisant une description des dix prédicamens, il déclare encore cela plus *dilucidement* puis après.

Amyot, Plut., OEuvr. mesl., t. XIX, p. 335.

Latin, *lucidè*. Ut verbum illud, quod causam facit, *lucidé* et breviter uterque definiat.

Cic., de Orat. II, c. 25.

Italien, *lucidamente*. Galieno *lucidamente* ne tratta, e da potere essere inteso con facilitade.

Lib. cur. malatt.

Espagnol, *lucidamente*.

Lucidamente mancha su innocéncia.

Reboll., Ocios, fol. 125.

LUCIFIQUE, *adj. des deux g.* Qui produit la lumière.

Du temps que Phœbus bailla le gouvernement de son chariot *lucifique* à son fils Phaëton.

Rabel., l. II, c. 2.

Latin, *lucificus*. Solis *lucifici* vapor.

Cæl. Aurel., De morb. acut., II, 9.

Anglais, *lucifick*. When made to converge, and so mixed together, though their *lucifick* motion be continued, yet, by interfering, that equal motion, which is the colorifick, is interrupted.

Grew.

Ce dernier mot ne me paraît point susceptible d'être restitué au langage moderne.

APPENDICE.

L.

LACONISER, *v. n.* Parler d'une manière laconique, concise. Amyot, *Plut.*, *OEuv. mor.*, tom. XIV, p. 93. — Ce mot a signifié aussi avoir, ou affecter les mœurs des Lacédémoniens, s'attacher au parti des Lacédémoniens. Amyot, *Plut.*, *Lycurg.*; *OEuv.*, t. I, p. 192. — Id., *Agésilas*, c. 37; *OEuv.*, t. VI, p. 49. Mais sous ces deux dernières acceptions, le verbe *laconiser* ne me paraît pas susceptible d'être réintégré dans la langue. — Grec, λακωνίζειν. Plutarch., *de garrul.*; Id., *Alcibiad.* — Xenoph., *Hell.* 4.

LANCEMENT, *s. m.* Action de lancer. *Chron. de Saint-Denis*, t. II, fol. 30, r°. — Guill. Cretin, *OEuv.*, p. 205. — Espagnol, *lanzamiento. Dicc. de la real Acad. de Madr.*

LATEMMENT, *adv.* D'une manière latente, cachée, en secret. *Lett. de Charles VI*, janvier 1404; *Ordonn. des rois de France*, t. IX, p. 44. — Sibillet, *Art poët.*, l. I, p. 12, etc. — Latin, *latenter.* Ovid., *ex Ponto.* l. III, epist. 6. — Italien, *latentamente.* Buti, *Comm. su'l Dante, Purgat.*, 13, 1. — Se Latiter, *v. réfl.* Se cacher. *Lett. de rémiss.*, ann. 1387; *Trés. des Chart.*, reg. 131, ch. 1. — P. Gringore, *Menus prop. de mère sote.* — Latin, *latitare.* Cic., *pro Domo*, c. 31. — Espagnol, *latitar.* **Encio Anastas.**, *Palac. de Mom.*, fol. 96. — Quoi qu'il en soit, le verbe français *latiter*, qui se trouve dans le Dictionnaire de Richelet, dans celui de Furetière, et que les auteurs du Dictionnaire de Trévoux qualifient de « terme barbare de jurisprudence, » ne me paraît point de nature à être restitué au langage moderne.

LÉCANOMANCE, *s. f.*, ou mieux, **LÉCANOMANTIE**. Divination qui se faisait en jetant dans un bassin plein d'eau des pierres précieuses, des lames de métal, etc. Du son qu'elles rendaient en tombant, on tirait un augure favorable ou défavorable. **Rabel.**, l. III, c. 25. — **Jacq. Tahureau**, *Dial.*, p. 162. Consultez **Delrio**, *Disquis. magic.*, l. IV, c. 2, quæst. 6, § 4.

LÉGUMAGE, *s. m.* Terme collectif, qui sert à désigner toute espèce de légumes. **Rabel.**, l. IV, c. 4.

LIBANOMANTIE, *s. f.* Divination qui se faisait en jetant de l'encens sur le feu, après avoir préalablement adressé aux Dieux quelques prières. **Rabel.**, l. III, c. 25. Consultez **Dio Cassius**, *Hist. August.*, l. XLI.

LIBIDINOSITÉ, *s. f.* Vice ou caractère de celui qui est libidineux, qui se livre à ses desirs, sans retenue, sans mesure ; amour désordonné, libertinage. **Monstrel.**, *Chron.*, vol. II, p. 160, r°. — On a dit aussi **Libidinité**, et moins heureusement, **Libidine**. *Triomph. de la nobl. Dam.*, ch. I, fol. 2, v°. — **Boutillier**, *Somm. rur.*, tit. 74, p. 432. — Latin, *libido*. **Horat.**, *Epod.* 5, v. 41. *Lubidinitas, libidinitas.* **Laber.** apud **Non.**, c. 8, n° 62. — Italien, *libidine.* **Albert.**, cap. 38. — Espagnol, *libidine.* **Men.**, *Coron. copl.*, 21.

LUCTUEUX, EUSE, *adj.* Triste, affligé, qui est dans le deuil, dans la tristesse ; déplorable, lamentable, funeste ; qui fait verser des larmes. JEAN D'AUTON, *Ann. de Louis XII*, 1499, p. 78. — BRANT., *Cap. fr.*, tom. I, p. 313. — *La Fulminante contre Sixte V.* — ÉT. PASQUIER, *Rech.*, l. III, c. 26. — Latin, *luctuosus.* HORAT., l. III, *Od.* 6, v. 7, 8. — CIC., *pro Sext.*, c. 12. — Italien, *luttuoso.* FR. GIORD, *Predich.* — Espagnol, *luctuoso.* B. CIUD. R., *Epist.* 70. — LUCTUEUSEMENT, *adv.* Tristement, douloureusement, avec des larmes abondantes ; d'une manière funeste. BRANT., *Dam. gal.*, t. II, p. 128. — Latin, *luctuosè.* TIT. LIV., l. XXVIII, c. 39. — Italien, *luttuosamente.* FR. GIORD., *Predich.*

LUDIFICATOIRE, *adj. des deux g.* Qui se moque, qui fait illusion, qui déçoit, qui trompe. RABEL., l. I, c. 31.

LUTINE, *s. f.* Démon femelle, qui se plaît à tourmenter les hommes ; et, par extension, femme vive et légère, qui aime à rire, à plaisanter, à lutiner. VAUMORIÈRE, *Hist. de la galanterie des anciens*, p. 77.

FIN DU TOME PREMIER.